Microsoft OneNote 2013

Microsoft OneNote 2013

Den Hightech-Notizblock von MS Office erfolgreich nutzen

Stefan Wischner

Markt+Technik

Bibliografische Information der Deutschen Nationalbibliothek
Die Deutsche Bibliothek verzeichnet diese Publikation in der Deutschen Nationalbibliografie; detaillierte bibliografische Daten sind im Internet über <http://dnb.dnb.de> abrufbar.

10 9 8 7 6 5 4 3 2 1

15 14 13

ISBN 978-3-8272-4831-2

Lektorat: Michael Krimmer, mkrimmer@pearson.de
Fachlektorat: Georg Weiherer
Herstellung: Elisabeth Prümm, epruemm@pearson.de
Korrektorat: Friederike Daenecke, Zülpich
Coverkonzept: webwo GmbH, Marco Lindenbeck, m.lindenbeck@webwo.de
Satz: mediaService, Siegen (www.mediaservice.tv)
Druck und Verarbeitung: Drukarnia Dimograf, Bielsko-Biala
Printed in Poland

Inhaltsverzeichnis

Vorwort

Unlängst habe ich jemandem erzählt, dass ich ein Buch zu OneNote 2013 schreibe, und ich fragte ihn, ob er das Programm denn kennen würde. Seine Antwort:

„Klar, jedes Mal, wenn ich MS Office neu installieren muss, fliegt es als Erstes von der Platte – wenn ich vergessen habe, es beim Auswählen der Setupmodule gleich abzuwählen."

„Warum denn?" wollte ich wissen.

„Weil ich es mir mal kurz angesehen hatte und nicht wusste, was ich damit anfangen soll … wozu es eigentlich gut ist. Also brauche ich es auch nicht."

Darauf konnte ich nicht viel erwidern, außer: „Tu Dir bitte den Gefallen und schau einfach noch einmal drauf!"

Dasselbe möchte ich Ihnen ebenfalls vorschlagen. Auch wenn Sie OneNote vielleicht schon verwenden, schauen Sie doch noch ein drittes und viertes Mal drauf. Oder schauen Sie in dieses Buch.

Ich habe es nämlich vor allem aus einem Grund geschrieben: Weil ich überzeugt bin, dass selbst diejenigen, die längst wissen, was für eine Perle sich hinter der Office-Prominenz Word, Excel und PowerPoint auf der Festplatte versteckt, noch nicht alles kennen, was OneNote drauf hat – erst recht in der vierten Generation als Bestandteil von Microsoft Office 2013.

Ihr

Danksagung

Ich danke allen, die mir geholfen haben, dieses Buch fertigzustellen – insbesondere Dr. Martina Hornung, Ilse Bühler, Soraya Farid und vor allem meiner Partnerin, geduldigen Motivatorin und kritischen Erstleserin Karen Oetzel!

1 Einführung

- *Was ist OneNote?*
- *Anwendungsbeispiele für Beruf, Schule und Privatleben*
- *Die verschiedenen OneNote-Versionen*

Ich schrieb [Zettel], weil ich alles vergesse, was ich aufgeschrieben habe, sodass ich also Zettel brauche, auf denen ich ablesen kann, wo ich die Zettel hingelegt habe, auf denen zu lesen ist, wo die Zettel sind, auf denen steht, was ich mir merken soll, was aber nur geht, wenn ich die drei Lesebrillen, deren Liegeplatz auf einem Zettel notiert ist, wiederfinde.

Dieter Hildebrandt

Es ist wirklich erstaunlich, wie gut sich eine Software verstecken kann. Seit der 2007er-Version enthält Microsoft Office neben den Hauptprogrammen Word, Excel, PowerPoint und gegebenenfalls Access eine Anwendung namens OneNote. Sie wird wenig beachtet, von Microsoft nicht großartig beworben und vor allem stark unterschätzt. Die meisten Benutzer, die einen zweiten und dritten Blick auf OneNote gewagt haben, sind sich einig: OneNote ist ein Werkzeug, das – sobald man es einmal in den täglichen Umgang mit dem PC eingebunden hat – kaum noch wegzudenken ist.

1.1 OneNote – was ist das?

Es tut fast schon weh, OneNote einfach als Notizprogramm zu bezeichnen. Dabei ist das im Grunde völlig richtig. OneNote ist dafür ausgelegt, die tägliche Informationsflut in Beruf, Schule, Studium und Privatleben in den Griff zu bekommen. OneNote ist Schmierzettel, Karteikasten, Schreibtischunterlage, Spiralblock oder Pinnwand in einem.

Die Post-it-Zettelchen vom Monitorrand zu entfernen, den Schreibtisch von bekritzelten Zettelchen und Briefumschlägen zu befreien oder Aktenordner und Regale zu leeren – diese Aufgabe haben sich schon viele Programme auf die Fahne geschrieben. Die Legende vom papierlosen Büro hält sich hartnäckig. Diesbezügliche Lösungsansätze scheitern aber allzu oft daran, dass sie eine Anpassung der persönlichen Arbeitsweise und des ganz eigenen Workflows an die Software fordern. Was als Arbeitserleichterung gedacht ist, aber in der Praxis als zu umständlich empfunden wird, hat kaum eine Chance.

OneNote ist anders. Es erlaubt genau das, was Sie bisher auch tun: jedwede Information mal eben schnell festzuhalten, idealerweise ohne dabei das zu unterbrechen, was Sie gerade tun. Organisation und Sortierung sind erst einmal zweitrangig, genau genommen niemals notwendig, aber auf Wunsch sehr wohl möglich.

Die Benutzeroberfläche orientiert sich an einem herkömmlichen Ringbuch oder Ordner: In virtuellen Notizbüchern heften Sie beliebig viele (und beliebig große) Seiten ab. Wenn Sie möchten, organisieren Sie diese zusätzlich in Abschnitten – als würden Sie farbige Trennblätter einlegen.

OneNote ersetzt (oder ergänzt) Ihre liebgewonnenen Schmierzettel und Loseblattsammlungen, kann aber noch so viel mehr:

- Notizbuchseiten sind in OneNote absolut unbegrenzt. Sie können Texte, Bilder, handschriftliche Notizen, Zeichnungen, eingebettete Dateien und andere Objekte völlig wahlfrei auf der Seite platzieren, verschieben, und umsortieren. Neuen Platz schaffen Sie genau da, wo Sie ihn brauchen, und zwar so viel, wie Sie möchten – OneNote-Seiten haben keinerlei Größenbeschränkung.

- Halten Sie Inhalte von Webseiten fest – nicht nur die Adresse mit einer vielleicht nichtssagenden Titelzeile, wie das die Favoritenverwaltung Ihres Browsers erlaubt, sondern ganze Webseiten, Auszüge im Originaldesign mit Bildern und Links. Dies bedeutet Informationsbeschaffung und Recherche mit wenigen Mausklicks.

- Verlinken Sie Notizen – und zwar mit externen Dateien, bestimmten Stellen in Audio- oder Videoaufzeichnungen, einer Textstelle in einem Word-Dokument, einer PowerPoint-Präsentationsfolie. Oder verknüpfen Sie Notizen mit anderen Notizen – sogar in einem anderen Notizbuch. Bauen Sie Wikis oder eine persönliche Wissensbibliothek auf.

- Machen Sie sich keine Gedanken über das Speichern von Informationen. Alles, was Sie hinzufügen oder ändern, wird vollautomatisch sofort gesichert. Zudem verwahren mehrere Papierkörbe versehentlich Gelöschtes; ein integriertes Backupsystem mit Versionsverwaltung nimmt Hardwareschäden und Datenpannen den Schrecken.

- Greifen Sie von überall aus mit unterschiedlichen Geräten auf Ihre Notizen zu. Wenn Sie die Notizbücher zudem in Ihrem SkyDrive-Speicher oder auf einer SharePoint-Webseite ablegen, ist der Zugriff auch über Smartphones oder Tablet-PCs mit Windows, Android oder iOS und sogar per Webbrowser auf Rechnern ohne OneNote möglich. Jede Änderung wird sofort synchronisiert und gilt überall.

- Suchen Sie nach Inhalten nicht nur in Texten. Sie finden jedes Stichwort auch innerhalb von Bildern (gescannte Dokumente, Fotos usw.) und sogar in Audio- oder Videoaufzeichnungen, die Sie von OneNote aus angefertigt haben.

- Teilen Sie ganze Notizbücher oder Auszüge daraus mit anderen. Wenn Sie wollen, können Sie sogar mit mehreren Personen gleichzeitig an Aufzeichnungen arbeiten, Projekte planen, kommentieren, brainstormen. Jede Änderung wird nahezu sofort für alle sicht- und nachvollziehbar.

1.2 Mögliche Anwendungen

Beginnen Sie damit, OneNote ganz sporadisch als Zettelkasten zu nutzen. Wann immer Sie etwas zu notieren haben, vertrauen Sie es Ihrem OneNote-Sammelnotizbuch an. Oder halten Sie interessante Webinhalte fest (am einfachsten als Bildschirmausschnitt, siehe Abschnitt 4.3). Der Wunsch nach mehr kommt früher oder später automatisch. Sie werden sehr schnell auf Ideen kommen, wie Sie mit OneNote ganze Projekte oder Bereiche Ihres privaten oder beruflichen Lebens deutlich einfacher und effizienter gestalten können. Hier nur ein paar Anwendungsbeispiele und Anregungen für den Einsatz von OneNote:

Im Beruf

- Protokollieren Sie Meetings und Besprechungen direkt in OneNote.

- Legen Sie ein Archiv wichtiger oder thematisch zusammengehörender Mails an. Dank direkter Outlook-Anbindung braucht's nicht mehr als einen Mausklick.

- Bauen Sie Wissens- und Informations-Wikis für alle Mitarbeiter auf, oder stellen Sie eine Dokumentation für Teilzeitarbeiter oder Urlaubsvertretungen zusammen. Verlinken Sie alles mit den entsprechenden Ordnern oder Dokumenten.
- Speichern Sie Dokumente zu Projekten (z.B. Umsatzlisten, Diagramme, Memos, Schriftverkehr, Berichte usw.), indem Sie die zugehörigen Dateien in die zugehörigen Notizseiten einbinden oder direkt einscannen.
- Organisieren Sie Projekte in Arbeitsgruppen, bei denen alle Beteiligten gemeinsam an Notizen und Dokumenten arbeiten. OneNote dokumentiert alle Änderungen, Verläufe und Urheber.

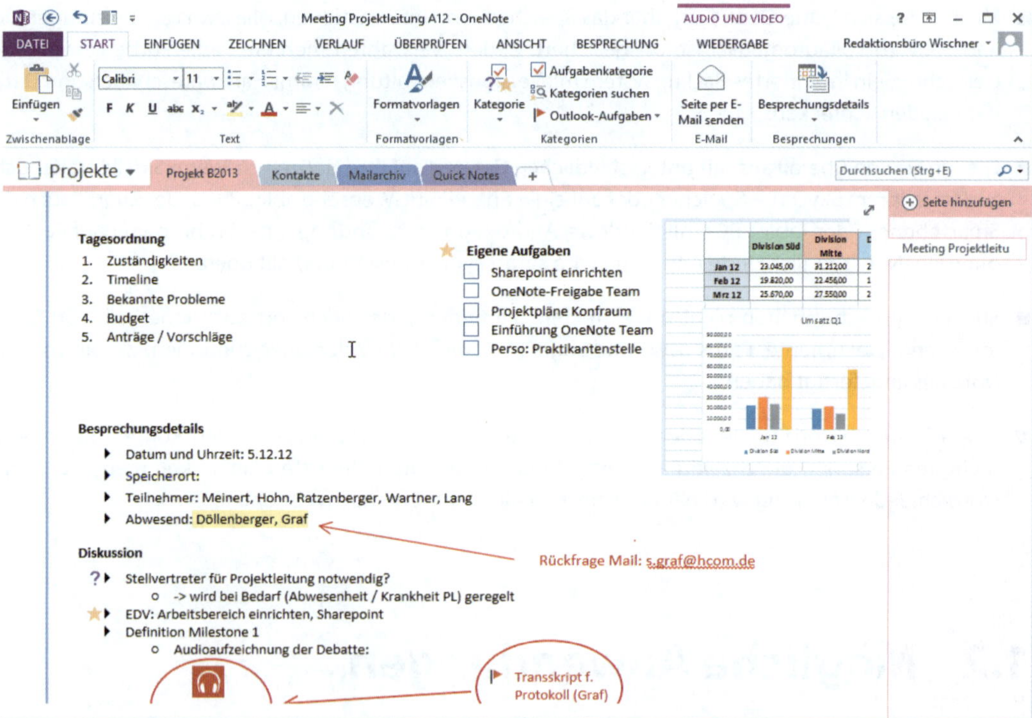

Abbildung 1.1 Protokollieren Sie Meetings und Besprechungen direkt in OneNote. Zeichnen Sie wichtige Passagen per Mikrofon auf.

Im privaten Bereich

- Planen und organisieren Sie Aktivitäten wie einen Umzug, Feiern, Urlaubsreisen oder Renovierungsarbeiten – vielleicht auch zu mehreren. Legen Sie Aufgaben- oder Einkaufslisten an, binden Sie Straßenkarten und Anfahrtspläne ein, halten Sie Angebote, Hintergrundinfos oder To-do-Listen fest.
- Organisieren Sie Ihre Rezepte in einem Notizbuch – schreiben Sie Ihre eigenen auf, importieren Sie Rezeptideen von Webseiten wie *chefkoch.de*, teilen Sie Ihre Lieblingsgerichte mit Freunden und Verwandten, oder veröffentlichen Sie sie in sozialen Netzwerken oder in Ihrem Blog.

- OneNote ist auch ein idealer Shoppingpartner. Stöbern Sie nach Herzenslust im Internet, und schieben Sie alles, was Sie mögen, in ein OneNote-Notizbuch. Mit ein paar Mausklicks wird daraus ein anschaulicher Weihnachts- oder Geburtstagswunschzettel.
- Die nächste Steuererklärung kommt bestimmt! Scannen Sie Ihre Belege direkt in ein OneNote-Notizbuch.

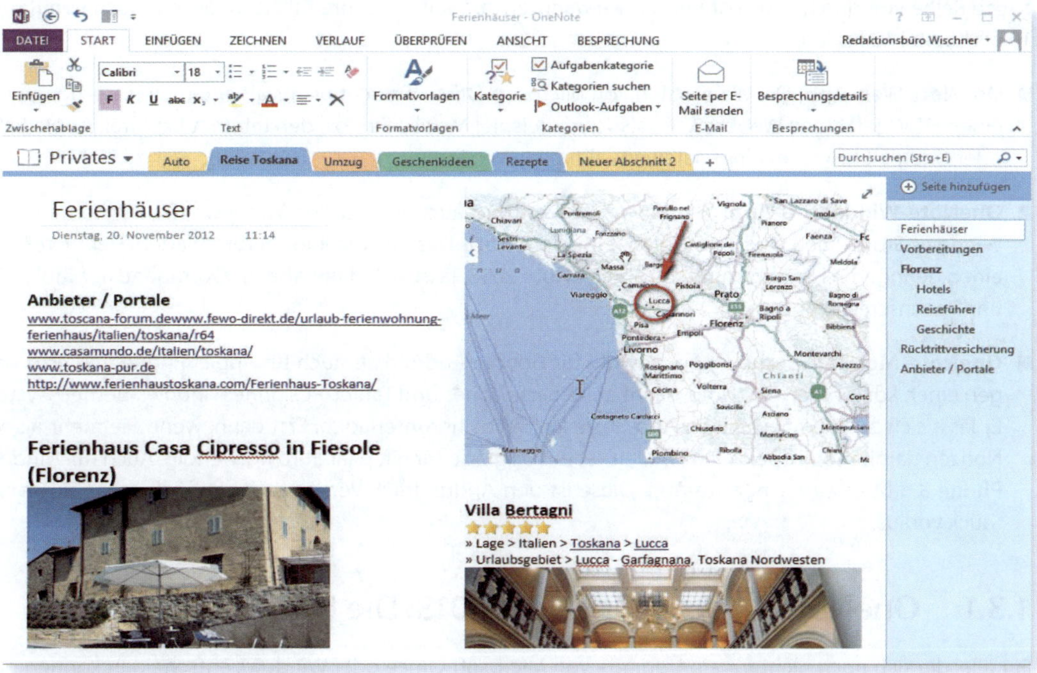

Abbildung 1.2 OneNote hilft bei der Urlaubsvorbereitung: Sammeln und vergleichen Sie Angebote für Flug und Unterkünfte, speichern Sie Wegbeschreibungen, oder führen Sie Aufgaben- und Einpacklisten.

In Schule, Studium und Fortbildung

- Speichern und organisieren Sie zum Beispiel Vorlesungs- oder Stundenpläne.
- Stellen Sie Literaturverzeichnisse zusammen – einfach per Klick aus Amazon & Co.
- Wichtige Inhalte scannen Sie von der Quelle ein – direkt in die OneNote-Notiz. Finden Sie jedes Stichwort blitzschnell – sogar in Bildern.
- Schreiben Sie Vorlesungen direkt in OneNote auf dem Notebook mit, oder zeichnen Sie Vorträge einfach auf. Selbst in Audioaufnahmen findet OneNote Textstellen wieder. Tauschen Sie Vorlesungsnotizen mit Mitschülern und Kommilitonen aus.
- OneNote ist der ideale Materialsammelplatz für Referate, Seminar-, Abschluss- oder Bachelor/Master-Arbeiten.

1.3 Die OneNote-Familie

In diesem Buch geht es vor allem um OneNote 2013, das jedem aktuellen Microsoft Office beiliegt und standardmäßig mitinstalliert wird. Dies ist zwar die kompletteste und funktionsreichste OneNote-Version, aber nicht die einzige Möglichkeit, um mit OneNote-Notizbüchern zu arbeiten. Dem Hauptprogramm steht eine ganze Reihe von durchweg kostenlosen Verwandten zur Seite, die ihren Platz in diesem Buch von Kapitel 10 bis Kapitel 12 finden:

- **OneNote Web-App:** Die Webversion von Microsoft Office braucht nichts als einen Internetzugang und einen HTML5-fähigen Webbrowser, also zum Beispiel Mozilla Firefox, den Internet Explorer, Apple Safari oder Google Chrome in einer halbwegs aktuellen Version.
- **OneNote-Windows-8-App:** Windows 8-Nutzer (und auch Nutzer von Windows RT) können aus dem Windows Store einen OneNote-Ableger im Modern-UI-Design kostenlos herunterladen. Der bietet zwar einen geringeren Funktionsumfang als OneNote 2013, lässt sich dafür aber hervorragend auf Tablet-PCs und Touchscreens nutzen.
- **OneNote-Mobile:** Spezielle Apps sowohl für Google Android als auch für Apple iPhone und iPad bringen einen kompakten OneNote-Client auf Smartphones und Tablet-PCs ohne Windows-Betriebssystem. Er lässt sich aus dem jeweiligen App-Store kostenlos herunterladen. Erst dann, wenn Sie mehr als 500 Notizen damit mobil bearbeiten wollen, ist ein Upgrade für ein paar Euro notwendig. Auch für Windows Phone 8 gibt es eine OneNote-App. Diese ist den Android/iOS-Versionen funktionell sogar ein ganzes Stück voraus.

1.3.1 OneNote 2010 vs. OneNote 2013: Die Unterschiede

Für alle, die sich noch nicht für ein Upgrade von Microsoft Office oder Windows entscheiden können oder wollen, gibt es ziemlich gute Nachrichten:

- OneNote 2013 läuft problemlos auf Windows 7. Lediglich ältere Systeme (zum Beispiel Windows XP oder Vista) werden nicht mehr unterstützt. Ein Umstieg auf Windows 8 ist also nicht erforderlich.
- Die Unterschiede zwischen OneNote 2010 und 2013 sind nicht gravierend. Das bedeutet zum einen, dass Sie auch unter Windows 8 problemlos bei Office 2010 bleiben können. Zum anderen gelten nahezu alle Anleitungen in diesem Buch auch für OneNote 2010. Lediglich die Bildschirmabbildungen sind an die bei Office 2013 stark veränderte Optik angepasst.

Die wesentlichsten Unterschiede zwischen OneNote 2010 und der aktuellen 2013er-Version liegen an der Oberfläche, und zwar sprichwörtlich. Wie auch bei den restlichen Modulen von Microsoft Office ist das Aero-Design nun einer flachen und klaren Optik gewichen. Praktisch alle Bedienungselemente finden sich aber an gewohnter Stelle und tragen dieselben Bezeichnungen wie zuvor.

Abbildung 1.3 Der auffälligste Unterschied zwischen OneNote 2010 (oben) und 2013 (unten) ist die Optik. Fast alle Bedienelemente sind identisch.

Abgesehen davon zeichnet sich OneNote 2013 gegenüber seinem Vorgänger vor allem durch kleinere Verbesserungen im Detail aus:

- Die Tabellenfunktion wurde überarbeitet und erlaubt jetzt zum Beispiel auch das Sortieren nach Spalteninhalten.
- Excel-Tabellen und Visio-Diagramme lassen sich nicht nur als Dateilink in eine Notiz einfügen, sondern auch mit ihrem Inhalt darstellen. Das Bearbeiten innerhalb von OneNote 2013 ist jedoch nicht möglich – hierfür wird nach wie vor das entsprechende Office-Programm gestartet.
- Die Menüs und Dialogfelder für die SkyDrive-Anmeldung und -Verbindung sowie für die Freigabe von Notizbüchern wurden gegenüber OneNote 2010 vereinfacht. Beim Vorgänger waren diese Funktionen erst mit dem Service Pack 1 für Microsoft Office 2010 hinzugekommen, was man der Benutzeroberfläche angemerkt hat. Somit gelten einige der Anleitungen in Kapitel 8,Teilen und Teamwork, nicht für OneNote 2010. Das Prinzip und die Funktionsweise sind aber gleich geblieben, sodass Sie sich auch mit der älteren OneNote-Version zurechtfinden sollten.
- Das externe Tool *An OneNote senden* (zuständig zum Beispiel für Bildschirmausschnitte und schnelle Notizen) ist vereinfacht worden. Da die entsprechenden Tastenkürzel aber weitgehend beibehalten wurden, müssen Sie sich kaum umstellen.

Genug der Vorrede – ab dem nächsten Kapitel geht es an die Praxis.

2

Benutzeroberfläche und erste Schritte

- *Einführung in die Benutzeroberfläche*
- *Notizbücher anlegen, öffnen, schließen und löschen*
- *Einteilung in Abschnitte und Seiten*
- *Zusammenspiel mit früheren OneNote-Versionen*

Die Bedienung von OneNote 2013 lehnt sich weitgehend an die Arbeit mit den anderen Office-Modulen, wie Word, Excel oder PowerPoint, an. Auch dürften Sie sich als Umsteiger von der Version 2010 sofort zurechtfinden – von der Optik abgesehen hat sich nicht viel geändert.

Als OneNote-Neuling mag die Benutzeroberfläche Sie auf den ersten Blick vielleicht ein wenig verwirren. Der Aufbau ist im Grunde aber ganz einfach. Sie müssen lediglich wissen, dass sich ein OneNote-Notizbuch an einem herkömmlichen Ringbuch orientiert, in das Sie beliebig viele einzelne Seiten einheften und auf Wunsch mit farbigen Trennblättern in Abschnitte unterteilen können. Dieses Kapitel zeigt Ihnen den Weg zu Ihrem ersten Notizbuch. Es beschreibt, wie Sie Abschnitte und Seiten hinzufügen, weitere Notizbücher anlegen, und es macht Sie mit der Benutzeroberfläche von OneNote 2013 vertraut. Außerdem erfahren Sie, wie Sie Notizbücher von älteren OneNote-Versionen in das aktuelle Format konvertieren.

2.1 Der erste Kontakt

Wenn Sie OneNote 2013 nach der Installation von Microsoft Office zum ersten Mal starten, fordert es als Erstes eine Anmeldung bei Windows Live (bzw. SkyDrive). Ein Klick auf die Schaltfläche ANMELDEN bringt Sie zum Anmeldeprozess und gegebenenfalls der Neueinrichtung eines Kontos. Klicken Sie dagegen auf das kleine Kreuz rechts oben, um das Fenster zu schließen, überspringen Sie dadurch diesen Schritt vorerst. Sie können die Windows-Live-Anmeldung später jederzeit nachholen, etwa um ein neues Notizbuch auf SkyDrive anzulegen. Die Anmeldung erfolgt auch dann automatisch, wenn Sie Windows 8 benutzen und Ihr Konto dort kein lokales, sondern ein Windows-Live-Account ist.

Abbildung 2.1 Beim ersten Start legt OneNote automatisch ein Notizbuch und zwei Beispielseiten mit ein paar Bedienungshinweisen an.

Im Gegensatz zu OneNote 2010, wo Sie nach dem ersten Start gebeten werden, den Namen eines neuen Notizbuchs einzugeben, legt OneNote 2013 ungefragt ein neues Notizbuch an. Es heißt MEIN NOTIZBUCH (nutzen Sie Windows 8 und sind Sie dort mit einem Windows-Live-Konto angemeldet, heißt es NOTIZBUCH VON <IHR NAME>) und wird automatisch geöffnet. Darin gibt es einen einzigen Abschnitt namens SCHNELLE NOTIZEN. Dieser erfüllt zwar eine Sonderfunktion, unterscheidet sich also von allen anderen Abschnitten in OneNote-Notizbüchern (siehe Abschnitt 4.2), aber das braucht Sie im Moment nicht zu kümmern.

In diesem Abschnitt wurden zwei neue Seiten angelegt und mit Beispielinhalten gefüllt. Neben ein paar Textelementen und einer sehr rudimentären Grundanleitung finden Sie auf der ersten Seite einige Links zu kurzen Video-Tutorials im Internet. Wenn Sie möchten, klicken Sie einen Link an, um das entsprechende Kurzvideo im Webbrowser zu betrachten. Auf die zweite Seite wechseln Sie, indem Sie in der Seitennavigation (dem orange unterlegten Bereich ganz rechts) auf ONENOTE-GRUNDLAGEN klicken.

Es bleibt Ihnen überlassen, ob Sie das automatisch (auf der lokalen Festplatte) angelegte Notizbuch MEIN NOTIZBUCH direkt für Ihre Aufzeichnungen verwenden möchten. Die beiden Beispielseiten löschen Sie ganz einfach:

1. Klicken Sie mit der rechten Maustaste in der Seitennavigation auf den Seitentitel (zum Beispiel ONENOTE-GRUNDLAGEN).

2. Wählen Sie im Kontextmenü den Befehl LÖSCHEN aus.

3. Wiederholen Sie diese beiden Schritte mit dem anderen Seitentitel (ONENOTE: DER ORT FÜR IHRE NOTIZEN).

2.2 Die Benutzeroberfläche

Sobald Sie ein Notizbuch angelegt oder geöffnet haben, erscheint die Benutzeroberfläche von OneNote. Wenn Sie von OneNote 2010 umsteigen, dürfte Ihnen das meiste bekannt vorkommen. Abgesehen von der allgemeinen Umstellung des Designs hat sich zwischen Office 2010 und Office 2013 nicht allzu viel geändert.

Auch mit anderen Office-Programmen, wie zum Beispiel Word oder Excel ab Version 2010, hat OneNote 2013 viele Elemente gemeinsam. Im ersten Teil dieses Kapitels finden Sie eine Kurzvorstellung aller Bedienelemente – also sowohl der allen Office-Modulen gemeinsamen als auch der OneNote-spezifischen.

2.2.1 Das Menü

Wenn in diesem Buch vom Menü gesprochen wird, ist damit die in Registerkartenform ausgeführte Leiste mit den sieben Befehlen DATEI, START, EINFÜGEN, ZEICHNEN, VERLAUF, ÜBERPRÜFEN und ANSICHT gemeint (siehe Abbildung 2.2). Die Menüleiste hat Microsoft in dieser Form mit Office 2010 eingeführt. Sie hat sich in der aktuellen Version nur optisch, aber nicht funktionell geändert. Im Gegensatz zu Windows-Programmen mit dem konventionellen Bedienkonzept klappt ein Klick auf einen der Menüpunkte kein Untermenü mehr auf, sondern öffnet eine relativ großflächige und übersichtliche Symbolleiste, die Befehle aus dem jeweiligen Funktionsbereich enthält.

2.2.2 Die Menübänder/Symbolleisten (Ribbons)

Die Menübänder (in diesem Buch werden sie meist *Symbolleisten* genannt, weil das anschaulicher ist) fassen Befehle und Funktionen zusammen, die thematisch zum jeweiligen Menü gehören. Zum Beispiel enthält die Symbolleiste EINFÜGEN (die sich nach einem Klick auf den entsprechenden Menübefehl öffnet) die Befehlsgruppen DATEIEN, BILDER, LINK, AUFNAHME oder ZEITSTEMPEL. Jede Gruppe kann mehrere oder auch nur einen einzelnen Befehl enthalten. Deren Darstellung hängt zudem vom zur Verfügung stehenden Platz ab, kann sich also je nach Bildschirmauflösung oder Fenstergröße ändern. Bei verkleinerten Fenstern oder einer geringen Auflösung (zum Beispiel auf Netbooks oder Tablet-PCs) werden manche Befehlsgruppen komprimiert angezeigt – anstelle eines großen grafischen Symbols sehen Sie vielleicht nur noch ein kleineres Symbol oder eine Funktionsbezeichnung in Textform.

Auch die Symbolleisten haben in OneNote 2013 nur ihr Aussehen an den neuen Office-Look angepasst – funktionell haben sie sich gegenüber Office 2010 nicht geändert.

Abbildung 2.2 Die Standardbedienelemente von OneNote mit Menü, Symbolleisten und Schnellzugriff entsprechen denen aller Office-Programme.

Starten Sie ein frisch installiertes OneNote, sind die Symbolleisten zugunsten der dadurch größeren Arbeitsfläche für die Notizen ausgeblendet. Erst ein Klick auf einen Menübefehl, wie zum Beispiel EINFÜGEN, zeigt die zugehörige Leiste an, bis Sie einen Befehl daraus gewählt haben. Danach verschwindet die Leiste wieder. Gerade dann, wenn Sie mit den einzelnen Funktionen von OneNote noch nicht so vertraut sind und Platz auf dem Bildschirm keine große Rolle spielt, können Sie die jeweils aktuelle Symbolleiste ständig eingeblendet lassen. Wie das geht, lesen Sie in Abschnitt 2.2.11.

2.2.3 Die Backstage-Ansicht

Wie bei der Vorgängerversion finden sich alle Funktionen zu Dateien und die meisten Einstelloptionen in einem eigenen Fenster, der *Backstage-Ansicht*. Diese Schaltzentrale lässt sich durch einen Klick auf das DATEI-Menü öffnen. In der Backstage-Ansicht, die aus einem violett unterlegten Menü links und kontextabhängigen Inhalten in der großen rechten Fläche besteht, finden Sie links oben einen Linkspfeil in einem Kreis. Ein Klick darauf führt zurück in das zuvor bearbeitete Notizbuch. Die Backstage-Ansicht enthält im Wesentlichen alles, was Windows-Programme mit konventioneller Benutzeroberfläche in einem Menü namens DATEI oder FILE unterbringen (also zum Beispiel Befehle zum Öffnen, Speichern, Exportieren, Drucken, Versenden) plus die generellen Stellschrauben und Einstellmöglichkeiten für OneNote (die OPTIONEN). In Ermangelung eines passenden deutschen Begriffs verwendet auch dieses Buch die Bezeichnung Backstage-Ansicht und erinnert meist auch daran, dass Sie diese durch einen Klick auf das DATEI-Menü erreichen.

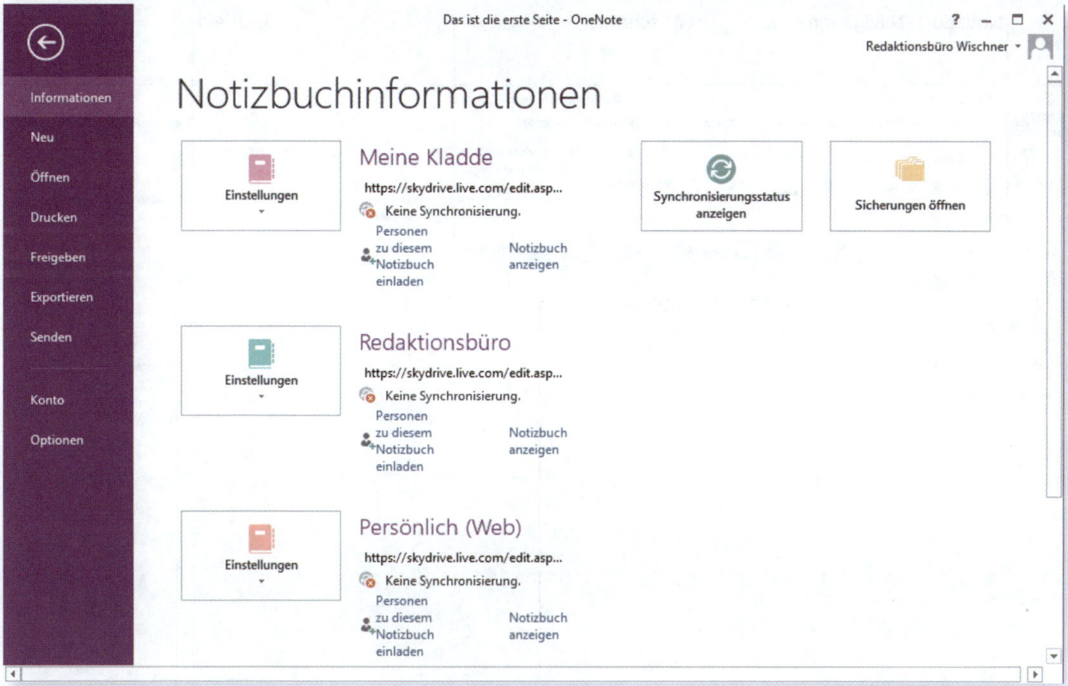

Abbildung 2.3 In der Backstage-Ansicht finden Sie in allen Office-Programmen sämtliche Funktionen zur Dateiverwaltung und für das Drucken – so auch in OneNote 2013.

2.2.4 Die Schnellzugriffs-Symbolleiste

Ebenfalls mit Office 2010 eingeführt und in der aktuellen Version praktisch unverändert ist die Schnellzugriffs-Symbolleiste: Am oberen linken Fensterrand, noch oberhalb der Menüleiste, befinden sich ein paar Symbole. Sie bieten Zugriff auf häufig benötigte Befehle und Funktionen, die Sie per Mausklick ohne Umweg erreichen – egal, welches Menüband gerade angezeigt wird.

Die Schnellzugriffs-Symbolleiste lässt sich alternativ auch unterhalb der Menüs und Menübänder positionieren (um die Mauswege kürzer zu halten) und nach Bedarf um beliebige Befehle und OneNote-Funktionen erweitern. Wie das geht, lesen Sie in Abschnitt 9.1.1.

Die bis hierhin vorgestellten Bedienelemente finden Sie zumindest in sehr ähnlicher Form auch in allen anderen Modulen von Office 2013, so zum Beispiel in Word oder Excel. Die folgenden Elemente gibt es dagegen nur in OneNote.

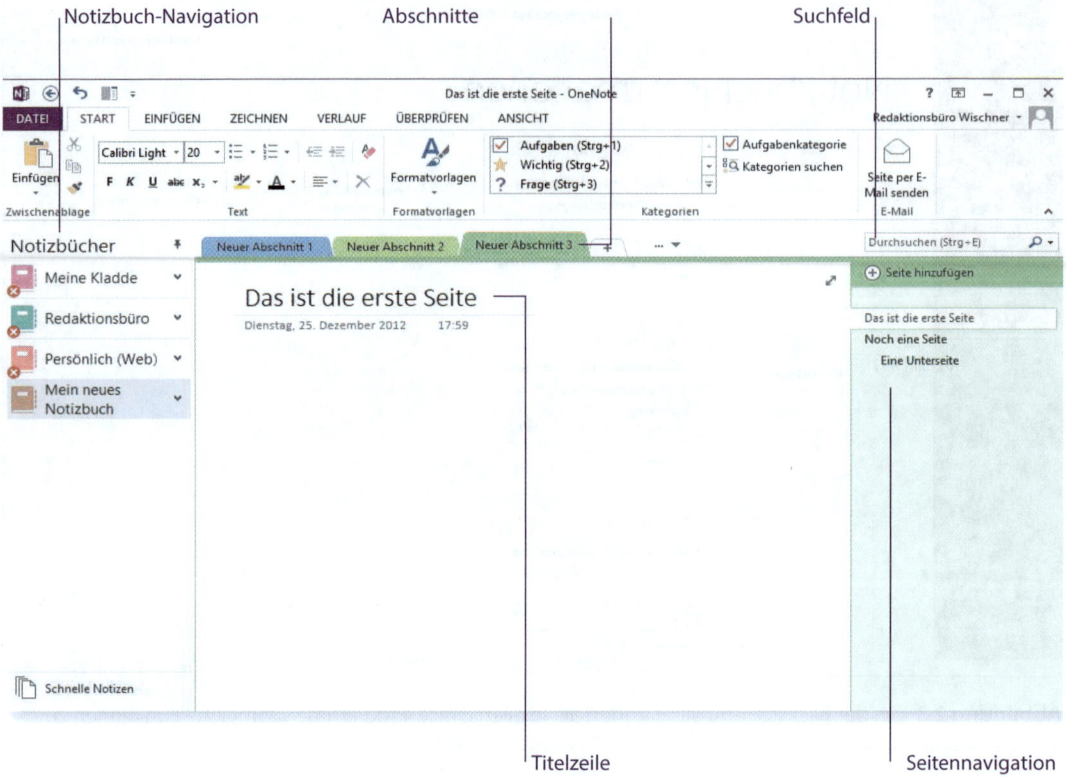

Abbildung 2.4 Die Navigationselemente für Notizbücher (optional eingeblendet), Abschnitte und Seiten gruppieren sich um den Arbeitsbereich.

2.2.5 Die Abschnitts-Registerkarten

Ein OneNote-Notizbuch gliedert sich optional in einzelne Abschnitte. Verglichen mit einem herkömmlichen Notizbuch oder Ringordner können Sie sich die Abschnitte vorstellen wie farbige Einlegeblätter, die das Buch thematisch oder chronologisch unterteilen.

In OneNote darf ein Notizbuch beliebig viele Abschnitte enthalten, die Sie mit einer jeweils eigenen Farbe kennzeichnen und beschriften können. Wenn Sie keine solche Einteilung benötigen, können Sie auch auf das Anlegen von Abschnitten verzichten, beziehungsweise auf den einen Standardabschnitt begrenzen, der beim Anlegen eines Notizbuchs automatisch erzeugt wird.

Benötigen Sie noch mehr ordnende Struktur, können Sie in OneNote mehrere Abschnitte zu sogenannten Abschnittsgruppen zusammenfassen. Diese zusätzliche Hierarchieebene entspricht dem Einheften größerer, übergeordneter Trennblätter, die zwar nicht farbig gekennzeichnet werden, aber wiederum eigene Bezeichnungen erhalten können. Speichern Sie beispielsweise alle Ihre Kochrezepte in einem Notizbuch, könnten Sie Abschnittsgruppen, wie zum Beispiel Vor-, Haupt- und Nachspeisen, anlegen. Die Gruppe

»Hauptspeisen« unterteilt sich in Abschnitte wie »Nudelgerichte«, »Fleisch« oder »Aufläufe«. Die in den Abschnitten abgelegten Notizbuchseiten wiederum enthalten die einzelnen Rezepte. Auch für die Zahl der Abschnittsgruppen oder deren Verschachtelungstiefe (zu Abschnittsgruppen innerhalb von Abschnittsgruppen siehe Abschnitt 6.3.1) gibt es in OneNote zumindest theoretisch keine Beschränkung.

2.2.6 Die Seitennavigation

Ein Notizbuch-Abschnitt besteht aus beliebig vielen (und beliebig großen!) Notizbuch-Seiten. Auf die Ringbuch-Vorlage übertragen, sind Seiten also die einzelnen Notizblätter. Am rechten Rand findet sich eine Übersicht aller im aktuell geöffneten Abschnitt abgelegten Seiten, die Seitennavigation. Die Bezeichnungen in dieser Liste entsprechen den jeweiligen Seitenüberschriften. Ist keine vorhanden, zeigen sie den Inhalt des ersten Textelements auf der Seite.

Eine neue Seite legen Sie am einfachsten an, indem Sie auf die Schaltfläche mit dem Pluszeichen und der Beschriftung SEITE HINZUFÜGEN oberhalb der Seitennavigation klicken. Sofort wird die Liste um einen unten angehängten neuen Eintrag mit der vorläufigen Bezeichnung SEITE OHNE TITEL erweitert, und im Inhaltsbereich (siehe Abschnitt 2.2.10) wird ein leeres Notizblatt angelegt.

Um zu einer vorhandenen Seite zu blättern, klicken Sie den entsprechenden Eintrag mit der linken Maustaste an. Ein Rechtsklick öffnet ein Kontextmenü mit weiteren Optionen, wie zum Beispiel das Löschen der gesamten Seite. Außerdem lassen sich hier Seiten umsortieren oder hierarchisch organisieren. Mehr hierzu erfahren Sie in Kapitel 6, Strukturieren und aufräumen.

2.2.7 Die Notizbuch-Navigation

Im Prinzip können Sie alles, was Sie jemals an Informationen mit OneNote festhalten möchten, innerhalb eines einzigen Notizbuchs speichern und dieses in viele Abschnitte und Abschnittsgruppen unterteilen. In der Praxis ist es aber meist sinnvoller, mit mehreren Notizbüchern zu arbeiten – zum Beispiel mit einem für private Notizen und einem für berufliche. Sie können in OneNote nicht nur nach Lust und Laune zusätzliche Notizbücher anlegen, sondern auch beliebig viele gleichzeitig geöffnet halten (siehe Abschnitt 2.3.2) und schnell zwischen diesen wechseln. Letzteres ermöglichen die beiden nachfolgend beschriebenen unterschiedlichen Bedienelemente zur Notizbuch-Navigation.

Wenn Sie von einer früheren OneNote-Version umgestiegen sind, kennen Sie bereits die Notizbuch-Navigationsleiste am linken Rand. Diese ließ sich in OneNote 2007 und 2010 entweder in voller Breite anzeigen oder auf die Darstellung einer schmalen Leiste von Karteireitern verkleinern. In OneNote 2013 hat sie sich ein wenig geändert. Im Normalfall wird am linken Rand überhaupt keine Übersicht aktuell geöffneter Notizbücher angezeigt. Stattdessen finden Sie den Namen des Notizbuchs, mit dem Sie im Moment arbeiten, links neben den Abschnitts-Karteireitern. Ist zudem gerade eine Abschnittsgruppe geöffnet, steht deren Bezeichnung in kleinerer Schrift unter dem Notizbuchnamen. Klicken Sie mit der linken Maustaste darauf, klappt temporär eine Liste mit allen derzeit offenen Notizbüchern aus. Ein Mausklick auf eines davon öffnet das Notizbuch umgehend, und die Liste verschwindet wieder.

Möchten Sie hingegen eine permanente Übersicht aller offenen Notizbücher und vielleicht auch der darin enthaltenen Abschnitte, geht das folgendermaßen:

1. Öffnen Sie die temporäre Notizbuchliste wie beschrieben durch einen Klick auf den Namen des aktuell offenen Buchs.

2. In der rechten oberen Ecke der Aufklappliste mit den Notizbüchern finden Sie ein kleines Symbol, das eine liegende Pinnnadel darstellt. Klicken Sie es mit der linken Maustaste an.

3. Am linken Fensterrand wird nun eine breitere Auflistung aller offenen Notizbücher angeheftet. Rechts neben jedem Eintrag steht ein v-förmiges Symbol. Ein Klick darauf klappt unter dem Notizbuchnamen eine Liste aller enthaltenen Abschnitte und Abschnittsgruppen aus. Hier können Sie per Mausklick beliebig zu einem anderen Notizbuch oder Abschnitt wechseln.

4. Um die Detailanzeige der Abschnitte wieder auszublenden, klicken Sie das nunmehr auf dem Kopf stehende v-Symbol erneut an.

5. Möchten Sie die gesamte Notizbuchnavigation wieder ausblenden, reicht ein Klick auf die nun senkrecht stehend dargestellte Pinnnadel rechts oben.

2.2.8 Das Suchfeld

Sobald Ihre Notizbücher und Abschnitte einen gewissen Umfang erreicht haben, kann es mühevoll werden, eine bestimmte Information durch bloßes Herumblättern zu finden. Deshalb ist die Suchfunktion von OneNote eines der wichtigsten Features – und zudem denkbar einfach zu nutzen. Rechts oben, direkt über der Seitennavigation finden Sie ein einzeiliges Eingabefeld, das den Text DURCHSUCHEN (STRG+E) enthält. Sobald Sie beginnen, dort einen beliebigen Begriff einzutippen, beginnt OneNote, in Ihren Notizen danach zu fahnden und zeigt auch sofort die ersten Ergebnisse an – noch während Sie schreiben. Alles Weitere über die Suchfunktion finden Sie in Kapitel 5, Suchen und finden.

2.2.9 Zusätzliche Info-Bereiche

Wenn Sie bestimmte OneNote-Funktionen nutzen, wie etwa die Suche oder das Synonymwörterbuch, öffnet sich am rechten Rand ein zusätzlicher, weitgehend grau hinterlegter Bereich. Er enthält entweder wichtige Informationen, wie zum Beispiel Such- oder Rechercheergebnisse (siehe Kapitel 5), und/oder weitere Funktionen. In der Regel bleibt ein zusätzlicher Info-Bereich so lange geöffnet, bis Sie ihn durch einen Klick auf das unter Windows gebräuchliche x-Symbol in der rechten oberen Ecke per Hand schließen.

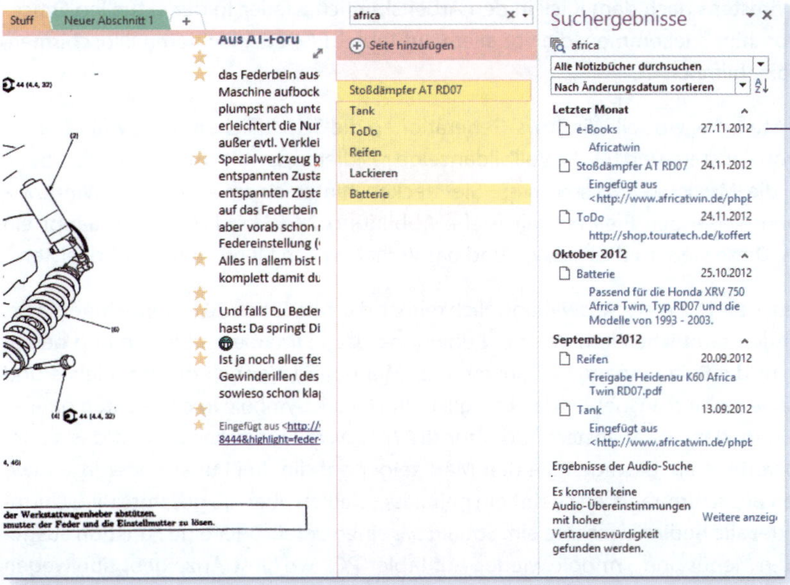

Abbildung 2.5 Manche Funktionen wie das Synonymwörterbuch oder die erweiterte Anzeige von Suchergebnissen (im Bild) blenden einen zusätzlichen Info-Bereich am rechten Fensterrand ein.

2.2.10 Der Inhaltsbereich

Der größte Teil der OneNote-Benutzeroberfläche wird von der eigentlichen Notizbuchseite eingenommen. Hier werden Sie Ihre Aufzeichnungen in Text, Bild und vielleicht auch Ton festhalten. Die Arbeitsfläche scheint zunächst begrenzt, lässt sich aber in Wirklichkeit bei Bedarf beliebig in der Breite nach rechts und in der Höhe nach unten erweitern. Den sichtbaren Ausschnitt bewegen Sie mit der Maus – wie von anderen Windows-Programmen gewohnt – durch die horizontalen und vertikalen Bildlaufleisten oder alternativ in der Vertikalen mit dem Mausrad und (bei entsprechend ausgerüsteten Mäusen) horizontal mit den Bildlauftasten am Mausrad. Eine vergrößerte und verkleinerte Darstellung erreichen Sie in der Symbolleiste ANSICHT mit den zugehörigen Schaltflächen in der Befehlsgruppe ZOOM oder mit dem Mausrad bei gedrückter `Strg`-Taste. Auf Tablet-PCs und PCs mit Touchscreen verschieben Sie den sichtbaren Bereich durch Wischen mit einem Finger in die jeweilige Richtung und verändern die Darstellungsgröße stufenlos durch das bekannte Spreizen oder Zusammenführen zweier Finger (»Pinchen«).

Welche Inhalte Sie direkt oder von anderen Programmen aus auf den Notizbuchseiten einfügen können, und wie Sie das machen, erfahren Sie in Kapitel 3, Notizen in OneNote eingeben, und Kapitel 4, Zusammenspiel mit anderen Programmen.

2.2.11 Menüs und Symbolleisten ein- und ausblenden

In Office 2010 gab es für die Anzeige der Symbolleisten nur zwei Varianten: Entweder war das jeweils aktive Menüband immer sichtbar und beanspruchte entsprechend Platz oder es wurde nur nach einem Klick auf einen Menüeintrag (in OneNote zum Beispiel START oder EINFÜGEN) eingeblendet und verschwand nach Auswahl einer Funktion oder spätestens nach dem Klick in den Arbeitsbereich wieder. In der aktuellen Office-Ausgabe ist eine dritte Option hinzugekommen, die vor allem auf Tablet-PCs oder kleineren Bildschirmen, etwa von Net- oder Ultrabooks, hilfreich ist.

Ganz rechts oben in der Fensterecke, wo seit Windows-Generationen die Schaltflächen und Symbole zum Schließen und Verkleinern von Fenstern und für die Vollbildanzeige residieren, ist mit Office 2013 eine neue Funktion hinzugekommen: die Menüband-Anzeigeoptionen. Sie stecken hinter einem stilisierten Windows-Fenster, das einen nach oben weisenden Pfeil enthält (siehe Abbildung 2.6). Ein Klick darauf klappt ein Menü mit drei Einträgen aus. Diese steuern die Anzeige und das Verhalten von Menüs und Symbolleisten:

- Menüband automatisch ausblenden: Die erste Auswahlmöglichkeit ist die mit Office 2013 neu eingeführte. Ist sie aktiviert, verschwinden sämtliche Elemente der Bedienoberfläche im oberen Bereich und geben so den maximalen Platz für die Seiteninhalte frei. Sowohl das Menüband als auch die Menüleiste und die Schnellzugriffs-Symbolleiste sind ausgeblendet. Lediglich drei kleine Symbole in der rechten oberen Ecke (eines mit drei Punkten, dazu das Fenstersymbol für die Menüband-Anzeigeoptionen und das x zum Schließen von OneNote) verbleiben. Bewegen Sie den Mauszeiger auf die drei Punkte oder irgendwo links davon an den oberen Bildschirmrand, erscheint ein hellblauer Balken über die gesamte Bildschirmbreite. Ein Linksklick blendet alle Bedienelemente ein. Sobald Sie einen Befehl oder eine Funktion ausgewählt haben, verschwinden Menüs und Symbole wieder. Auf Tablet-PCs, wo diese Anzeigeoption wegen des begrenzten Bildschirmplatzes besonders sinnvoll ist, reicht ein Fingertipp an den oberen Bildschirmrand zum vorübergehenden Einblenden der Schaltflächen und Menüs.
- Registerkarten anzeigen: Diese Darstellungsform ist ein Kompromiss zwischen Platzbedarf und Komfort. Die Menüleiste mit Kommandos wie Datei, Einfügen usw. ist ständig sichtbar. Ein Klick auf einen Menüpunkt blendet das zugehörige Menüband nur so lange ein, bis Sie daraus einen Befehl gewählt oder wieder auf die Notizbuchseite, die Notizbuch- oder Seitennavigation geklickt haben.
- Registerkarten und Befehle anzeigen: Ist diese Option gewählt, werden alle Bedienelemente (also Schnellzugriffs-Symbolleiste, Menüs und das jeweils gewählte Menüband) permanent angezeigt.

Sie können jederzeit zwischen den drei Anzeige-Optionen wechseln. Welche gerade aktiv ist, sehen Sie daran, dass der entsprechende Eintrag (genauer gesagt: das Symbol links von der jeweiligen Beschreibung) hellblau unterlegt ist.

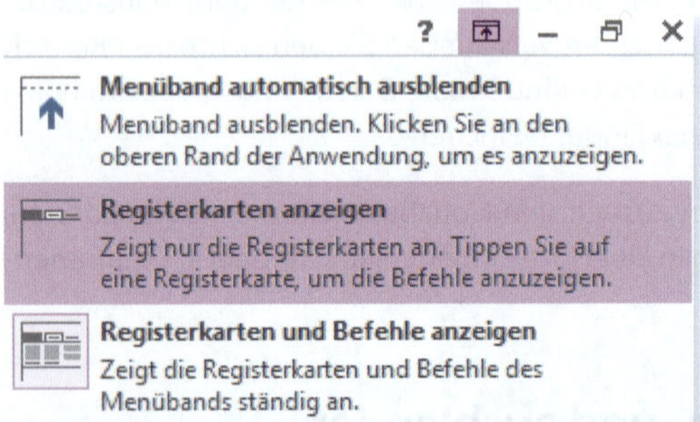

Abbildung 2.6 Ob und wann Menü und Symbolleisten angezeigt werden, stellen Sie über die Menüband-Anzeigeoptionen ein.

Zwischen den letzten beiden Darstellungsoptionen (also Registerkarten anzeigen und Registerkarten und Befehle anzeigen) können Sie auch schnell wechseln, indem Sie einen Menüpunkt, wie zum Beispiel START, EINFÜGEN oder ZEICHNEN mit der linken Maustaste doppelt anklicken. Hiervon ausgenommen ist nur DATEI.

2.3 Notizbücher anlegen, öffnen, schließen, löschen

Der Umgang mit Notizbüchern in OneNote unterscheidet sich nicht grundsätzlich von dem Umgang mit Dokumenten und Dateien in anderen Office- und Windows-Programmen. Die beiden wesentlichen Ausnahmen brauchen Sie in der Praxis nicht sonderlich zu kümmern:

- **Speichern:** Es gibt zwar Funktionen zum Öffnen, Schließen und zum Neuanlegen von Dateien, allerdings keine für das Speichern. Dies erfolgt in OneNote vollautomatisch bei jeder Änderung.
- **Dateiformate:** Hinter einem Notizbuch steckt keine einzelne Datei, wie zum Beispiel bei einem Word-Dokument oder einer Excel-Arbeitsmappe. Vielmehr wird beim Erzeugen eines neuen Notizbuchs am Speicherort (zum Beispiel im Ordner *OneNote-Notizbücher* in Ihrem persönlichen *Dokumente*-Ordner) ein gleichnamiger Unterordner abgelegt. Aus den Abschnitten eines Notizbuchs entstehen darin einzelne Dateien mit der Endung *.one*. Abschnittsgruppen werden zu weiteren untergeordneten Verzeichnissen, die ihrerseits wieder Abschnittsdateien enthalten. Ein Notizbuch ist also immer eine mehr oder weniger komplexe Ordnerstruktur auf der Platte. Das zu wissen, ist nur dann wichtig, wenn Sie abseits der OneNote-eigenen Backup- und Exportmechanismen Kopien von Notizbüchern auf einem anderen Datenträger anlegen oder ganze Notizbücher verschieben oder löschen möchten (siehe Abschnitt 2.3.4).

2.3.1 Ein neues Notizbuch anlegen

Wann immer Sie möchten, können Sie ein weiteres Notizbuch anlegen. Das ist zum Beispiel dann sinnvoll, wenn Sie alle Aufzeichnungen zu einem bestimmten umfangreichen Projekt zusammenfassen möchten, private und berufliche Inhalte trennen oder Informationen zu einem umfangreichen oder in sich geschlossenen Thema in einem eigenen Buch sammeln wollen. Sie werden alles jederzeit mit der Suchfunktion von OneNote wiederfinden, ganz egal, auf wie viele Notizbücher Sie Ihre Aufzeichnungen aufgeteilt haben (mehr zur Suchfunktion lesen Sie in Kapitel 5).

So legen Sie ein neues Notizbuch an:

1. Öffnen Sie mit einem Klick auf DATEI die Backstage-Ansicht.
2. Wählen Sie aus dem Menü links den Eintrag Neu.

Es öffnet sich der mit Neues Notizbuch überschriebene Bereich. Als Erstes müssen Sie sich nun entscheiden, wo Ihr neues Notizbuch gespeichert werden soll. Zur Wahl stehen Ordner auf der lokalen Festplatte Ihres

PCs oder auf einem lokal angeschlossenen Laufwerk, einem Netzwerkordner oder einem Onlinespeicherplatz (Ihrem Cloudspeicher auf SkyDrive oder auf einer SharePoint-Webseite). Welchen Speicherort Sie wählen, hängt unter anderem davon ab, ob Sie später anderen Personen Zugriff auf Ihr Notizbuch gewähren oder selbst mit verschiedenen Geräten (unter Umständen auch unterwegs per Internet) darauf zugreifen wollen. Mehr dazu erfahren Sie in Kapitel 8, Teilen und Teamwork.

So erzeugen Sie ein neues Notizbuch auf einem lokalen Laufwerk oder in einem Netzwerkordner (für den Sie entsprechende Zugriffsrechte besitzen müssen):

1. Wählen Sie aus der linken Auswahlliste die Option COMPUTER.
2. Im rechten Bereich tragen Sie unter NOTIZBUCHNAME: eine passende Bezeichnung für das neue Notizbuch ein.
3. Um das Notizbuch an seinem Standardspeicherort zu erstellen (grundsätzlich innerhalb Ihres persönlichen *Dokumente*-Ordners auf dem Windows-Laufwerk oder gemäß der Einstellung unter SPEICHERN UND SICHERN in den ONENOTE-OPTIONEN) klicken Sie auf NOTIZBUCH ERSTELLEN.
4. Möchten Sie das Notizbuch an einem anderen Speicherort (Laufwerk, Ordner, Netzwerk) anlegen, wählen Sie stattdessen den Link IN EINEM ANDEREN ORDNER ERSTELLEN und navigieren zum gewünschten Laufwerk und Ordner. Bestätigen Sie die Wahl anschließend mit einem Klick auf ERSTELLEN.

Abbildung 2.7 Neue Notizbücher legen Sie in der Backstage-Ansicht an – entweder in einem bestimmten lokalen Ordner oder in einem Netzwerk-Ordner, auf SkyDrive oder SharePoint.

Soll das neue Notizbuch hingegen in Ihrem Onlinespeicher auf SkyDrive liegen, geht das folgendermaßen:

1. Wählen Sie aus der linken Auswahlliste die Option SKYDRIVE. Sind Sie bereits bei SkyDrive angemeldet, klicken Sie stattdessen auf die Kontobezeichnung (siehe Abbildung 2.7) und machen mit Schritt 4 weiter.
2. Im rechten Bereich erscheinen nun einige Hinweise auf SkyDrive. Klicken Sie auf die Schaltfläche ANMELDEN.

3. Es öffnet sich der Login-Dialog für Ihr Microsoft-Konto. Tragen Sie Ihre Zugangsdaten ein, und klicken Sie auf Anmelden.

4. Tragen Sie rechts in das Feld Notizbuchname eine Bezeichnung für Ihr neues Notizbuch ein, und klicken Sie dann auf Notizbuch erstellen.

5. Es erscheint ein Bestätigungsdialog mit dem Angebot, das neue Notizbuch gleich für andere Personen freizugeben (mehr dazu in Kapitel 8, Teilen und Teamwork). Im Moment wollen Sie das noch nicht. Lehnen Sie daher mit einem Klick auf Jetzt nicht ab.

Nach Abschluss dieser Schritte wird Ihr neues Notizbuch automatisch geöffnet, ein neuer Abschnitt (Neuer Abschnitt 1) und darin eine noch unbenannte Seite angelegt.

> Während das Kontextmenü des Windows-Explorers (Rechtsklick in einen Ordner) Befehle zum Anlegen einer PowerPoint-, Word- oder Excel-Datei anbietet, fehlt OneNote in dieser Aufstellung. Der Weg zu einem neuen OneNote-Notizbuch auf der lokalen Festplatte, einem externen Datenträger oder Netzlaufwerk führt ausschließlich über die beschriebene OneNote-Funktion.

2.3.2 Vorhandene Notizbücher öffnen

Solange Sie ein Notizbuch in OneNote nicht manuell schließen (siehe Abschnitt 2.3.3), bleibt es geöffnet – auch, wenn Sie OneNote beenden und wieder starten. „Geöffnet" bedeutet, dass es in der Backstage-Ansicht unter Informationen, der Notizbuch-Auswahl (nach einem Klick auf den aktuellen Notizbuchnamen links oben in der OneNote-Oberfläche) und der Notizbuch-Navigationsleiste (wenn ständig angezeigt) aufgeführt wird. Sie können jederzeit zu einem anderen Notizbuch per Mausklick wechseln.

Geschlossene Notizbücher tauchen in den genannten Auswahllisten jedoch nicht auf. Diese müssen Sie zuerst öffnen, um darauf zugreifen zu können. Das geht auf zwei Arten:

- Klicken Sie links oben auf den Namen des aktuell angezeigten Notizbuchs, um die Notizbuch-Auswahlliste zu öffnen. Wählen Sie jedoch keines der bereits geöffneten (aufgelisteten) Notizbücher, sondern den Eintrag Andere Notizbücher öffnen am Ende der Liste.

- Alternativ wechseln Sie in die Backstage-Ansicht, indem Sie auf DATEI klicken und dann aus dem linken Menü den Eintrag Öffnen wählen.

In beiden Fällen landen Sie in der Backstage-Ansicht im Bereich Notizbuch öffnen. Dieser ist in drei Abschnitte aufgeteilt, die zu ungeöffneten Notizbüchern führen:

- Aus SkyDrive öffnen (oben): Hier finden Sie eine Auflistung der Notizbücher, die im SkyDrive-Online-Speicher des Windows-Live-Kontos liegen, unter dem Sie gerade angemeldet sind. Voraussetzung ist natürlich eine bestehende Internet-Verbindung. Öffnen Sie das gewünschte Notizbuch mit einem Mausklick auf seinen Namen. Verfügen Sie über mehrere Windows-Live-/SkyDrive-Konten, können Sie mit einem Klick auf den Link Konto wechseln den SkyDrive-Inhalt eines anderen Kontos anzeigen.

- Von anderen Orten aus öffnen (unten links): Hier sind Sie richtig, wenn Sie Notizbücher von einem beliebigen Datenträger (lokal, extern, im Netzwerk) oder einem alternativen SkyDrive-Konto öffnen möchten, das Sie unter OneNote bereits benutzt haben. Klicken Sie auf das passende SkyDrive-Konto oder auf Computer, um eine Liste zuletzt genutzter Laufwerke und Ordner anzuzeigen, oder klicken Sie auf Durchsuchen, wenn Sie selbst zu einem Speicherort navigieren möchten. Öffnen Sie den Ordner, dessen Name dem gewünschten Notizbuch entspricht, und klicken Sie darin auf die spezielle Datei namens Notizbuch öffnen. Alternativ können Sie rechts unten den Anzeigefilter von OneNote-Inhaltsverzeichnis auf OneNote-Abschnitte oder OneNote-Paket in einer Datei ändern, um einzelne Abschnitte oder eine ONEPKG-Datei (siehe Abschnitt 7.2.4) zu öffnen. Schließen Sie nach Auswahl der Datei den Vorgang mit einem Klick auf Öffnen ab.

- Zuletzt verwendete Notizbuch (unten rechts): Diese Bezeichnung ist ein Übersetzungsfehler in der Erstversion von OneNote 2013; es müsste natürlich „Zuletzt verwendete Notizbücher" heißen. Diese Liste zeigt die zuletzt in OneNote geöffneten Notizbücher (unter Umständen auch aktuell gerade offene) unabhängig von ihrem Speicherort. Wenn das gesuchte Notizbuch dabei ist, reicht ein Mausklick, um es zu öffnen.

2.3.3 Notizbuch schließen

Da OneNote sich um das Speichern und alle für die Datensicherheit beim gemeinsamen Netzwerkzugriff notwendigen Mechanismen selbstständig kümmert, gibt es keinen technisch bedingten Grund, ein geöffnetes Notizbuch jemals zu schließen. Sobald Sie OneNote beenden, merkt sich das Programm alle zu diesem Zeitpunkt geöffneten Notizbücher und stellt beim nächsten Programmstart genau diesen Zustand automatisch wieder her.

Wenn Sie allerdings mit recht vielen unterschiedlichen Notizbüchern arbeiten, können Sie durch das Schließen gerade nicht benötigter Bücher mehr Übersicht in der Navigationsleiste schaffen. Sie haben mehrere Möglichkeiten, um ein Notizbuch quasi zuzuklappen und es auf die Seite zu legen:

- Öffnen Sie die Backstage-Ansicht durch einen Klick auf DATEI, wählen Sie (falls er nicht schon aktiviert ist) den Menüpunkt Informationen, klicken Sie auf die zum jeweiligen Notizbuch gehörende Einstellungen-Schaltfläche, und wählen Sie im Dropdown-Menü den Eintrag Schliessen aus.

- Alternativ klicken Sie in der OneNote-Oberfläche links oben auf den Notizbuchnamen und klappen dadurch die Übersicht über die geöffneten Notizbücher aus. Ein Rechtsklick auf einen Eintrag öffnet ein Kontextmenü, aus dem Sie den Befehl Dieses Notizbuch schliessen auswählen. Dasselbe funktioniert auch bei geöffneter Notizbuch-Navigationsleiste (siehe Abschnitt 2.2.7).

2.3.4 Notizbuch löschen

Interessanterweise bietet die Oberfläche von OneNote zwar Funktionen zum selektiven Löschen von Notizbuchinhalten, wie zum Beispiel kompletter Seiten, Abschnitte oder Abschnittsgruppen. Eine Möglichkeit zum Entsorgen eines kompletten Notizbuchs werden Sie aber vergeblich suchen. Es ist anzunehmen, dass die Entwickler von OneNote den entsprechenden Befehl ganz bewusst »vergessen« haben, um das Risiko zu minimieren, den Verlust wertvoller Datensammlungen mit einem unbedachten Mausklick auszulösen.

Tatsächlich lassen sich Notizbücher nur durch das Entfernen der zugehörigen Ordner und Dateien vom jeweiligen Datenträger per Explorer (oder einem anderen Datei-Manager) entsorgen. Das gilt für lokal gespeicherte Notizbücher ebenso wie für solche, die auf einem Netzwerklaufwerk oder Onlinespeicher abgelegt sind. Bei letzteren nutzen Sie den jeweiligen Löschbefehl in der Weboberfläche.

Wenn Sie sich ganz sicher sind, dass Sie ein komplettes Notizbuch mit allen enthaltenen Abschnittsgruppen, Abschnitten und Seiten nie wieder benötigen werden, navigieren Sie per Explorer (für lokale oder im Netzwerk gespeicherte Notizbücher) oder Webbrowser (SkyDrive, SharePoint) zum entsprechenden Speicherort und löschen den gesamten Ordner, der den Namen des Notizbuchs trägt.

Besteht auch nur die geringste Möglichkeit, dass Sie diesen Schritt einmal bereuen könnten, empfiehlt es sich, zuvor eine Backupversion anzulegen und vielleicht auf einem externen Datenträger (DVD-R, externe Festplatte, USB-Stick etc.) abzulegen. Dazu kopieren Sie entweder die gesamte Ordnerstruktur oder nutzen das kompakte Notizbuch-Paket-Format (ONEPKG-Datei, siehe Abschnitt 7.2.4).

2.4 Abschnitte und Seiten anlegen

Wenn Sie ein neues Notizbuch angelegt haben (siehe Abschnitt 2.3.1), erhält es automatisch einen einzelnen Abschnitt mit der Anfangsbezeichnung Neuer Abschnitt 1, und darin befindet sich eine einzelne, leere Seite (Seite ohne Titel). Sie könnten alles, was Sie in diesem Notizbuch an Informationen festhalten wollen, auf diesem einen Notizblatt unterbringen. Die Suchfunktion wird alles zuverlässig wiederfinden.

Dennoch ist es in den allermeisten Fällen sinnvoller, Ihre Aufzeichnungen zu strukturieren – schon der begrenzten Bildschirmgröße wegen. Fügen Sie dem Notizbuch nach Belieben weitere Seiten und/oder Abschnitte hinzu, und weisen Sie diesen einen aussagekräftigen Namen zu.

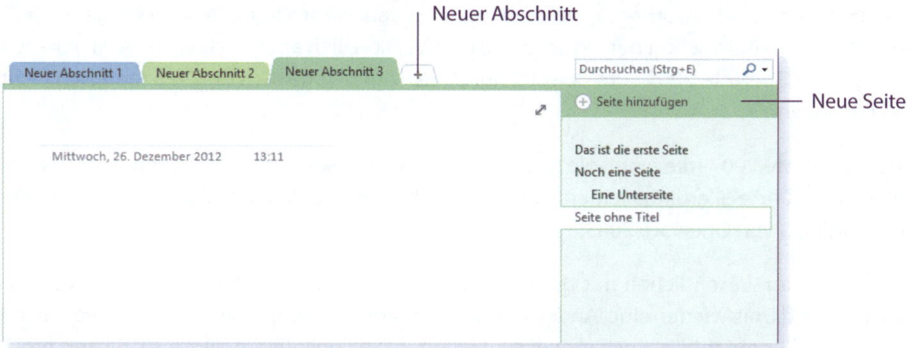

Abbildung 2.8 Neue Abschnitte und Seiten erzeugen Sie am schnellsten mit einem Klick auf die jeweilige Schaltfläche.

Keine Sorge – Sie müssen sich nicht von vornherein auf eine bestimmte Struktur festlegen. Wenn Sie später feststellen, dass Sie eine falsche Unterteilung gewählt haben, bestimmte Abschnitte nicht brauchen, mit anderen zusammenfassen möchten oder die gesamte Gliederung des Notizbuchs ändern wollen, können

Sie das auch nachträglich jederzeit tun. Alles Wissenswerte hierzu finden Sie in Kapitel 6, Strukturieren und aufräumen.

So fügen Sie dem geöffneten Notizbuch einen neuen Abschnitt hinzu:

1. Klicken Sie den farbigen Karteireiter eines beliebigen vorhandenen Abschnitts mit der rechten Maustaste an.

2. Im daraufhin geöffneten Kontextmenü wählen Sie den Befehl NEUER ABSCHNITT aus. Alternativ klicken Sie auf den ganz rechts stehenden kleineren Karteireiter mit dem Pluszeichen.

Dadurch entsteht sofort ein neuer Karteireiter mit einem vorläufigen Namen, den Sie direkt überschreiben können. Auch er enthält zunächst eine einzelne leere Notizbuchseite.

Genauso einfach fügen Sie innerhalb eines Abschnitts weitere Notizbuchseiten hinzu:

1. Öffnen Sie den betreffenden Abschnitt durch einen Klick auf den zugehörigen Karteireiter.

2. Oberhalb der Seitennavigation am rechten Fensterrand (siehe Abschnitt 2.2.6) klicken Sie auf die Schaltfläche mit dem Pluszeichen und der Beschriftung SEITE HINZUFÜGEN.

Die Liste wird daraufhin um eine weitere leere Seite mit der vorläufigen Bezeichnung SEITE OHNE TITEL erweitert – Sie haben dem Notizbuch ein leeres Blatt hinzugefügt.

2.5 Kompatibilität zu früheren OneNote-Versionen

Im Laufe der Zeit hat sich der Funktionsumfang von OneNote sehr stark vergrößert. Die erste Ausgabe, OneNote 2003, entsprach zwar im Kern schon der aktuellen 2013er-Version, ließ aber noch viele Möglichkeiten vermissen. So unterstützte OneNote 2003 zum Beispiel nur ein einziges Notizbuch und verstand sich nicht auf das Teilen und Freigeben.

Die nächste Version, OneNote 2007 (die erste, die grundsätzlich in Microsoft Office enthalten war), konnte schon deutlich mehr. Das führte allerdings leider auch zu einer Inkompatibilität des Dateiformats zu dem des einen Notizbuchordners von OneNote 2003.

Dasselbe wiederholte sich im Wesentlichen mit der nächsten Ausgabe: Auch in OneNote 2010 kamen so viele Features hinzu, dass damit wieder eine Änderung des Dateiformats einherging. Diesmal versuchte Microsoft allerdings, so viel Kompatibilität wie möglich zu erhalten. Soll heißen: OneNote 2010 kann problemlos mit 2007er-Notizbüchern umgehen, sie also lesen, bearbeiten und speichern. Dadurch ist zum Beispiel eine Zusammenarbeit von Nutzern der 2007er-Ausgabe mit Besitzern von OneNote 2010 im selben Notizbuch möglich – wenngleich mit ein paar Einschränkungen (dazu gleich mehr).

Die gute Nachricht: Das Dateiformat von OneNote 2013 hat sich gegenüber dem Vorgänger nicht geändert. Benutzer von OneNote 2010 können mit Anwendern der 2013er-Version munter Daten tauschen und gemeinsam an Notizbüchern arbeiten. Sämtliche Inhalte bleiben unversehrt und uneingeschränkt nutzbar.

Nur wenn mit früheren OneNote-Versionen (also 2003 und 2007) angelegte Notizen im Spiel sind, sind einige Besonderheiten zu beachten und unter Umständen Konvertierungsmaßnahmen notwendig, auf die wir im folgenden Abschnitt näher eingehen.

2.5.1 Konvertierung von OneNote 2003 zu OneNote 2010/2013

Die Unterschiede zwischen der Urversion von OneNote und der aktuellen Ausgabe sind so gravierend, dass ein Mischbetrieb, also die Nutzung derselben Notizbuchdatei in beiden Versionen, nicht möglich ist.

Sie können aber durchaus eine mit OneNote 2003 erstellte Notizbuchdatei in das aktuelle Format konvertieren und dann mit OneNote 2013 (oder auch 2010) weiterverwenden. Das funktioniert sogar weitgehend automatisch:

1. Wechseln Sie mit einem Klick auf DATEI in die Backstage-Ansicht.
2. Klicken Sie auf ÖFFNEN, und wählen Sie im unteren Fensterbereich im Abschnitt VON ANDEREN ORTEN AUS ÖFFNEN die Schaltfläche COMPUTER.
3. Nach einem Klick auf die Schaltfläche DURCHSUCHEN navigieren Sie im Dialogfeld NOTIZBUCH ÖFFNEN zum alten OneNote-2003-Notizbuchordner und klicken auf ÖFFNEN.

OneNote macht Ihnen nun das Angebot, die Datei in das aktuelle Format zu konvertieren, das Sie annehmen.

> Diese Konvertierung ist eine Einbahnstraße. Sie können das umgewandelte Notizbuch künftig nicht mehr mit OneNote 2003 öffnen. Eine Rückkonvertierung ist nicht möglich. Sollten Sie also eine mit OneNote 2003 kompatible Version beibehalten wollen, kopieren Sie den gesamten Ordner zuvor mit dem Explorer an einen anderen Ort.

2.5.2 Konvertierung von OneNote 2007 zu OneNote 2010/2013 und zurück

Die Notizbuchformate von OneNote 2010/2013 und der 2007er-Ausgabe sind zwar ebenfalls nicht vollständig kompatibel zueinander, die Gemeinsamkeiten sind aber groß genug, dass eine Konvertierung in beide Richtungen möglich ist. Möchten Sie also beispielsweise ein mit OneNote 2013 angelegtes Notizbuch jemandem freigeben, der nur OneNote 2007 installiert hat, können Sie es entsprechend rückkonvertieren. Die meisten Inhalte und Informationen bleiben dabei erhalten, jedoch nicht alle. Folgende Elemente bleiben auf der Strecke:

- mit Word, PowerPoint oder Internet-Explorer-Webseiten verknüpfte Notizen (siehe Abschnitt 4.6). Die Notizen selbst bleiben unbeschadet, lediglich die unsichtbare Verknüpfung wird gelöst.

- mathematische Formeln und Gleichungen (siehe Abschnitt 3.10)
- ältere gespeicherte Bearbeitungsstände (Notizbuch-Versionen, siehe Abschnitt 7.3.2)
- Inhalte der Notizbuch-Papierkörbe, also gelöschte Seiten und Abschnitte (siehe Abschnitt 7.3.1)
- mehrstufige Seitengliederungen (Unter- und Unterunter-Seiten, siehe Abschnitt 6.3.2)

Diese Inhalte werden bei der Konvertierung ins 2007er-Format unwiderruflich gelöscht – auch eine anschließende Rückwandlung in das OneNote-2010/2013-Format bringt sie nicht zurück.

Um ein Notizbuch im OneNote 2010/2013-Format für die Bearbeitung in OneNote 2007 zu konvertieren, öffnen Sie dessen Eigenschaftenfenster:

1. Wechseln Sie mit einem Klick auf DATEI in die Backstage-Ansicht.
2. Klicken Sie dort auf INFORMATIONEN und dann auf die Schaltfläche EINSTELLUNGEN des jeweiligen Notizbuchs.
3. Wählen Sie im daraufhin geöffneten Dropdown-Menü den Eintrag EIGENSCHAFTEN aus.

Das Dialogfeld mit der Überschrift NOTIZBUCHEIGENSCHAFTEN zeigt unter anderem das aktuelle Format. Wenn das Notizbuch mit OneNote 2010 oder 2013 angelegt (oder nachträglich konvertiert) wurde, steht unter STANDARDFORMAT die Angabe ONENOTE 2010-2013-NOTIZBUCHFORMAT, und die Schaltfläche IN 2007 KONVERTIEREN ist verfügbar. Ein Klick darauf zeigt einen Warnhinweis an, dass bei der Konvertierung möglicherweise einige Inhalte verloren gehen (siehe oben). Bestätigen Sie mit OK, um die Konvertierung zu starten. Nach deren Abschluss können Sie das Notizbuch auch Nutzern von OneNote 2007 als Kopie im OneNote-Format zur Bearbeitung weitergeben (siehe Kapitel 8, Teilen und Teamwork).

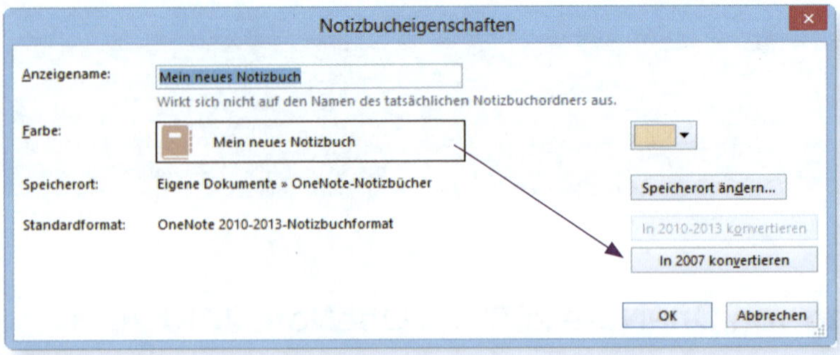

Abbildung 2.9 Um ein Notizbuch einem Nutzer von OneNote 2007 weiterzugeben oder es mit ihm gemeinsam zu bearbeiten, konvertieren Sie es in das ältere Format. Für OneNote 2010 ist das nicht nötig.

Wichtig: Von der Möglichkeit der Konvertierung in das OneNote 2007-Format ausgeschlossen sind im Webformat (auf SkyDrive oder SharePoint) gespeicherte Notizbücher. Um diese an einen Nutzer von OneNote 2007 weiterzugeben, müssten Sie sie zunächst auf ein lokales Laufwerk oder Netzwerklaufwerk übertragen. Das geht mit der Schaltfläche SPEICHERORT ÄNDERN im Dialogfeld NOTIZBUCHEIGENSCHAFTEN. Diese Methode sperrt allerdings mögliche Mitbearbeiter ohne Zugriff auf den neuen Speicherort aus. Eventuell ist es sinnvoller, wenn Sie auf die Konvertierung verzichten und die Nutzer von OneNote 2007 stattdessen per *OneNote Web App* (siehe Kapitel 11, Die Webversion von OneNote) mit einem Browser auf das Notizbuch zugreifen.

Umgekehrt funktioniert es auch: Ein Notizbuch im Format von OneNote 2007 lässt sich problemlos in das Format von OneNote 2010/2013 konvertieren. Dies ist auch erforderlich, damit es diejenigen Funktionen unterstützt, die eingangs dieses Abschnitts erwähnt wurden, etwa mathematische Gleichungen oder mit Word, PowerPoint und dem Internet Explorer verknüpfte Notizen. Das geht wieder über das Dialogfeld NOTIZBUCHEIGENSCHAFTEN:

1. Wechseln Sie mit einem Klick auf DATEI in die Backstage-Ansicht.
2. Klicken Sie dort auf INFORMATIONEN und dann auf die Schaltfläche EINSTELLUNGEN des jeweiligen Notizbuchs.
3. Wählen Sie im daraufhin geöffneten Dropdown-Menü den Eintrag EIGENSCHAFTEN aus.

Liegt das aktuelle Notizbuch im OneNote-2007-Format vor, steht dies neben STANDARDFORMAT. In diesem Fall ist rechts die Schaltfläche IN 2010-2013 KONVERTIEREN verfügbar. Ein Klick darauf öffnet einen Warnhinweis. Darin werden Sie informiert, dass das Notizbuch nach der Umwandlung nicht mehr mit der Version von OneNote-2007-Nutzern synchronisiert wird. Bestätigen Sie mit OK.

Kurz notiert

- Sie müssen sich in OneNote um das Speichern neuer oder geänderter Informationen überhaupt nicht kümmern – das geschieht vollkommen automatisch.
- Sie können beliebig viele Notizbücher, Abschnitte und Seiten anlegen und ständig geöffnet halten.
- Bedienung und Oberfläche von Microsoft Office 2013 und OneNote 2013 haben sich im Vergleich zur 2010er-Version fast nicht verändert.
- Das Dateiformat von OneNote 2013 ist vollständig kompatibel zu OneNote 2010. Für frühere Versionen gibt es eine Konvertierungsfunktion.

3

Notizen in OneNote eingeben

- *Was sich alles in OneNote speichern lässt*
- *Texte eingeben und formatieren*
- *Einfügen von Tabellen, Gliederungen, Bildern, Links und Dateien*
- *Kategorie-Markierungen*
- *Audio-, Video- und Freihandnotizen*

Immer, wenn Sie ein neues Notizbuch anlegen, entstehen darin automatisch auch ein erster Abschnitt (NEUER ABSCHNITT 1) und eine erste Seite (SEITE OHNE TITEL). Diese ist geöffnet und – abgesehen von einer kleinen Zeile mit dem aktuellen Datum und der Uhrzeit – weiß und leer. Setzen Sie am besten zunächst die Einfügemarke darüber, und tippen Sie einen Seitentitel ein. Er ersetzt die Bezeichnung SEITE OHNE TITEL in der rechten Übersicht. Bevor Sie nun loslegen und die ersten Notizen eingeben, ist es interessant zu wissen, welche Art von Inhalten sich überhaupt auf einer Notizbuchseite festhalten lassen.

3.1 Speicherbare Objekte in OneNote

Im Prinzip lässt sich auf einer OneNote-Seite alles speichern und darstellen, was auch auf einer Seite von Microsoft Word stehen kann – und zwar in beliebiger Kombination. Im Einzelnen kennt OneNote folgende Objekttypen:

- frei gestaltbarer Text
- Gliederungen und Aufzählungen
- Tabellen
- Bilder und Bildschirmausschnitte
- grafische Objekte
- Kategorie-Marker
- Links
- Webseiteninhalte
- mathematische Formeln
- Scanner- und Dateiausdrucke
- Audioclips
- Videos
- beliebige Dateianhänge
- Freihandzeichnungen
- Handschriftnotizen
- Zeitstempel

In diesem und dem folgenden Kapitel erfahren Sie, wie sich all diese Objekt- und Datentypen in eine Notiz einfügen lassen – sowohl innerhalb des OneNote-Editors als auch von anderen Programmen aus.

3.2 Die Notizcontainer

Klicken Sie mit der linken Maustaste auf eine beliebige freie Stelle der Notizbuchseite. Die blinkende Einfügemarke wird sofort an die entsprechende Position verschoben – auch wenn sich diese nicht am Anfang einer Zeile befindet.

Hier wird schon ein wesentlicher Unterschied zwischen OneNote und herkömmlichen Texteditoren deutlich, wie sie zum Beispiel auch das direkte Konkurrenzprodukt *Evernote* verwendet. Textnotizen und sonstige Objekte lassen sich völlig wahlfrei auf der Seite platzieren. Das entspricht eher einem Grafikprogramm und vor allem auch der Art, wie man mit einem Schmierzettel und einem Stift umgeht.

Tippen Sie nun einfach drauflos, und schreiben Sie Ihren ersten Notiztext. Das Nächste, was auffällt: Sobald Sie das erste Zeichen getippt haben, erscheint ein grauer rechteckiger Rahmen um den eingegebenen Text. OneNote hat an der aktuellen Position einen sogenannten Notizcontainer angelegt.

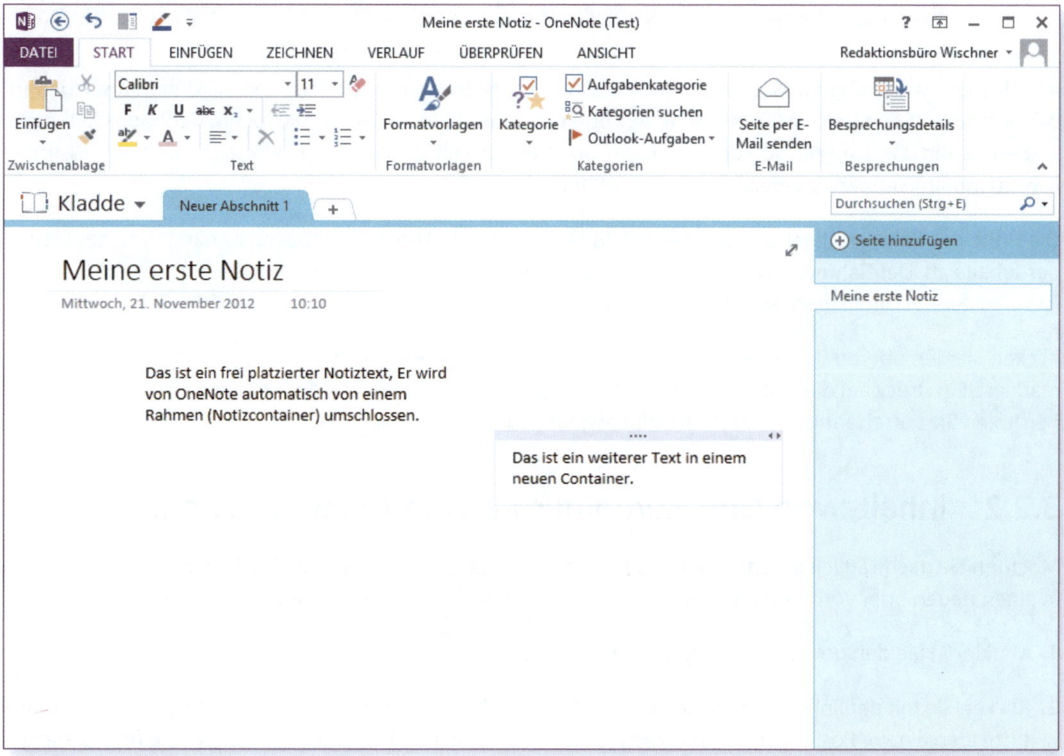

Abbildung 3.1 OneNote fügt Text und andere Inhalte automatisch in rechteckige Containerrahmen ein.

Der Notizcontainer entspricht in seiner Funktion in etwa einem Text- oder Objektrahmen in einem DTP-Programm. Er dient also dazu, Inhalte zu gruppieren und zusammenzuhalten und lässt sich nach Belieben auf der Seite verschieben, in der Größe verändern oder auch mit anderen Rahmen vereinen.

Im Normalfall ist der Rahmen eines Notizcontainers unsichtbar. Er wird erst dann eingeblendet, wenn der Mauszeiger innerhalb des Rahmens steht.

Innerhalb des Containers bewegen Sie sich wie in einem normalen Textdokument. Neue Zeilen fügen Sie also beispielsweise mit [↵] ein. Möchten Sie an ganz anderer Stelle auf der Seite weiteren Text eingeben, klicken Sie mit der linken Maustaste an die gewünschte Position außerhalb oder mindestens zwei Zeilen unterhalb des aktuellen Rahmens. Daraufhin wird automatisch ein neuer Container angelegt.

3.2.1 Notizcontainer löschen, bewegen und in der Größe verändern

Um den Rahmen an eine andere Stelle zu verschieben, klicken Sie den grauen Balken am oberen Rand (der Mauszeiger wird dann zu einem Symbol aus vier Pfeilen) mit der linken Maustaste an und halten diese gedrückt, während Sie die Maus zur neuen Position bewegen.

> Drücken und halten Sie [Strg], um per Mausklick auf den grauen Balken mehrere Container auszuwählen. Diese lassen sich dann als Gruppe verschieben oder löschen. Alternativ schließen Sie sie mit einem per linker Maustaste aufgezogenen Markierungsrechteck ein.

Auf ähnliche Weise können Sie die Breite des Rahmens verändern. Dazu bewegen Sie den Mauszeiger auf das Symbol mit den beiden Dreiecken in der oberen rechten Ecke oder auf die rechte Kante des Rahmens. Ziehen Sie ihn dann auf die gewünschte Breite auf. Genauso machen Sie den Rahmen schmaler, was aber – je nach Inhalt – nur bis zu einem gewissen Maß funktioniert.

Die Höhe des Rahmens lässt sich übrigens nicht direkt mit der Maus beeinflussen. Sie hängt von der Menge des Inhalts ab. Der Rahmen wird automatisch nach unten erweitert, wenn Sie Inhalte hinzufügen oder den Rahmen derart schmal machen, dass enthaltener Text neu umbrochen wird und zusätzliche Zeilen entstehen.

Klicken Sie den oberen Balken des Rahmens nur kurz mit der linken Maustaste an, wird der gesamte Inhalt markiert. Ein Druck auf die Taste [Entf] löscht den gesamten Rahmen. Mit der Tastenkombination [Strg]+[Z] holen Sie versehentlich gelöschten Inhalt wieder zurück.

3.2.2 Inhalte von Notizcontainern verbinden und trennen

Möchten Sie nachträglich Inhalte, zum Beispiel einen Textabschnitt, aus einem Container herausziehen und in einen neuen oder vorhandenen anderen Rahmen bringen, geht das ganz einfach per Drag & Drop:

1. Markieren Sie den gewünschten Bereich mit der Maus oder Tastatur.

2. Klicken Sie mit der linken Maustaste in den markierten Bereich, und ziehen Sie ihn mit gehaltener Maustaste an die neue Position. Das kann entweder ein vorhandener Notizcontainer oder eine freie Stelle auf der Seite sein.

Im Gegenzug ist es auch problemlos möglich, zwei Notizcontainer zu vereinen. Dazu wird der Inhalt eines Rahmens dem anderen hinzugefügt.

Vielleicht sind Sie es von anderen Windows-Programmen gewohnt, dass Sie hierfür die Zwischenablage verwenden, also markierten Text ausschneiden und einfügen. Das funktioniert hier natürlich auch. Es geht aber noch einfacher:

1. Bewegen Sie die Maus auf den oberen Rand des zweiten Containers, der in den ersten eingefügt werden soll. Der Mauszeiger verwandelt sich dabei in das Verschiebe-Symbol mit den vier Pfeilen.
2. Ziehen Sie nun den Rahmen mit gedrückter [⇧]- und Maustaste an die gewünschte Position im Zielcontainer.
3. Der neue Inhalt ist in den aktuellen Container eingefügt und noch markiert. Wenn Sie mit der Position innerhalb des bestehenden Textes nicht zufrieden sind, können Sie diese noch anpassen. Nutzen Sie dazu die Maus bei gedrückter linker Taste oder die Tastatur: Der eingefügte Inhalt lässt sich mit den Tastenkombinationen [Alt] + [↓] und [Alt] + [↑] beliebig verschieben.

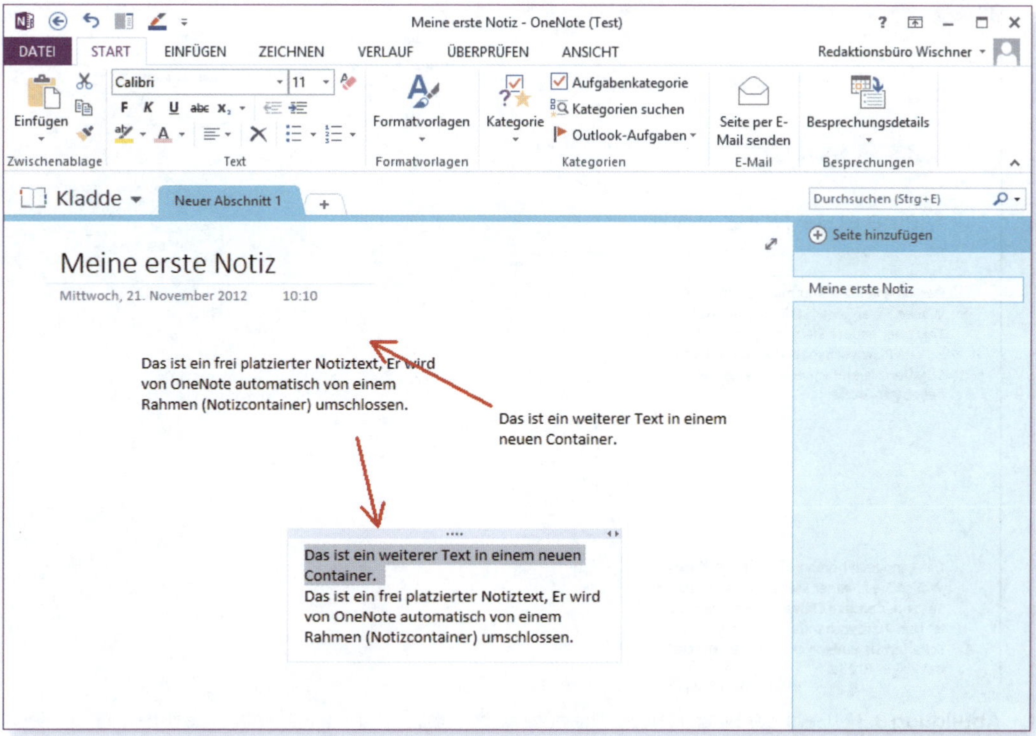

Abbildung 3.2 Inhalte von Notizcontainern lassen sich einfach mit der Maus zusammenführen.

3.2.3 Mehr Platz auf der Seite schaffen

Einer der vielen Vorteile von OneNote gegenüber einer Notiz auf Papier ist: Wenn Ihnen der Platz ausgeht, oder Sie eine Information zwischen anderen Notizen einfügen möchten, ist das in OneNote überhaupt kein Problem. Es gibt zwei Möglichkeiten, um auf einer Seite mehr Platz für Eingaben zu schaffen:

- **Am Ende der Seite:** Scrollen Sie einfach ans vermeintliche Ende der Seite. Klicken Sie nun den Pfeil nach unten in der rechten Bildlaufleiste an, wird die Seite um einige Zeilen erweitert. Das können Sie beliebig oft wiederholen.

- **Mitten auf einer Seite:** Aktivieren Sie die Symbolleiste EINFÜGEN, indem Sie auf das entsprechende Register klicken. Wählen Sie dann die erste Schaltfläche mit der Bezeichnung SCHREIBBEREICH EINFÜGEN. Wenn Sie jetzt den Mauszeiger in den Notizbereich bewegen, werden Sie feststellen, dass er seine Form zu einer horizontalen Linie mit nach unten weisendem Pfeil geändert hat. Zudem erscheint auf gleicher Höhe ein grauer Trennstrich quer über das gesamte Blatt. Klicken und halten Sie die linke Maustaste am oberen Rand des einzufügenden Bereichs. Ziehen Sie die daraufhin erscheinende zweite graue Trennlinie nach unten, bis Sie genügend Freiraum markiert haben. Sobald Sie nun die Maustaste loslassen, wird ein entsprechend großer freier Bereich eingefügt.

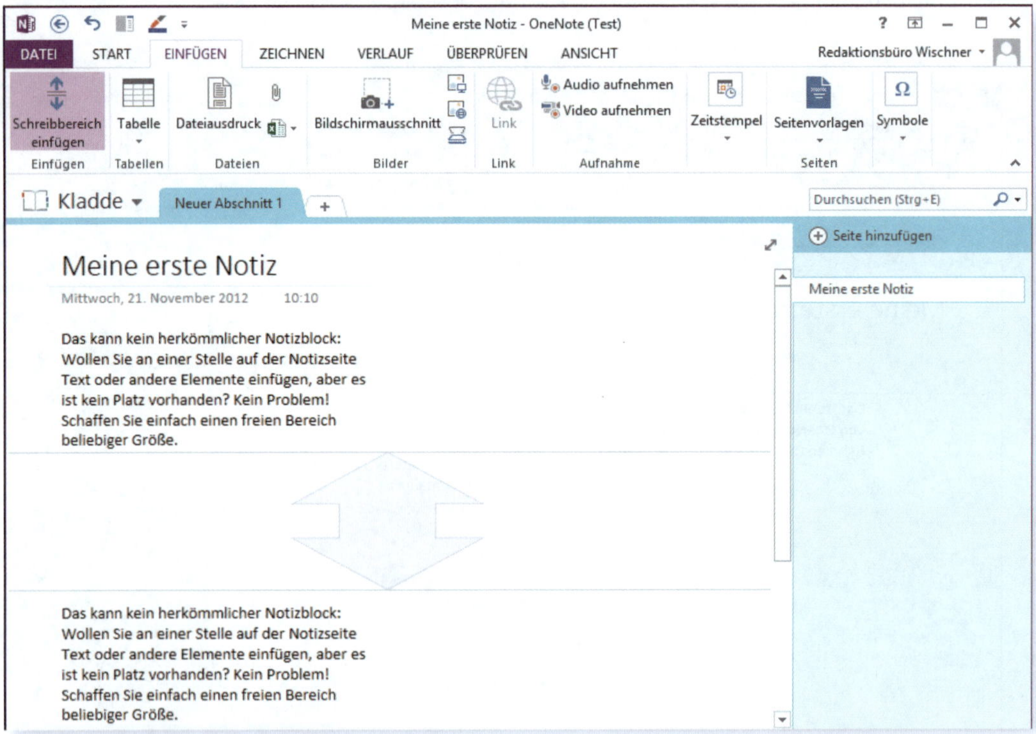

Abbildung 3.3 Geht der Platz auf der Seite aus? Kein Problem. Fügen Sie einfach nachträglich so viel Raum ein, wie Sie brauchen.

Jetzt, da Sie das Konzept der Notizcontainer kennengelernt haben, können Sie mit der Eingabe der ersten Notizen beginnen. In den folgenden Abschnitten dieses Kapitels erfahren Sie alles über die verschiedenen Inhaltsformate.

3.3 Text eingeben und formatieren

Wie Sie im vorherigen Abschnitt erfahren haben, tippen Sie in OneNote grundsätzlich einfach drauflos. Selbstverständlich lässt sich der eingegebene Text nach Ihren Vorstellungen gestalten und formatieren. Sämtliche Befehle und Optionen hierfür finden sich in der Symbolleiste START, die meisten erreichen Sie aber alternativ auch über das Kontextmenü, das Sie mit der rechten Maustaste aufrufen. Dieses Bedienkonzept dürfte Ihnen von anderen Office-Programmen her vertraut sein.

Wie zum Beispiel in Microsoft Word unterscheidet man zwischen Zeichen- und Absatzformatierungen. Zu Ersteren gehören zum Beispiel Schriftart, -größe und -farbe oder diverse Auszeichnungen wie fett und kursiv. Zeichenformatierungen gelten entweder für alles, was Sie nach dem Setzen der Formatierung eingeben, oder nachträglich für mit der Maus oder mit der Tastatur markierten Text.

Absatzformatierungen umfassen zum Beispiel Zeilenabstände, Einzüge oder die Textausrichtung. Um sie zu verändern, reicht es in der Regel, die Einfügemarke an eine beliebige Stelle des Absatzes zu positionieren. Sollen allerdings mehrere Absätze auf einmal umformatiert werden, markieren Sie sie ebenfalls mit der Maus oder der Tastatur.

3.3.1 Zeichenformate verwenden

Das Ändern von Schriftart, -farbe und -größe und das Auszeichnen von Textpassagen mit Attributen wie fett, kursiv, unterstrichen, durchgestrichen, farbig hinterlegt usw. funktioniert in OneNote praktisch genauso wie in Word oder anderen Textprogrammen:

1. Markieren Sie den entsprechenden Textabschnitt mit der Maus bei gedrückter linker Taste oder mit der Tastatur bei gedrückter [⇧]-Taste. Einzelne Wörter lassen sich auch per Doppelklick markieren.

2. Wählen Sie in der Symbolleiste START im Abschnitt TEXT die gewünschte Formatierung. Sie können dabei beliebig viele Auszeichnungen kombinieren.

Alle Textauszeichnungen finden Sie auch im Kontextmenü, das durch das Drücken der rechten Maustaste erscheint.

3.3.2 Absatzformate festlegen

Ähnlich simpel ist das Zuweisen von Absatzformaten. Dazu gehören Nummerierungen, Gliederungen, Ein- und Ausrückungen (siehe auch Abschnitt 3.6.1), die Textausrichtung und der Zeilenabstand zwischen Absätzen.

1. Setzen Sie die Einfügemarke in den zu formatierenden Absatz.

2. Wählen Sie aus der Symbolleiste START im Abschnitt TEXT oder aus dem Kontextmenü die gewünschte(n) Absatzformatierung(en) durch einen Klick auf das entsprechende Symbol aus. Die Einstellung für den Abstand vor und nach Absätzen finden Sie zusammen mit den Optionen zur Textausrichtung im Dropdown-Menü der Schaltfläche ABSATZAUSRICHTUNG. Der entsprechende Eintrag heißt ABSATZABSTANDSOPTIONEN.

Beachten Sie bitte, dass die Textausrichtungsfunktionen LINKSBÜNDIG, RECHTSBÜNDIG und ZENTRIEREN sich immer auf den jeweiligen Notizcontainer und nicht auf die gesamte Seite beziehen. Ändern Sie dessen Position und Breite, verschieben sich die enthaltenen Textabsätze entsprechend.

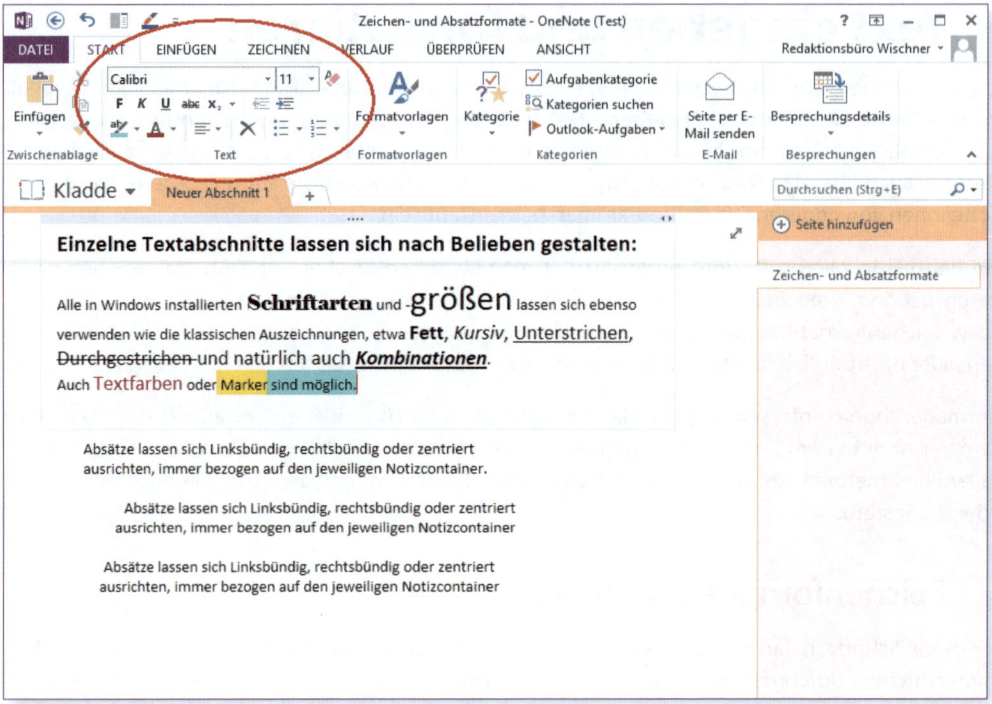

Abbildung 3.4 Schriftarten, Auszeichnungen, Textfarben und die Absatzausrichtung lassen sich nach Belieben anpassen.

3.3.3 Formatierungen löschen und übertragen

Haben Sie einen Textabschnitt mit mehreren Formatierungsbefehlen gestaltet, also etwa farbig, fett und in anderer Schriftart und -größe, kann das einzelne Zurücknehmen dieser Auszeichnungen recht mühsam sein. Dasselbe gilt für andere Textabschnitte, denen Sie die gleiche Formatierung zukommen lassen wollen. Für diese Fälle bietet OneNote eine einfache Abkürzung:

- Um sämtliche von der Standardschrift abweichenden Formate von einem Textabschnitt zu entfernen, klicken Sie in der START-Symbolleiste im Abschnitt TEXT auf das Symbol ALLE FORMATIERUNGEN LÖSCHEN. Es befindet sich direkt rechts neben der Schriftgrößenauswahl und zeigt den Buchstaben »A« mit einem stilisierten Radiergummi. Sie können auch die Tastenkombination [Strg]+[⇧]+[N] verwenden.

Der Formatpinsel erlaubt das Übertragen sämtlicher Auszeichnungen eines Textabschnitts auf einen anderen. Das geht so:

1. Setzen Sie die Einfügemarke in einen Abschnitt, dessen Format Sie auf anderen Text übertragen möchten.
2. Klicken Sie in der START-Symbolleiste auf das Pinselsymbol (FORMAT ÜBERTRAGEN) im Abschnitt ZWISCHENABLAGE. Der Mauszeiger ändert seine Form zu einem Textcursor mit Pinselsymbol.
3. Markieren Sie mit gedrückter Maustaste den Text, der die Formatierung erhalten soll, und lassen Sie die Taste dann los.

Möchten Sie mehreren Textabschnitten die gewählten Formatierungen zukommen lassen, erreichen Sie das, indem Sie im zweiten Schritt das Pinselsymbol doppelt statt einfach anklicken. Um die Übertragungsfunktion wieder aufzuheben, klicken Sie erneut auf das Pinselsymbol oder drücken die Taste [Esc].

3.3.4 Formatvorlagen verwenden

OneNote bringt seit der 2010er-Version auch einige vorgefertigte Stilvorlagen für Text mit. Diese sind zwar nicht vergleichbar mit den komplexen Formatvorlagen von Word. Aber sie bieten trotzdem eine schnelle und unkomplizierte Möglichkeit für das schnelle Hervorheben von Textpassagen und einen einheitlichen Look. Der wesentlichste Unterschied zu Word ist, dass sich die Stilvorlagen in OneNote nicht verändern oder erweitern lassen.

Die elf voreingestellten Stile enthalten sieben, die für Überschriften vorgesehen sind, zwei für Zitate, einen für Programmlistings und die normale Absatzschrift. Natürlich bleibt es völlig Ihnen überlassen, wofür Sie die einzelnen Stile tatsächlich verwenden.

Alle Formate sind Absatzvorlagen, lassen sich also nicht auf ausgewählte Textpassagen innerhalb eines Absatzes anwenden.

Und so setzen Sie die Vorlagen ein:

1. Positionieren Sie die Einfügemarke in einen Absatz, der die entsprechende Formatierung erhalten soll.
2. Wählen Sie in der Symbolleiste START aus dem Bereich FORMATVORLAGEN die gewünschte Vorlage durch einen Mausklick aus. Es werden zwar nur die ersten beiden Vorlagen angezeigt. Sie können die Auswahlliste aber durch einen Klick auf das untere Pfeilsymbol komplett ausklappen.

Alternativ finden Sie die Formatvorlagen auch im Kontextmenü. Hier klicken Sie auf das erste Symbol neben der Schriftart und -größe. Es zeigt den Buchstaben »A« mit einem Pinsel.

Die vorgegebenen Formatvorlagen lassen sich nicht ändern. Eine Ausnahme bildet allerdings das Format NORMAL. Es lässt sich zumindest in Sachen Schriftart, -größe und -farbe anpassen. Sie finden die zugehörigen Einstellungen in der Backstage-Ansicht (auf DATEI klicken) unter OPTIONEN in der Kategorie ALLGEMEIN im Abschnitt STANDARDSCHRIFTART.

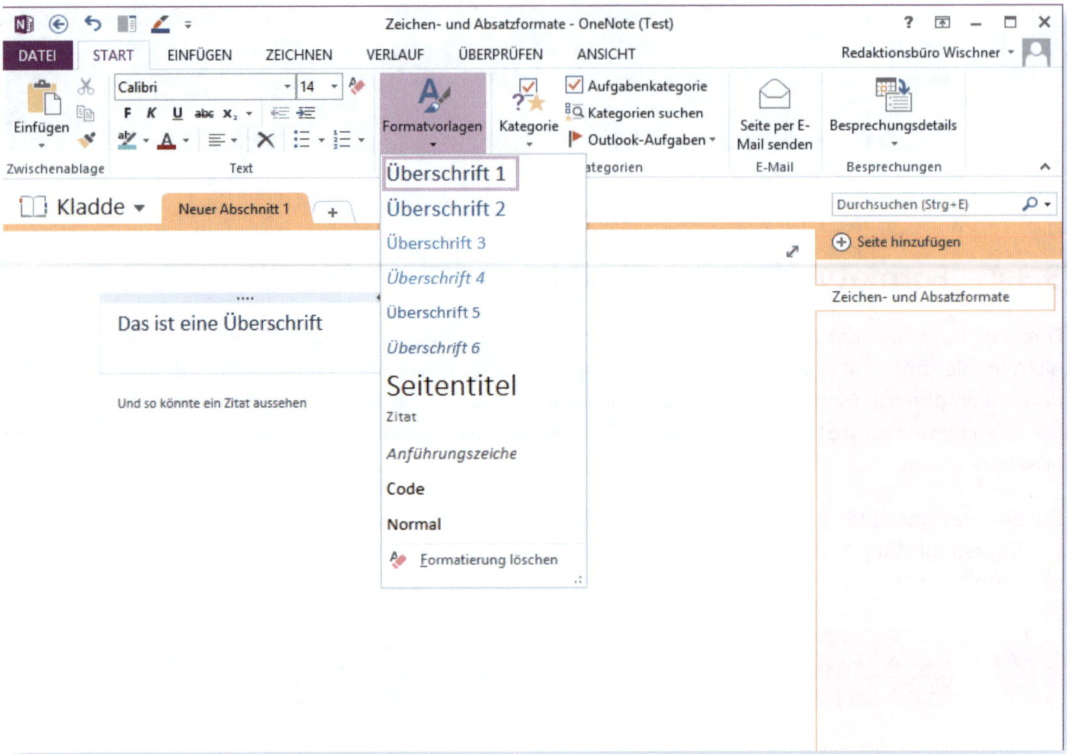

Abbildung 3.5 Eine Handvoll vorgefertigter Vorlagen erleichtert vor allem das Formatieren von Überschriften.

3.4 Bilder einfügen

Mit das Wichtigste, was Sie vermutlich in OneNote speichern werden, sind – neben Text und Links – Bilder aller Art. Das können Fotos und Grafiken aus dem Web, Digitalfotos, Zeichnungen oder Diagramme sein. OneNote kann mit allen gängigen Grafikformaten (z. B. JPG, BMP, TIF, PNG, GIF) umgehen.

Positionieren Sie hierzu die Einfügemarke an die gewünschte Stelle. Das kann ein vorhandener Notizcontainer sein oder auch eine freie Stelle auf dem Notizblatt. Importieren Sie ein Bild in einen vorhandenen Container, wird es nach dem Einfügen automatisch auf dessen Breite skaliert. Es lässt sich aber nachträglich durchaus in der Größe ändern.

Fügen Sie es dagegen außerhalb von Notizcontainern an einen freien Platz der Seite ein, wird nicht etwa ein neuer Container angelegt. Bilder erhalten einen eigenen Positionsrahmen. Dieser lässt sich im Gegensatz zu Notizcontainern in Höhe und Breite frei verändern.

Ein ärgerlicher Fehler aus OneNote 2010 wurde auch in der neuen Version offenbar nicht behoben: Bilder, die im linken Bereich einer Seite (in etwa weniger als 150 Pixel vom linken Rand entfernt) eingesetzt werden, landen in einem Notizcontainer anstelle eines eigenen Positionsrahmens. Zudem sorgt eine fehlende Einfügemarke irgendwo auf der Notizseite, etwa durch Markieren einer Seite in der rechten Navigationsleiste und folgendem Druck auf die [Esc]-Taste, beim Einfügen eines Bildes zum Absturz des Programms.

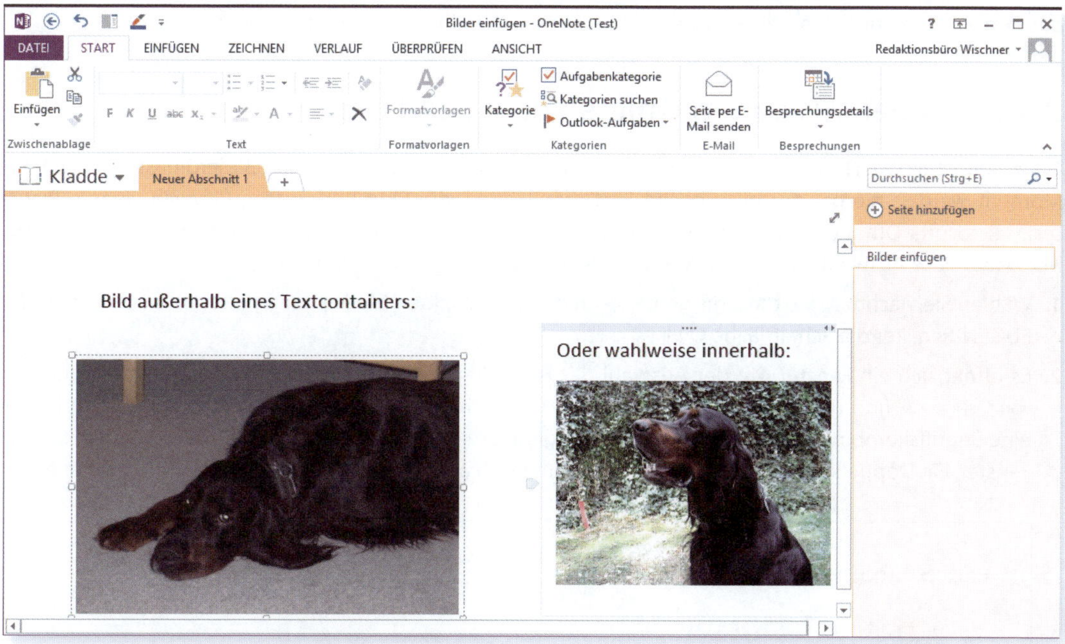

Abbildung 3.6 Bilder lassen sich frei auf der Seite oder innerhalb eines Notizcontainers einfügen.

3.4.1 Bilder von einem Datenträger laden

Der gängigste Weg dürfte das Einfügen von Bildern durch das Laden von einem beliebigen Datenträger sein.

1. Aktivieren Sie die Symbolleiste EINFÜGEN, falls diese nicht bereits geöffnet wird.
2. Hier finden Sie im mittleren Bereich vier Schaltflächen, die mit Bildern zu tun haben. Klicken Sie auf die erste Schaltfläche mit der Bezeichnung BILDER.
3. Es öffnet sich das bekannte Windows-Dialogfeld zur Dateiauswahl. Navigieren Sie zum entsprechenden Laufwerk und Ordner. Wählen Sie das gewünschte Bild aus, und klicken Sie auf ÖFFNEN.

Sie dürfen durchaus mehrere Bilder auf einmal einfügen. Klicken Sie die entsprechenden Dateinamen einfach bei gedrückter [Strg]-Taste an.

3.4.2 Bilder per Zwischenablage einfügen

Natürlich lassen sich Bilder auch aus der Zwischenablage einfügen, die zum Beispiel aus einem Grafikprogramm, Bildbetrachter oder einem Webbrowser stammen (mehr zum Einfügen per Zwischenablage in lesen Sie in Kapitel 4, Zusammenspiel mit anderen Programmen).

Auch hierfür setzen Sie zunächst die Einfügemarke an die gewünschte Position, also in einen vorhandenen Containerrahmen oder an eine freie Stelle des Blatts.

Drücken Sie dann die Tastenkombination `Strg`+`V`. Alternativ funktioniert auch die rechte Maustaste für das Kontextmenü und dann die Auswahl von GRAFIK aus dem Menüabschnitt EINFÜGEOPTIONEN.

3.4.3 Bilder aus einem Online-Dienst einfügen

Ganz neu ist in OneNote 2013 die Möglichkeit, Bilder direkt aus einem Online-Bilderdienst zu holen. Im Moment werden hierbei der persönliche SkyDrive-Bereich, die Bing-Bildersuche (ähnlich Google Pictures), Microsofts Office.com Clipart-Sammlung und Flickr unterstützt. Es ist nicht unwahrscheinlich, dass Microsoft diese Auswahl im Rahmen kommender Updates vergrößern wird.

1. Wählen Sie, nachdem Sie die Einfügemarke an der gewünschten Stelle positioniert haben, aus dem EINFÜGEN-Register die Schaltfläche ONLINEGRAFIKEN.
2. Es öffnet sich ein Fenster mit der Auswahl des Bilderdiensts. Rechts neben den Einträgen von CLIPART VON OFFICE.COM und BING-BILDERSUCHE befindet sich ein Suchfeld, in das Sie einen beliebigen Begriff oder eine Begriffskombination eintragen. Die Suchergebnisse erscheinen dann als Bildervorschau im selben Fenster. Ein Doppelklick auf ein Bild fügt es automatisch an der Cursorposition der aktuellen Seite ein.

Abbildung 3.7 In OneNote 2013 lassen sich Bilder auch direkt aus Ihrem SkyDrive-Ordner, der Bing-Bildersuche oder Flickr einfügen.

Der dritte Bilderdienst ist die eigene SkyDrive-Online-Festplatte. Wenn Sie ohnehin schon per OneNote bei Windows Live angemeldet sind, führt die Schaltfläche Durchsuchen zu Ihrem Web-Verzeichnis, wo Sie direkt die gewünschten Bilder auswählen können. Ansonsten öffnet sich zuerst der übliche Anmeldedialog.

Im unteren Bereich sind weitere Online-Dienste aufgelistet. Zum Zeitpunkt der Entstehung dieses Buchs gab es allerdings dort mit Flickr nur einen einzigen Eintrag. Ein Klick darauf öffnet ein Dialogfeld, in dem Sie Ihren Windows Live-Account zunächst mit Flickr verbinden müssen. Was das für Bedingungen und Auswirkungen hat, verrät ein Klick auf Was geschieht noch, wenn ich eine Verbindung herstelle?.

3.4.4 Bilder direkt einscannen

Um Bilder oder andere Dokumente in eine OneNote-Notiz einzuscannen, könnten Sie wie gewohnt die Software des Scanners verwenden: also Scanprogramm starten, Parameter einstellen, Dateiname und Speicherort festlegen, scannen, zu OneNote wechseln und dort das abgelegte Bild laden.

Das geht aber auch wesentlich einfacher. OneNote ist in der Lage, den Scanner direkt anzusprechen und sich das Bild quasi zu holen:

1. Positionieren Sie die Einfügemarke an der gewünschten Stelle in der Notiz, und klicken Sie dann im EINFÜGEN-Register auf die Schaltfläche Gescanntes Bild.
2. Es öffnet sich ein Dialogfeld, in dem Sie aus der Liste Gerät Ihren Scanner auswählen. Unter Auflösung bestimmen Sie die Qualität und damit den Speicherbedarf des eingelesenen Bildes. Ein Klick auf Einfügen startet den Scanvorgang, nach dessen Abschluss das Bild oder Dokument in Ihre Notizseite eingefügt wird.

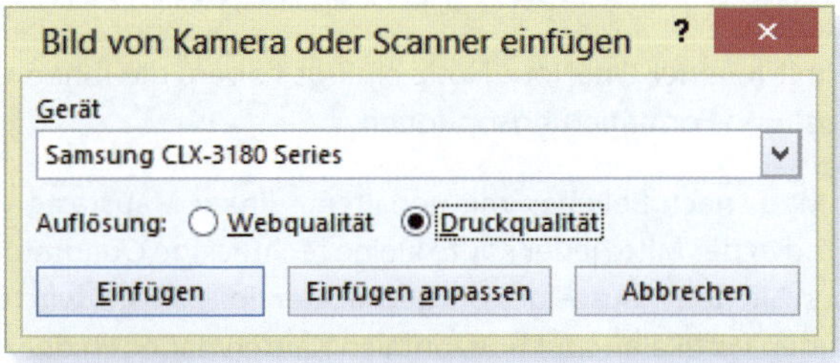

Abbildung 3.8 OneNote kann Scanner direkt ohne Umweg über die zugehörige Scansoftware ansprechen.

Klicken Sie dagegen auf die Schaltfläche Einfügen anpassen anstelle von Einfügen, öffnet sich vor dem Scannen das Dialogfeld Ihrer Scansoftware. Hier können Sie Auflösung, Farbanpassungen, Ausschnitt und weitere Optionen einstellen. Welche das genau sind, hängt ausschließlich von der installierten Scansoftware und dem zugehörigen Treiber ab.

Apropos Treiber: Das Einscannen von Bildern in OneNote-Notizen funktioniert nicht nur mit Flachbettscannern oder Multifunktionsdruckern, sondern im Prinzip mit jedem Gerät, das über einen Scanner/TWAIN-Treiber angebunden ist. Das können also auch spezielle Foto-, Dia-, Hand- oder Visitenkarten-Scanner und unter Umständen sogar angeschlossene Digitalkameras sein.

3.4.5 Bildschirmausschnitt einfügen

Ganze Bildschirminhalte oder Teile davon lassen sich mit dem in OneNote integrierten Snipping-Tool ganz einfach in Ihre Notizen einfügen. Sie eignen sich nicht nur zur Dokumentation von Bildschirmausgaben anderer Programme. Diese Methode ist auch sehr gut geeignet, um Ausschnitte von Webseiten im Originaldesign zu speichern. Durch die integrierte Grafik-zu-Text-Umwandlung von OneNote (mehr dazu folgt in Kapitel 5, Suchen und finden) sind die Inhalte trotz Grafikformats nach Textstellen durchsuchbar.

1. Wählen Sie aus dem EINFÜGEN-Register die Schaltfläche BILDSCHIRMAUSSCHNITT. Daraufhin verschwindet das OneNote-Fenster, und der Rest des Desktops nebst eventuell geöffneten Fenstern wird sehr blass dargestellt.

2. Ziehen Sie mit gedrückter linker Maustaste ein Rechteck um den zu speichernden Bereich auf. Der Inhalt dieses Rechtecks erscheint in normalen Farben. Lassen Sie die linke Maustaste los, wenn der Ausschnitt passt. Das OneNote-Fenster öffnet sich erneut, und der gewählte Ausschnitt wird in die Notizseite eingefügt.

Sie können die Auswahl jederzeit abbrechen, indem Sie zusätzlich die rechte Maustaste drücken.

Eine alternative Methode zur Auswahl der entsprechenden OneNote-Schaltfläche ist die Tastenkombination [Win] + [S]. Das funktioniert auch, wenn ein anderes Programm als OneNote im Vordergrund ist, und stellt zudem die einzige Möglichkeit dar, Bildschirmausschnitte von der OneNote-Oberfläche selbst zu machen. Im Unterschied zur erstgenannten Methode werden Sie hier nach dem Festlegen des zu speichernden Bildausschnitts allerdings zunächst nach dem Speicherort (Notizbuch, Abschnitt, Seite) gefragt.

3.4.6 Bilder formatieren, verlinken und nach Text durchsuchen

Zunächst einmal haben Sie bei Bildern, die Sie mit in einer OneNote-Notiz einfügt haben, die Ihnen von anderen Programmen bekannten Positionierungs- und Formatierungsoptionen.

Bilder lassen sich nach dem Anwählen mit der Maus nach Belieben mit gehaltener linker Maustaste verschieben. Zudem erscheinen an den vier Ecken und in der Mitte jeder Kante kleine rechteckige Quadrate als Anfasser. Klicken Sie eine Ecke an und verschieben Sie den Mauszeiger bei gedrückter linker Taste, wird das Bild proportional vergrößert und verkleinert. An den vertikalen und horizontalen Kanten dagegen dehnen und stauchen Sie den Rahmen in der entsprechenden Richtung. Steckt das Bild allerdings innerhalb eines Notizcontainers, funktioniert zum proportionalen Vergrößern und Verkleinern nur der Anfasser in der rechten unteren Ecke.

Weitere Möglichkeiten erhalten Sie, wenn Sie per Klick mit der rechten Maustaste auf das Bild das zugehörige Kontextmenü öffnen. Dieses bietet Ihnen neben einem alternativen Zugriff auf die Verschiebe- und Skalierungsoptionen weitere Möglichkeiten:

- Ein Klick auf DREHEN öffnet ein Untermenü, über das sich das Bild in 90-Grad-Schritten nach links und rechts drehen oder horizontal und vertikal spiegeln lässt. Für feinere Schritte müssen Sie das Bild zunächst in einem geeigneten Grafikprogramm bearbeiten.

- Der Eintrag REIHENFOLGE führt zur Auswahl der Tiefenebene. So lässt sich bei überlappenden Bildern oder Notizcontainern festlegen, welcher Rahmen im Vordergrund liegt und Darunterliegendes verdeckt.

- Der Befehl SPEICHERN UNTER erlaubt das Abspeichern des Bilds als eigenständige Datei auf einem Datenträger.
- BILD ALS HINTERGRUND FESTLEGEN sperrt die Möglichkeit, es zu verschieben oder in der Größe zu verändern. Der Zugriff auf das Kontextmenü per Rechtsklick bleibt, der Positionsrahmen wird aber nicht mehr eingeblendet. Diese Funktion eignet sich zur Gestaltung von Vorlagen, zum Beispiel mit Firmenlogo oder für Wasserzeichen. Das Bild darf sich dabei nicht in einem Notizcontainer befinden.
- Der Befehl LINK erlaubt das Verlinken des gesamten Bildes entweder intern (mit einer anderen Notizbuchseite in OneNote) oder extern (etwa mit einer Webadresse). Mehr zu Links lesen Sie in Abschnitt 3.7.

Besonders interessant: OneNote enthält eine im Hintergrund arbeitende OCR-Funktion zur Texterkennung in Bitmapgrafiken. Daher sind erkannte Textbereiche in Bildern (Scans, Fotos usw.) durchsuchbar. Unter TEXT IM BILD ALS DURCHSUCHBAR DEFINIEREN legen Sie die zugehörige Sprache fest oder schalten die Funktion ab (DEAKTIVIERT).

Sie können jederzeit prüfen, welchen Text OneNote im Bild erkannt hat: Klicken Sie das betreffende Bild mit der rechten Maustaste an, und wählen Sie den Befehl ALTERNATIVTEXT aus dem Kontextmenü. Es öffnet sich ein Textfeld, das den gesamten aus dem Bild herausgelesenen Text inklusive eventueller Erkennungsfehler anzeigt. Markieren Sie hier einen Textabschnitt, lässt er sich mit Strg+C in die Zwischenablage kopieren und später mit Strg+V an beliebiger Stelle einer Notiz einsetzen.

Möchten Sie den kompletten von der OCR-Funktion erkannten Text aus dem Bild in die Zwischenablage kopieren, geht das mit dem Kontextmenübefehl TEXT AUS BILD KOPIEREN.

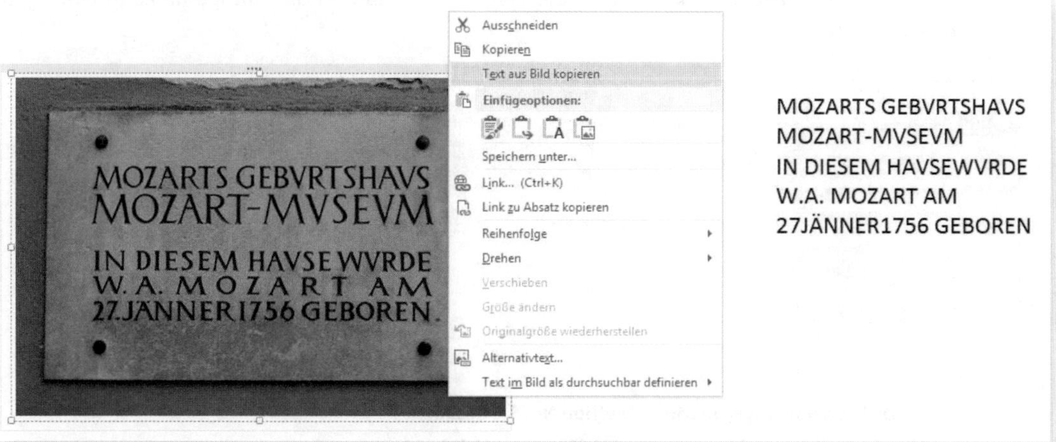

Abbildung 3.9 Nicht nur in gescannten Objekten, sondern auch in Fotos funktioniert die Texterkennung erstaunlich gut.

3.5 Tabellen in OneNote

Für die Strukturierung bestimmter Daten und/oder Zahlen ist die Tabelle nach wie vor das Gestaltungsmittel der Wahl. Selbstverständlich kann auch OneNote mit Tabellen umgehen.

Obwohl in OneNote 2013 einige Gestaltungsmöglichkeiten für Tabellen hinzugekommen sind, fehlt doch einiges, was Sie beispielsweise von Tabellen in Microsoft Word gewohnt sein mögen. Dafür ist der Umgang mit Tabellen in OneNote extrem einfach und intuitiv. Außerdem bringt OneNote 2013 als weitere Neuerung das direkte Einbinden von Excel-Tabellen mit. Mehr dazu folgt in Abschnitt 3.5.4.

3.5.1 Tabellen anlegen

Es gibt drei Möglichkeiten, eine Tabelle in OneNote zu erzeugen:

- In der Symbolleiste EINFÜGEN klicken Sie auf die Schaltfläche TABELLE. In der daraufhin geöffneten Matrix aus Quadrat-Symbolen ziehen Sie mit der Maus die Größe der gewünschten Tabelle auf – also die Anzahl der Zeilen und Spalten.
- An derselben Stelle wählen Sie alternativ den Menüpunkt TABELLE EINFÜGEN, anstatt die Tabelle mit der Maus zu zeichnen. Danach können Sie die Zahl der Zeilen und Spalten direkt im Dialogfeld festlegen.
- Die dritte Variante gibt es im Gegensatz zu den vermutlich bereits bekannten ersten beiden Methoden nur in OneNote: Drücken Sie beim Schreiben von Text in einem Notizcontainer die [Tab]-Taste. Es entsteht automatisch eine Tabellenzelle mit dem aktuellen Text, und die Einfügemarke springt in eine zweite Zelle rechts daneben. So lassen sich beliebig weitere Spalten innerhalb derselben Zeile anfügen. Um eine neue Zeile anzulegen, drücken Sie die Taste [↵], während die Einfügemarke in einer ganz rechten Spalte steht.

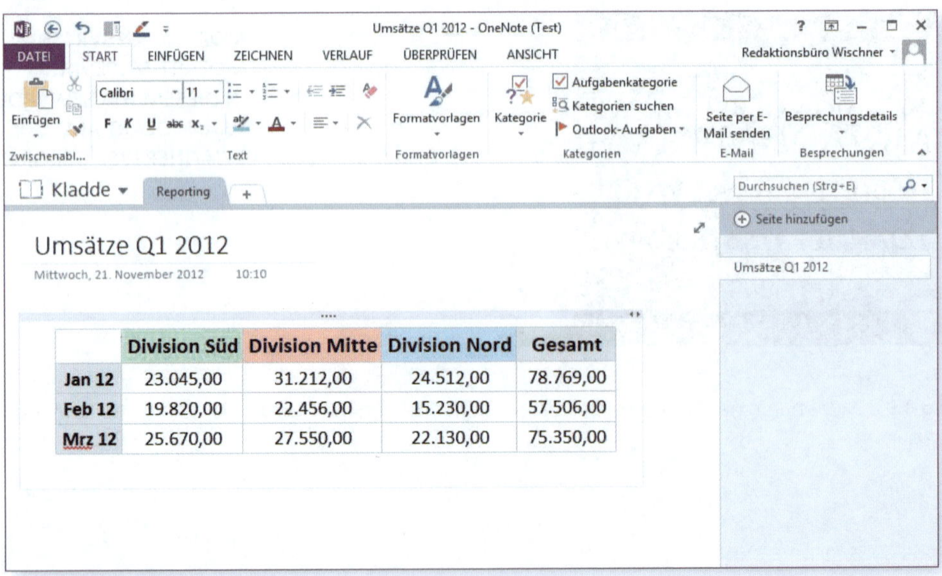

Abbildung 3.10 Die verbesserten Tabellentools in OneNote 2013 erlauben jetzt auch beispielsweise das Einfärben von Zellen.

Wie sonstiger Text kann auch eine Tabelle alleine in einem eigenen Notizcontainer stehen oder sich einen Container mit anderen Inhalten wie Text oder Grafiken teilen.

> Sie dürfen ohne Weiteres Tabellen verschachteln, also eine Tabelle innerhalb einer Tabellenzelle verwenden. Platzieren Sie dazu einfach die Einfügemarke in einer Zelle, und wiederholen Sie die Prozedur zum Anlegen einer Tabelle.

3.5.2 Zeilen und Spalten einfügen und löschen

Natürlich ist der zuerst angegebene Umfang der Tabelle nicht festgeschrieben. Sie können wie in anderen Programmen auch jederzeit Zeilen und Spalten hinzufügen oder entfernen. So geht's:

1. Setzen Sie dazu die Einfügemarke in eine Zelle, über, unter oder neben der Sie eine weitere Zeile oder Spalte einfügen möchten.

2. Da die Einfügemarke in einer Tabelle steht, erscheint über der Symbolleiste das neue Register LAYOUT. Die Symbole im Menüband werden durch Symbole mit Tabellenfunktionen ersetzt.

3. Im Abschnitt EINFÜGEN klicken Sie nun auf DARÜBER EINFÜGEN oder DARUNTER EINFÜGEN, um Zeilen ober- oder unterhalb der aktuellen Zeile einzufügen. Um Spalten links oder rechts einzufügen, verwenden Sie analog die Schaltflächen LINKS EINFÜGEN und RECHTS EINFÜGEN.

> Alle Befehle der Symbolleiste finden Sie auch im Kontextmenü einer Tabelle: Klicken Sie mit der rechten Maustaste auf eine Tabelle, und wählen Sie den Befehl TABELLE. Darauf öffnet sich ein Untermenü mit denselben Befehlen wie in der Symbolleiste.

Im Prinzip genauso funktioniert das Entfernen einzelner Zeilen, Spalten oder der gesamten Tabelle. Klicken Sie dazu in der Symbolleiste LAYOUT oder im Kontextmenü TABELLE auf ZEILEN LÖSCHEN, SPALTEN LÖSCHEN oder TABELLE LÖSCHEN.

3.5.3 Tabellen gestalten und formatieren

Inhalte von Tabellenzeilen lassen sich im Wesentlichen genauso formatieren, als stünden sie in einem normalen Notizcontainer. Eingebettete Grafiken können Sie also genauso vergrößern und verkleinern, Text mit Auszeichnungen versehen, Schriftart und -größe ändern, wie in den vorherigen Abschnitten beschrieben wurde. Sie finden die entsprechenden Befehle wie gewohnt in der START-Symbolleiste oder per Rechtsklick im Kontextmenü.

Wenn die Anzeige des Gitterrasters Sie stört, können Sie dieses jederzeit mit der Schaltfläche RAHMEN AUSBLENDEN in der Symbolleiste LAYOUT oder im Kontextmenü aus- und wieder einblenden.

Die Breite einzelner Spalten lässt sich mit der Maus verändern. Bewegen Sie den Mauszeiger über eine senkrechte Trennlinie, verändert sich dessen Form und Sie können die Spaltengrenze mit gedrückter linker Maustaste beliebig verschieben.

Die Zeilenhöhe lässt sich nicht direkt mit der Maus beeinflussen. Sie hängt ausschließlich von der Größe und Menge des enthaltenen Texts ab. Um vertikalen Platz in den Zellen zu schaffen, fügen Sie mit der Tastenkombination [Alt]+[↵] Leerzeilen ein.

Alle folgenden Gestaltungsmöglichkeiten gelten für die Zelle, in der sich aktuell die Einfügemarke befindet. Wollen Sie die Wirkung auf mehrere Zellen ausweiten, müssen Sie diese zunächst markieren. Das geht auf verschiedene Arten:

- **Mit der Maus:** So, wie Sie auch ansonsten Text in Windows-Programmen mit der Maus markieren, klicken Sie mit der linken Maustaste in eine Zelle, halten die Taste gedrückt, ziehen einen rechteckigen Bereich durch Bewegen der Maus auf und lassen die Taste los. Um nur den Text in der aktuellen Zelle zu markieren, können Sie auch [Strg]+[A] drücken. Eine erneute Betätigung dieser Kombination markiert die gesamte Zelle.

- **Ganze Tabelle markieren:** Setzen Sie die Einfügemarke irgendwo in die Tabelle, und wählen Sie dann aus der Symbolleiste LAYOUT oder aus dem Kontextmenü TABELLE per rechter Maustaste (siehe vorheriger Abschnitt) den Befehl TABELLE AUSWÄHLEN. Alternativ drücken Sie viermal [Strg]+[A].

- **Ganze Spalte markieren:** Bewegen Sie den Mauszeiger an den oberen Rand der betreffenden Spalte, bis er die Form eines schwarz gefüllten, nach unten weisenden Pfeils annimmt. Klicken Sie dann mit der linken Maustaste. Alternativ setzen Sie die Einfügemarke in eine beliebige Zelle der entsprechenden Spalte und klicken in der Symbolleiste LAYOUT oder im Kontextmenü TABELLE auf SPALTEN AUSWÄHLEN.

- **Ganze Zeile markieren:** Auch hier gibt es zwei Möglichkeiten. Entweder Sie klicken auf den kleinen grauen Marker links außerhalb der entsprechenden Zeile. Oder Sie bemühen wieder die Symbolleiste LAYOUT beziehungsweise das Kontextmenü. Der zugehörige Befehl lautet diesmal ZEILEN AUSWÄHLEN. Auch das klappt mit dem Tastenkürzel [Strg]+[A], das Sie hierfür dreimal betätigen müssen.

- Zusätzlich zu den Textgestaltungsmöglichkeiten bieten das LAYOUT-Register und das Kontextmenü TABELLE ein paar weitere Optionen. Bis auf die Möglichkeiten zur Textausrichtung sind alle Optionen in OneNote 2013 neu hinzugekommen.

- **Text in Zellen ausrichten:** Die Befehle LINKSBÜNDIG, ZENTRIEREN und RECHTSBÜNDIG im Abschnitt AUSRICHTUNG des LAYOUT-Registers richten Zellinhalte innerhalb der Zellen entsprechend aus.

- **Zellen einfärben:** Die Schaltfläche SCHATTIERUNG erlaubt die Auswahl der Hintergrundfarbe für die aktuelle Zelle oder den markierten Zellbereich. Die Textfarbe wird dabei nicht automatisch angepasst. Wenn Sie also eine dunkle Zellfarbe wählen, müssen Sie unter Umständen über die Textformatierungsbefehle in der START-Symbolleiste oder per Kontextmenü zusätzlich eine helle Schriftfarbe einstellen.

- **Tabelle sortieren:** Ebenfalls neu hinzugekommen ist eine einfache Sortierungsfunktion. Setzen Sie die Einfügemarke in die Spalte, deren Inhalte als Sortierkriterium dienen sollen. Klicken Sie dann im LAYOUT-Register auf SORTIEREN, über dessen Dropdown-Menü Sie festlegen, ob die Tabellenzeilen auf- oder absteigend geordnet werden sollen. Außerdem können Sie hier durch Aktivieren des Häkchens bei ÜBERSCHRIFTENZEILE dafür sorgen, dass die oberste Zeile der Tabelle von der Sortierung unberührt bleibt, falls diese eine Überschrift enthält.

3.5.4 Excel-Tabellen in OneNote verwenden

Ebenfalls neu in OneNote 2013 ist die Möglichkeit, Excel-Tabellen in eine Notiz einzufügen. Dies ist zum Beispiel dann sinnvoll, wenn Sie Berechnungen oder Diagramme benötigen, womit die OneNote-eigene Tabellenfunktion überfordert ist.

Eingebettete Excel-Tabellen lassen sich zwar nicht direkt in OneNote editieren. Stattdessen erfolgt die Bearbeitung in Excel selbst. Jedoch spiegeln sich alle Änderungen sofort in der Tabelle wider, die Sie in die Notiz eingebettet haben. Somit ist dieses Verfahren den bisherigen Möglichkeiten, eine Excel-Tabelle als Datei oder Druckvorschau zu integrieren (siehe Abschnitt 3.9), deutlich überlegen. Selbstverständlich sind alle Inhalte der Excel-Tabelle in OneNote durchsuchbar (siehe Kapitel 5, Suchen und finden).

Sie können entweder in der Notiz eine neue Excel-Tabelle anlegen, eine bestehende Excel-Datei importieren oder eine vorhandene OneNote-Tabelle in eine Excel-Tabelle umwandeln.

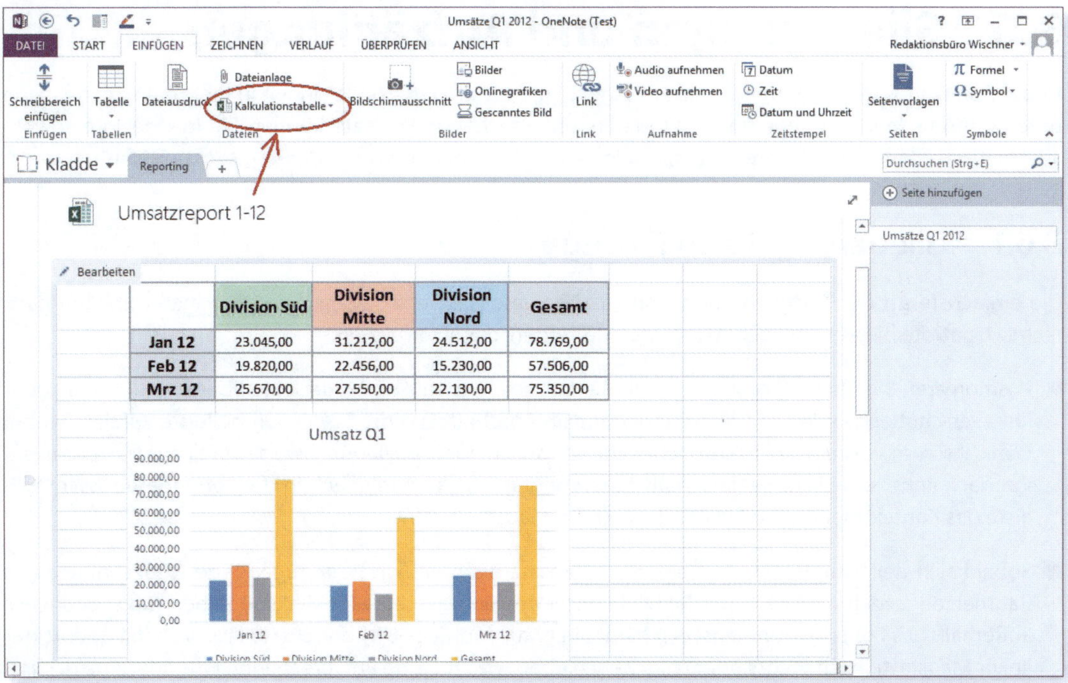

Abbildung 3.11 Reichen die Tabellen von OneNote nicht aus, fügen Sie komplette Excel-Arbeitsblätter in die Notiz ein.

- Um eine neue Excel-Tabelle hinzuzufügen, öffnen Sie in der Symbolleiste EINFÜGEN das Dropdown-Menü der Schaltfläche KALKULATIONSTABELLE und wählen darin den Befehl NEUE EXCEL-TABELLE aus.

- Ganz ähnlich fügen Sie eine vorhandene Excel-Tabelle ein: Nach dem Klick auf die Schaltfläche KALKULATIONSTABELLE wählen Sie in diesem Fall VORHANDENE EXCEL-TABELLE, navigieren im folgenden Dialogfeld zur Dateiauswahl zur gewünschten Excel-Datei und bestätigen mit EINFÜGEN.

- Eine in OneNote erstellte Tabelle wandeln Sie folgendermaßen ins Excel-Format um: Setzen Sie die Einfügemarke in eine beliebige Zelle der Tabelle, und klicken Sie mit der rechten Maustaste. Im daraufhin geöffneten Kontextmenü wählen Sie den Befehl IN EXCEL-TABELLE KONVERTIEREN aus.

Beachten Sie, dass sich Excel-Tabellen innerhalb des OneNote-Editors nicht mehr bearbeiten lassen. Es scheint zwar so, dass Sie nach einem Doppelklick in die Tabelle Text hineinschreiben können. Tatsächlich entsteht dabei aber lediglich ein neuer Notizcontainer, der die Tabelle überlagert.

Um die Inhalte der Excel-Tabelle zu bearbeiten, klicken Sie hingegen auf das Symbol BEARBEITEN, das in der linken oberen Ecke erscheint, sobald Sie den Mauszeiger über die Tabelle bewegen. Dadurch wird Excel geöffnet und die Tabelle übertragen. Alle am Tabelleninhalt vorgenommenen Änderungen erscheinen in OneNote, sobald Sie die Tabelle in Excel speichern.

3.6 Gliederungen und Aufzählungen

Neben Tabellen sind nummerierte Aufzählungen, Punktlisten und Gliederungen in mehreren Ebenen eine gute Methode, Informationen zu strukturieren. Entsprechende Formate können Sie in OneNote sowohl automatisch während des Schreibens als auch nachträglich bereits vorhandenem Text zuweisen.

3.6.1 Gliederung durch Einzüge

Die einfachste Art der Textgliederung sind Einzüge, also das Verschieben untergeordneter Ebenen nach rechts. OneNote bietet nicht weniger als vier Methoden, das zu erreichen:

- Positionieren Sie die Einfügemarke in die Textzeile oder den Absatz, der eine Ebene nach rechts oder links verschoben werden soll. Klicken Sie dann im Abschnitt TEXT der START-Symbolleiste auf das Symbol EINZUG VERGRÖSSERN, um den Absatz nach rechts zu verschieben, beziehungsweise auf EINZUG VERKLEINERN, um ihn nach links zu rücken. Beide Schaltflächen finden Sie alternativ auch in der Formatierungssymbolleiste des Kontextmenüs, das Sie mit der rechten Maustaste öffnen.

- Sobald sich der Mauszeiger über einem Textabsatz befindet, wird der zugehörige Notizcontainer als Rahmen angezeigt. Links von der Textzeile unter der Einfügemarke (bei linksbündigem Text sogar links außerhalb des Containerrahmens) erscheint ein graues Fünfeck-Symbol. Dieses lässt sich mit gedrückter linker Maustaste nach rechts oder links verschieben, was für eine entsprechende Ein- oder Ausrückung des zugehörigen Absatzes sorgt.

- Drücken Sie zu Beginn einer Zeile – also mit der Einfügemarke ganz links – die [▯]-Taste, um eine Zeile oder einen Absatz nach rechts zu schieben. Eine Ebene zurück nach links geht's, wenn Sie die [▯]-Taste drücken.

- Wenn Sie stattdessen die Tastenkombinationen ⇧+Alt+→ für das Einrücken beziehungsweise ⇧+Alt+← für das Ausrücken verwenden, darf die Einfügemarke an einer beliebigen Stelle im entsprechenden Absatz stehen.

OneNote merkt sich die aktuelle Einrückungsebene. Das heißt: Wenn Sie am Ende einer Zeile die Taste ↵ drücken, steht die Einfügemarke in der nächsten Zeile auf Höhe der vorherigen Einrückungsebene. Diese wechseln Sie durch eine der vorgenannten Methoden.

3.6.2 Punktlisten und Nummerierungen

Für Aufzählungen oder eine stärker akzentuierte Gliederung ist es üblich, jeden Absatz mit einem grafischen Symbol (Bulletzeichen) einzuleiten. Alternativ ist auch eine automatisch fortlaufende Nummerierung mit Ziffern oder Buchstaben möglich:

- Im einfachsten Fall beginnen Sie die erste Zeile einer Liste mit einem Bindestrich, gefolgt von einem Leerzeichen. OneNote erkennt, dass Sie eine Bulletliste anlegen möchten, und gibt in der Folge nach jedem Druck auf die ↵-Taste selbstständig ein weiteres Aufzählungszeichen nebst folgender Leerstelle vor.
- Einen ausgefüllten schwarzen Punkt als Bulletzeichen erhalten Sie, indem Sie die Tastenkombination Strg+. drücken.
- Möchten Sie ein anderes Zeichen als Bullet verwenden, klicken Sie in der START-Symbolleiste im Abschnitt TEXT auf das kleine Dreieckssymbol rechts in der Schaltfläche AUFZÄHLUNGSZEICHEN. Es öffnet sich eine Palette mit einer Auswahl von grafischen Symbolen. Eine entsprechende Schaltfläche finden Sie auch im Kontextmenü, das Sie mit der rechten Maustaste an der jeweiligen Position der Einfügemarke aufrufen.

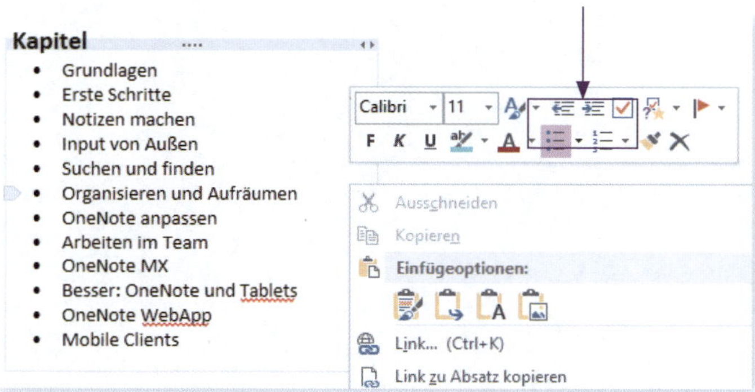

Abbildung 3.12 Übersichtliche Listen erzeugen Sie mit Punktlisten und Nummerierungen.

Ähnlich funktioniert die Nummerierung von Zeilen und Absätzen. Beginnen Sie einfach eine Zeile mit »1.«. Nach jedem Betätigen von ↵ setzt OneNote die nächsthöhere Nummer oder den nächsten Buchstaben an den Zeilenanfang. Die möglichen Nummerierungszeichen sehen und ändern Sie auf der Schaltfläche mit den kleinen Ziffern vor den Zeilen in der Symbolleiste START im Abschnitt TEXT.

3.6.3 Hierarchische Gliederungen

Kombiniert man nun beide vorgenannten Mechanismen, also das Nummerieren und Erzeugen mehrerer Ebenen durch Einrücken, erhält man strukturierte Gliederungen.

OneNote bekommt es mit, wenn Sie vorhaben, eine Gliederung aufzubauen: Schreiben Sie eine Zeile Text, beginnend mit »1.«. In der nächsten Zeile drücken Sie einmal die [⇥]-Taste, um eine untergeordnete Ebene einzurichten und die Zeile einzurücken. OneNote wird automatisch eine weitere Nummerierungsebene erzeugen und der Zeile ein »a.« voranstellen. Ziehen Sie auf dieselbe Weise eine dritte Ebene hinzu, nummeriert OneNote diese automatisch mit »i«, »ii«, »iii« und so weiter.

Diese Nummernformate sind natürlich nicht festgeschrieben. Sie können sie jederzeit für jede Ebene einzeln anpassen. Möchten Sie zum Beispiel, dass die zweite Ebene mit Großbuchstaben ohne Punkt (A, B, C usw.) gekennzeichnet wird, gehen Sie folgendermaßen vor:

1. Klicken Sie auf eine der unerwünschten Nummerierungen, zum Beispiel auf das »a.«. Daraufhin werden die Zählzeichen der gesamten Ebene, sofern schon welche vorhanden sind, grau hinterlegt.
2. In der START-Symbolleiste klicken Sie nun auf das kleine Dreieck rechts neben der Nummerierungsschaltfläche. Daraufhin öffnet sich ein Auswahlfenster mit unterschiedlichen Nummerierungsformaten.
3. Wählen Sie das gewünschte Format per Linksklick aus. Alle Absätze der entsprechenden Ebene werden sofort entsprechend umformatiert.

Sollten Sie ein Format wünschen, das nicht im Auswahlfenster angeboten wird, können Sie an dessen unterem Rand auf NUMMERIERUNG ANPASSEN klicken. Im rechten Bildschirmbereich erscheint ein Fenster mit etlichen weiteren Möglichkeiten. Hier bestimmen Sie auf Wunsch auch einen neuen Startwert und die Formatierung der Nummerierung im Verhältnis zum folgenden Text.

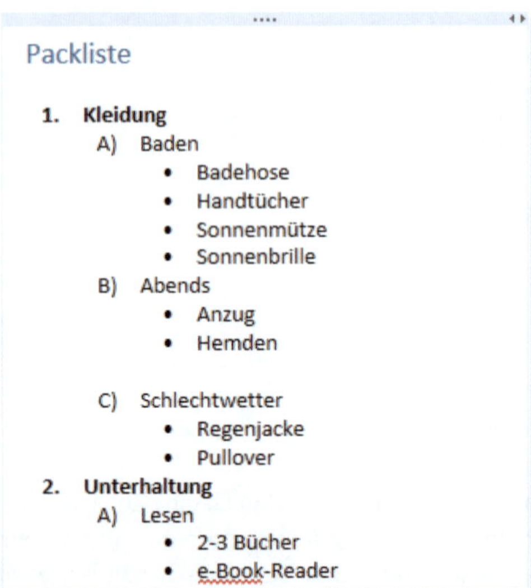

Abbildung 3.13 Einrückungen, Punktlisten und Nummerierung in Kombination erlauben komplexe Gliederungen.

OneNote hält noch ein paar Tricks im Umgang mit hierarchischen Gliederungen parat. So können Sie zum Beispiel alle Textelemente, die zu einer bestimmten Hierarchieebene gehören, auf einmal markieren – zum Beispiel, um ihnen eine andere Schriftart zuzuweisen.

Der Schlüssel ist wieder das graue Fünfeck, das links neben einer Textzeile, einem Absatz bzw. einer Gliederungsebene erscheint, über der bzw. dem sich der Mauszeiger befindet. Klicken Sie das Symbol mit der rechten Maustaste an, und wählen Sie im zugehörigen Kontextmenü den Eintrag AUSWÄHLEN aus. Das daraufhin geöffnete Untermenü enthält verschiedene Markierungsoptionen, wie zum Beispiel ALLE AUF EBENE 2 oder ALLES AUF GLEICHER EBENE AUSWÄHLEN.

Besonders praktisch ist auch die Möglichkeit, bestimmte Ebenen nach Belieben ein- oder auszuklappen. So lassen sich umfangreiche Gliederungen kompakter darstellen, und es lässt sich nur derjenige Bereich ausklappen, der gerade für Sie interessant ist. Klicken Sie dazu auf der darüber liegenden Ebene das graue Fünfeck doppelt mit der linken Maustaste an. Alle Einträge der tiefer liegenden Ebene im selben Abschnitt werden nun ausgeblendet. Ein Plus-Symbol in einem Quadrat weist auf das Vorhandensein weiterer Ebenen hin. Ein Doppelklick darauf blendet die Ebenen wieder ein.

3.7 Externe und interne Links

Immer wenn Sie Daten von außen (beispielsweise aus einem Webbrowser) in eine OneNote-Notiz übertragen, wird optional ein Link zur ursprünglichen Herkunft (zum Beispiel zur entsprechenden Webseite) mit eingefügt. Mehr über diese Funktion erfahren Sie in Kapitel 4, Zusammenspiel mit anderen Programmen.

Sie können aber auch jederzeit selbst Links in Notizseiten einbauen. Das ist vor allem dann sinnvoll, wenn Sie etwa auf weiterführende Informationen zu einem Thema verweisen oder die Herkunft einer Recherche im Web festhalten möchten.

Dabei wird zwischen zwei Arten von Links unterschieden:

- Links, die zu einem externen Ziel (in den meisten Fällen zu einer Webseite) führen
- Verweise auf andere OneNote-Notizen

3.7.1 Externe Links einfügen

Wie in anderen Office-Programmen auch, ist der einfachste Weg zum Einfügen eines Links, ihn einfach einzutippen.

Sobald Sie anfangen, einen Text zu tippen, der mit einem typischen Begriff wie *http://*, *www* oder *ftp://* beginnt, geht OneNote davon aus, dass Sie einen Link aufschreiben möchten. Der Folgetext wird automatisch entsprechend formatiert (blau unterstrichen), und der Link funktioniert sofort wie gewollt. Ein Linksklick darauf öffnet die angegebene Seite im Standard-Webbrowser.

Leider machen typische Weblinks durch lange kryptische Zeichenfolgen einen Text ziemlich unlesbar. Wesentlich ansprechender ist es, einen aussagekräftigen Text zu verwenden und die kryptische Webadresse quasi dahinter zu verstecken – ganz so, wie es auf Webseiten eben auch üblich ist (oder zumindest üblich sein sollte).

Angenommen, Sie möchten in einer Notiz einen Link zur Microsoft-Seite mit den kostenlosen Office-Vorlagen einsetzen. Das geht folgendermaßen:

1. Tippen Sie den Text, den Sie als Beschreibung vorgesehen haben (in diesem Beispiel also »Office-Vorlagen«) in den gewünschten Notizcontainer ein.
2. Markieren Sie den Text mit der Maus. Wählen Sie nun aus der Symbolleiste EINFÜGEN die Schaltfläche LINK. Alternativ können Sie auch den gleichnamigen Befehl aus dem Kontextmenü (rechte Maustaste) oder die Tastenkombination Strg + K verwenden.
3. Im folgenden Fenster tragen Sie die echte Adresse, also »http://office.microsoft.com/de-de/templates/« (ohne die Anführungszeichen) in das Feld ADRESSE ein und bestätigen mit einem Klick auf OK. Der Text »Office-Vorlagen« in der Notiz ist nun blau und unterstrichen und funktioniert als Link.
4. Wenn Sie die korrekte Adresse gerade nicht parat haben, klicken Sie auf das Symbol mit der Lupe über der Weltkugel rechts neben dem Adressfeld. Daraufhin öffnet sich der Standard-Webbrowser, und Sie können zur gewünschten Seite navigieren. Anschließend müssen Sie allerdings die korrekte Adresse aus dem URL-Feld des Browsers mit Strg + C in die Zwischenablage kopieren und sie anschließend, zurück im Dialogfeld LINK von OneNote, mit Strg + V einfügen. Das Ordnersymbol ganz rechts dient übrigens zum Verlinken mit einer beliebigen Datei auf der Festplatte oder einem anderen Datenträger.

Dasselbe funktioniert auch mit einem beliebigen Bild in einer Notiz, das Sie als Klickziel für einen Link verwenden möchten. Anstelle eines Textabschnittes wie im ersten Schritt markieren Sie einfach das entsprechende Bild durch einen Linksklick, sodass es den gestrichelten Positionsrahmen zeigt.

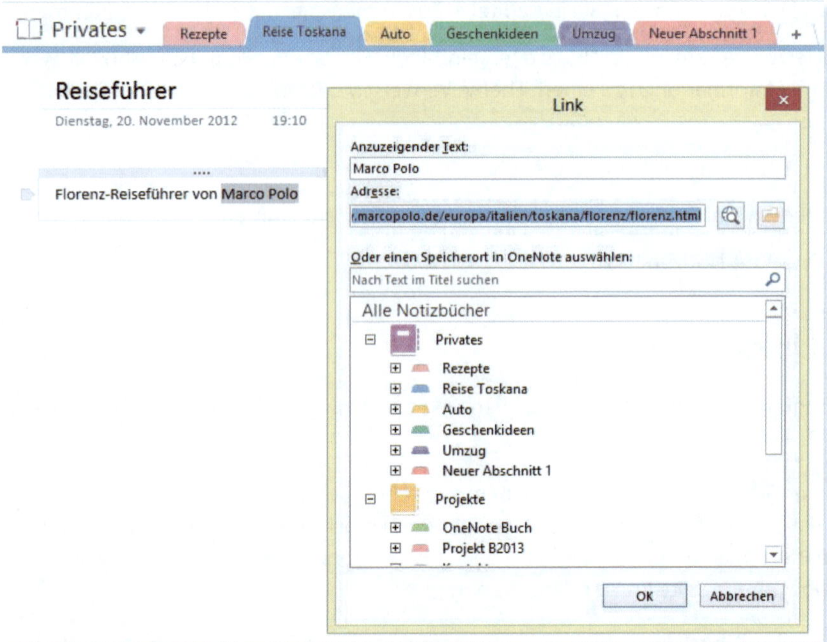

Abbildung 3.14 Wenn Sie einen beliebigen Text oder ein Bild mit einem Link hinterlegen, bleibt die Zieladresse zugunsten der Lesbarkeit unsichtbar.

Im Gegensatz zu Text werden Bilder, denen einen Link hinterlegt ist, nicht besonders gekennzeichnet. Bewegen Sie den Mauszeiger über ein solches Bild, erscheint in seiner Nähe allerdings ein kleines Textfeld, das das Linkziel anzeigt.

Auch reicht bei Bildern ein einfacher Mausklick nicht aus, um dem Link zu folgen. Stattdessen müssen Sie beim Klicken zusätzlich die Strg-Taste gedrückt halten. Diese kleine Hürde soll dafür sorgen, dass Sie das Bild mit der Maus verschieben oder in der Größe verändern können, ohne unbeabsichtigt den Link zu aktiveren.

3.7.2 Links zu anderen OneNote-Seiten

Mindestens ebenso interessant wie Links zu externen Zielen sind solche, die auf eine andere OneNote-Notizbuchseite verweisen. So lassen sich verstreute Informationen organisieren und komplexere Themen strukturieren, die sich über mehrere Seiten, Abschnitte oder gar Notizbücher verteilen.

Die Vorgehensweise ähnelt stark dem zuvor beschriebenen Verfahren, um externe Links zu erzeugen.

1. Markieren Sie zunächst den Textabschnitt oder das Bild, der bzw. das als Klickfläche für den internen Link dienen soll. Klicken Sie dann auf LINK in der Symbolleiste EINFÜGEN, wählen Sie den entsprechenden Befehl im Kontextmenü aus, oder drücken Sie Strg+K.

2. Im schon bekannten Dialogfeld LINK ignorieren Sie aber diesmal das Feld ADRESSE. Stattdessen wählen Sie das Linkziel – zum Beispiel eine bestimmte Notizseite in einem anderen Abschnitt – aus dem unteren Bereich aus, in dem Sie eine Aufstellung aller derzeit geöffneten Notizbücher finden.

3. Ist das Notizbuch mit dem gesuchten Linkziel nicht dabei (weil es derzeit nicht geöffnet ist), schließen Sie das Dialogfeld LINK durch einen Klick auf ABBRECHEN, öffnen das entsprechende OneNote-Notizbuch, navigieren wieder zu der Seite, die Sie gerade bearbeitet hatten, und beginnen noch einmal mit Schritt 1.

4. Wählen Sie nun im unteren Abschnitt des Dialogfelds LINK das Ziel des Links aus. Das kann ein komplettes Notizbuch sein (Ziel: die erste Seite im ersten Abschnitt), ein Abschnitt (Ziel: die erste Seite in diesem Abschnitt) oder eine ganz bestimmte Seite. Gegebenenfalls müssen Sie den entsprechenden Bereich mit den kleinen Pluszeichen an Notizbüchern und Abschnitten erst aufklappen.

Sie können als Linkziel auch eine noch gar nicht existierende Seite angeben beziehungsweise eine neue anlegen, allerdings nur innerhalb des aktuellen Abschnitts und Notizbuchs. Dazu müssen Sie das Dialogfeld LINK nicht verlassen. Sie finden die entsprechende Option ganz unten unter NEUE SEITE ERSTELLEN.

Wenn Sie die konkrete Seite, auf die Sie verlinken möchten, gerade nicht auswendig parat haben, können Sie sie direkt vom Dialogfeld LINK aus suchen. Das funktioniert aber nur mit Suchbegriffen, die in den jeweiligen Seitentiteln zu finden sind, nicht mit beliebigen Notizinhalten. Tippen Sie den entsprechenden Begriff in das Feld mit der Lupe im Dialogfeld LINK ein.

Es gibt eine zweite Methode, um interne Links anzulegen. Der Startpunkt ist hierbei nicht die Seite, in die der Link eingefügt werden soll, sondern das Linkziel selbst:

1. Navigieren Sie zu dem Notizbuch, dem Abschnitt und/oder der Seite, zu der bzw. dem Sie einen Link einfügen möchten.

2. Klicken Sie, falls Sie auf einen Abschnitt verlinken möchten, mit der rechten Maustaste auf den zugehörigen Registerkarten-Reiter, und wählen Sie aus dem sich öffnenden Menü HYPERLINK ZU ABSCHNITT KOPIEREN. Genau so geht's, wenn Sie auf eine Seite verlinken möchten. Hier erreichen Sie das Menü durch einen Rechtsklick auf den entsprechenden Eintrag in der Seitennavigation am rechten Rand. Der Befehl lautet hier HYPERLINK ZU SEITE KOPIEREN.

3. Sie können auch zu einem bestimmten Absatz auf einer Notizseite verlinken. Setzen Sie die Einfügemarke in den betreffenden Absatz, drücken Sie dann die rechte Maustaste, und wählen Sie aus dem Kontextmenü LINK ZU ABSATZ KOPIEREN.

Der Link steht nun in der Zwischenablage. Wechseln Sie zu der Notizbuchseite, auf der Sie den Link platzieren möchten, und drücken Sie die Tastenkombination [Strg]+[V].

3.7.3 Wiki-Links erzeugen

Was ist ein Wiki-Link? Nichts anderes, als ein gewöhnlicher interner Link auf eine andere Seite. Der Clou ist, dass Sie sich durch direktes Eintippen die Umwege über Kontextmenüs oder die Zwischenablage komplett sparen können. Das ist dann interessant, wenn Sie besonders viele Verknüpfungen innerhalb von OneNote verwenden, zum Beispiel für Verzeichnisse oder gegliederte Dokumentationen – auf Neudeutsch: Wikis.

Und so geht's:

Tippen Sie an der Stelle, wo der Link auf eine andere Notizseite stehen soll, zwei geöffnete eckige Klammern, gefolgt vom betreffenden Seitentitel, und dann zwei geschlossene eckige Klammern. Also zum Beispiel »[[Seite 2]]«. Nach dem nächsten Leerzeichen oder dem Drücken der [↵]-Taste sehen Sie, dass die Klammern verschwunden sind und der Text als Link ausgezeichnet ist.

Einige Besonderheiten sind dabei zu beachten:

- Die Schreibweise des Ziel-Seitentitels muss korrekt und eindeutig sein. Es sollte also keine weitere Seite mit derselben Überschrift existieren– auch nicht in einem anderen Notizbuch.

- Wenn Sie einen noch nicht als Seitentitel verwendeten Begriff zwischen den Klammern eingeben, legt OneNote automatisch eine neue Seite mit eben diesem Titel im aktuellen Notizbuch und Abschnitt an und verlinkt auf diese.

- Links auf leere Seiten (die es zum Beispiel geben kann, weil sie automatisch neu angelegt wurden) werden durch eine gestrichelte Unterstreichung angezeigt.

- Eine seltsame Eigenheit: Sie müssen den Wiki-Link wirklich von links nach rechts tippen, also erst die beiden offenen Klammern, dann den Text, dann die geschlossenen Klammern. Alternativ können Sie auch erst den Text schreiben und dann die Klammern davor und dahinter einfügen. Wenn Sie dagegen zum Beispiel erst alle vier Klammern schreiben (ist ja bequemer auf der Tastatur) und dann den Seitentitel dazwischentippen, wird kein Link erzeugt!

3.7.4 Links bearbeiten und entfernen

Sowohl interne als auch externe Links lassen sich nachträglich bearbeiten oder entfernen.

1. Um einen Link zu bearbeiten, etwa um das verlinkte Ziel (Webadresse, Datei, OneNote-Notizseite etc.) zu verändern, klicken Sie ihn mit der rechten Maustaste an.

2. Aus dem sich öffnenden Kontextmenü wählen Sie HYPERLINK BEARBEITEN.

3. Es erscheint das bekannte Dialogfeld LINK, in dem die Zieladresse bereits markiert ist. Sie können die Adresse einfach überschreiben oder alternativ im unteren Bereich ein anderes OneNote-Ziel angeben.

4. Ein Klick auf OK speichert die Änderungen.

Um einen Link zu löschen, gibt es zwei Möglichkeiten: Entweder Sie möchten ihn komplett aus der Notiz entfernen oder nur vom Linkziel trennen, also in normalen Text umwandeln.

Das Umwandeln in normalen Text funktioniert jedoch nur mit solchen Links, die einen abweichenden Anzeigetext haben. Wenn Sie dagegen beispielsweise *www.microsoft.com* direkt in die Notiz eingegeben haben und der Link auch so dargestellt wird, können Sie ihn nur komplett löschen. Dazu markieren Sie den gesamten Link mit der Maus (Alternative: Rechtsklick auf den Link und aus dem Kontextmenü HYPERLINK AUSWÄHLEN wählen) und drücken dann die `Entf`-Taste.

Wollen Sie dagegen einen Link vom Linkziel trennen und als normal formatierten Text anzeigen, geht das so:

1. Klicken Sie den Linktext mit der rechten Maustaste an.

2. Wählen Sie im Kontextmenü den Befehl HYPERLINK ENTFERNEN aus.

Der betreffende Text wird nun nicht mehr blau und unterstrichen, sondern als normaler Text dargestellt. Das Linkziel wurde dabei auch gelöscht. Das bedeutet: Wollen Sie den Link wiederherstellen, müssen Sie die Zieladresse oder Notizbuchseite wieder über das Dialogfeld LINK eingeben beziehungsweise auswählen.

3.8 Kategorien verwenden

Einzelne Elemente einer Notiz oder der jeweilige Seitentitel lassen sich in OneNote kategorisieren. Im Wesentlichen geht es darum, bestimmte Abschnitte einer Notiz (zum Beispiel Absätze) oder das gesamte Notizblatt mit einer Kennzeichnung zu versehen. Das kann entweder ein bestimmtes grafisches Symbol wie ein Stern, ein Telefonhörer oder ein Briefumschlag oder eine farbige Auszeichnung des Textes selber sein. Auch beides in Kombination ist möglich. Es gibt zwei Gründe, Kategoriemarkierungen zu verwenden:

- Zum einen kennzeichnen Sie bestimmte Informationen mit einer entsprechenden optischen Hervorhebung, um sie auf einen Blick zuordnen zu können. Eine zu klärende Frage etwa kann ein grafisch auffälliges Fragezeichen erhalten. Eine Idee markieren Sie mit der plakativen Glühbirne oder eine E-Mail-Adresse mit einem Briefumschlagssymbol.

- Außerdem lassen sich Kategorien als Suchkriterium verwenden. Sie könnten also zum Beispiel alle Notizen anzeigen lassen, die noch eine ungeklärte Frage enthalten, weil Sie dafür grundsätzlich die Markierung mit dem Fragezeichen gesetzt haben.

Wie Sie Kategoriemarkierungen für die Suche von Notizen verwenden, erfahren Sie in Kapitel 5, Suchen und finden. Zunächst einmal geht es um die Vergabe von solchen Markierungen und um das Definieren eigener Kategorien.

3.8.1 Absätzen Kategorien zuweisen

Praktisch alle Objekte, die auf einem Notizblatt enthalten sein können, lassen sich mit Kategoriemarkierungen versehen: Textzeilen, Absätze, Bilder, Tabellen (auch Excel-Tabellen), grafische Elemente wie Zeichnungen oder Handschrift, sogar eingebettete Audio-Notizen oder Dateien.

Um einen Textabschnitt, zum Beispiel einen Absatz, mit einer Auszeichnung zu versehen, setzen Sie die Einfügemarke hinein. Klicken Sie dagegen auf den oberen Rand eines Notizcontainers, werden alle enthaltenen Absätze eine Markierung erhalten. Sonstige Objekte wie Bilder oder Tabellen aktivieren Sie durch einfaches Anklicken.

Wählen Sie dann aus dem START-Register in der Gruppe KATEGORIEN die gewünschte Form aus. In der scrollbaren Liste werden nur drei Kategorien gleichzeitig angezeigt. Eine komplette Übersicht aller verfügbaren Auszeichnungen bekommen Sie durch einen Klick auf das kleine Dreieck mit dem oben liegenden Querstrich unterhalb der Bildlaufleiste.

Alternativ erhalten Sie eine Auswahl der verfügbaren Markierungen auch per Rechtsklick im oberen rechten Bereich des Kontextmenüs in der Formatierungsleiste. Die ersten neun Kategorien lassen sich zudem mit den Tastenkürzeln Strg+1 bis Strg+9 aufrufen.

Sie können einem Abschnitt oder Objekt durchaus mehrere Kategorien zuweisen. Die entsprechenden Markierungen werden dann nebeneinandergesetzt.

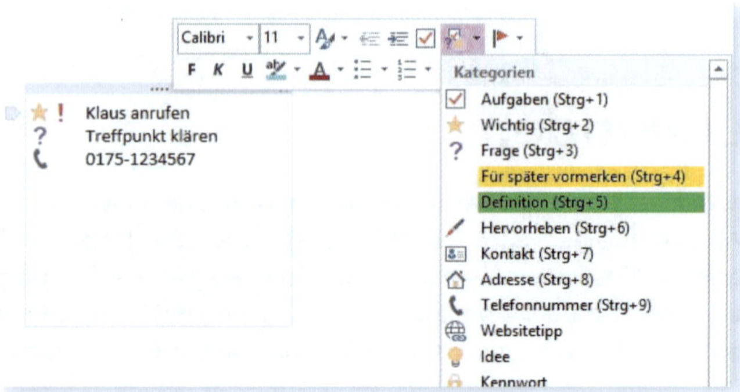

Abbildung 3.15 Kategorien kennzeichnen Notizen mit bestimmten Symbolen und lassen sich auch kombinieren.

Die Kategoriemarkierungen lassen sich nachträglich ganz einfach wieder entfernen:

1. Klicken Sie das entsprechende Kategoriesymbol (nicht das zugehörige Text- oder Grafikobjekt) mit der rechten Maustaste an.

2. Es öffnet sich ein kleines Kontextmenü, aus dem Sie den Eintrag mit der Bezeichnung Tag entfernen auswählen.

Möchten Sie eine Kategorie gegen eine andere austauschen, funktioniert das nur indirekt. Sie müssen zunächst wie beschrieben die Markierung löschen und dann eine neue setzen.

3.8.2 Die ToDo-Kategorie

Etwas spezieller ist die Kategorie ToDo. Sie erlaubt den Einsatz von OneNote als einfacher Aufgabenplaner. Die ToDo-Kategorie ist dazu gedacht, anstehende Aufgaben zu kennzeichnen oder als Erledigt zu markieren. Als Symbol wird dabei ein Kästchen verwendet, das sich per Mausklick mit einem Häkchen versehen lässt. Standardmäßig liegt diese Auszeichnung auf der ersten Position der Kategorienliste und ist daher mit der Tastenkombination Strg+1 erreichbar.

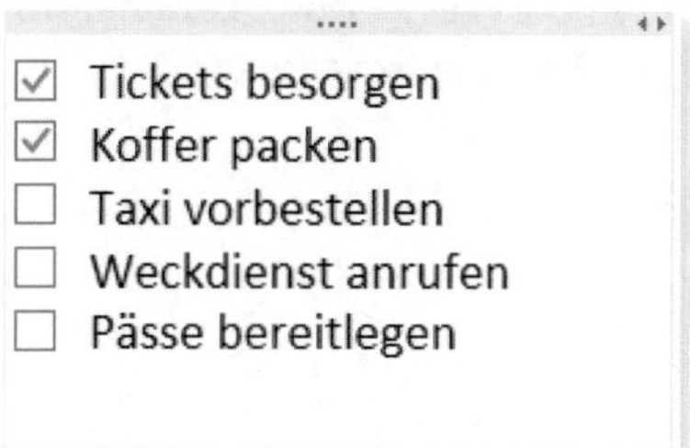

Abbildung 3.16 Die ToDo-Kategorie stellt Notizen quadratische Kästchen voran, die sich abhaken lassen.

Es gibt auch die Möglichkeit, den Aufgabenplaner von Microsoft Outlook mit OneNote zu verbinden. Die entsprechende Funktion hat nichts mit der hier beschriebenen ToDo-Kategorie zu tun. Mehr dazu lesen Sie in Kapitel 4, Zusammenspiel mit anderen Programmen.

3.8.3 Kategorien bearbeiten oder hinzufügen

Wenn Ihnen die Auswahl verfügbarer Kategorien nicht ausreicht, haben Sie unter OneNote 2013 die Möglichkeit, weitere zu definieren oder vorhandene zu verändern:

1. Klicken Sie mit der rechten Maustaste auf eine beliebige Kategorie der Auswahlliste im Abschnitt Kategorien der START-Symbolleiste.

2. Wählen Sie im zugehörigen Kontextmenü den Eintrag Kategorien anpassen aus.

3. Es öffnet sich ein Fenster mit einer Liste aller Kategorien. Mit den beiden Dreieckssymbolen am rechten Rand können Sie zunächst die Reihenfolge verändern. Das ist vor allem interessant für die obersten neun Einträge, denen jeweils ein Tastenkürzel zugeordnet ist.
4. Ein Klick auf das X-Symbol löscht die ausgewählte Kategorie.
5. Die beiden unteren Schaltflächen Neue Kategorie und Kategorie ändern führen zu einem weiteren Dialogfeld. Hier können Sie die Bezeichnung der Kategorie, das grafische Symbol und eventuelle Textauszeichnungen ändern oder definieren.

Das Dialogfeld zur Bearbeitung von Kategorien erreichen Sie auch auf alternativen Wegen:

- Öffnen Sie durch einen Rechtsklick irgendwo auf einer Notizseite das Kontextmenü. Im rechten oberen Bereich finden Sie die Schaltfläche für die Kategorien und an deren rechtem Rand ein nach unten zeigendes Dreieck. Ein Klick darauf öffnet die Liste aller Kategorien, an deren unterem Ende der Eintrag Kategorien anpassen steht.
- Diese Kategorienliste mit dem zusätzlichen Menüeintrag erscheint auch, wenn Sie in der START-Symbolleiste die rechte untere Ecke der Bildlaufleiste in der Kategorienauswahl anklicken.
- Ein weiterer Weg ist ein Rechtsklick auf ein vorhandenes Kategoriensymbol in einer Notiz. Es öffnet sich ein kurzes Kontextmenü, das unter anderem ebenfalls den Eintrag Kategorien anpassen enthält.

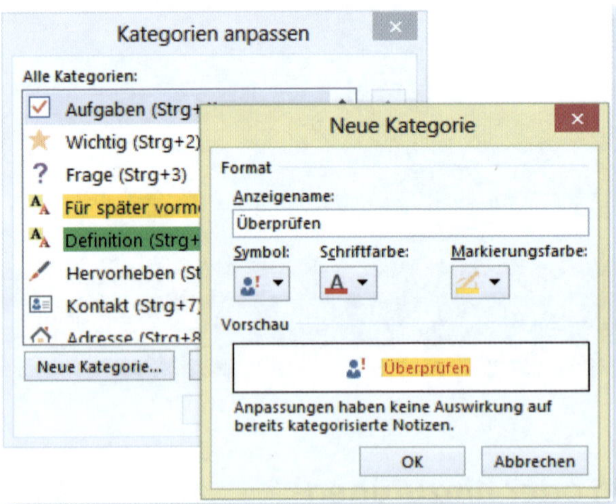

Abbildung 3.17 Die Auswahl vorhandener Kategorien lässt sich durch eigene Kategorien beliebig erweitern.

3.9 Dateien in Notizen einfügen

Nicht selten gehören zu dem, was Sie sich mithilfe von OneNote merken wollen, auch Dateien auf einem lokalen Datenträger oder im Netzwerk. OneNote kennt gleich drei verschiedene Methoden, um eine oder mehrere Dateien in eine Notiz einzubinden, die im Folgenden vorgestellt werden.

3.9.1 Dateien als Link einfügen

In Abschnitt 3.7.1 haben Sie bereits gelernt, wie Sie externe Links in eine Notiz einbauen. Das Ziel muss dabei nicht zwingend eine Webseite sein. Auch externe Ordner oder Dateien können das Ziel eines Links sein.

Vorteil: Es wird nur ein Verweis auf die Datei nebst exaktem Speicherort in der Notiz abgelegt, nicht aber die Datei selbst. Das spart Speicherplatz und – bei online gespeicherten Notizbüchern – auch Zeit bei der Übertragung.

Nachteil: Ändert sich der Dateiname oder der Speicherort, bekommt OneNote das nicht mit. Ein Klick auf den Link zur Datei führt ins Leere und zu einer Fehlermeldung.

So fügen Sie eine Datei als Link ein:

1. Setzen Sie die Einfügemarke an die gewünschte Position auf der Notizseite.
2. Klicken Sie in der Symbolleiste EINFÜGEN auf die Schaltfläche LINK. Wenn Sie möchten, können Sie zuvor einen Text in der Notiz markieren, der als Beschreibung für den Link dienen soll. Ansonsten verwendet OneNote den Dateinamen ohne Endung.
3. Es erscheint das schon aus Abschnitt 3.7 bekannte Dialogfeld LINK. Klicken Sie hier auf das gelbe Ordnersymbol ganz rechts neben dem Feld ADRESSE.
4. Im folgenden Dialogfeld MIT DATEI VERKNÜPFEN navigieren Sie zu der Datei, zu der Sie verlinken wollen, und wählen diese aus. Sie können auch mehrere Dateien markieren, indem Sie die [Strg]-Taste drücken und halten (wahlfreies Selektieren von Dateien) bzw. die [⇧]-Taste ebenso verwenden (Auswahl eines zusammenhängenden Listenbereichs).
5. Bestätigen Sie mit ÖFFNEN. Nun wird der Link angelegt.

Ein Klick auf den Link wird die Datei in der Windows-Standardanwendung öffnen, die dem jeweiligen Dateityp zugeordnet ist. Um den vollständigen Dateinamen und Speicherort zu sehen, zeigen Sie mit der Maus auf den Link. Die Informationen werden nach kurzer Verzögerung in einem Tooltip eingeblendet.

3.9.2 Dateien als Kopie einfügen

Die Alternative ist, eine Kopie der entsprechenden Datei physisch in die OneNote-Notiz einzubinden.

Vorteile: Es spielt keine Rolle, was mit dem Original auf dem Datenträger passiert. Die Version in der Notiz bleibt auf jeden Fall erhalten. Außerdem ziehen eingebettete Dateien gegebenenfalls mit dem OneNote-Notizbuch um – zum Beispiel, wenn Sie es von der lokalen Festplatte in Ihren SkyDrive-Speicher verlagern.

Nachteil: Je nach Größe der Dateien können solche Kopien den benötigten Speicherplatz für die OneNote-Notizbücher schnell aufblähen. Entsprechend langsamer verläuft auch die Synchronisation. Das macht sich besonders bei online gespeicherten Notizbüchern bemerkbar.

So fügen Sie eine Datei als Kopie ein:

1. Setzen Sie die Einfügemarke an die gewünschte Position der Notizseite.
2. Klicken Sie in der Symbolleiste EINFÜGEN auf die Schaltfläche mit der Büroklammer (DATEIANLAGE).
3. Im folgenden Dialogfeld navigieren Sie zu der Datei, die Sie einfügen möchten, und wählen diese aus. Auch hier ist eine Mehrfachselektion durch Drücken und Halten der [Strg]- oder [⇧]-Taste möglich.

> Es gibt keinerlei Verbindung zwischen der Kopie in OneNote und der Originaldatei auf dem Datenträger. Wenn Sie am Original irgendetwas ändern, wird OneNote-Kopie nicht synchronisiert, sondern bleibt auf dem Stand, den sie zum Zeitpunkt des Einfügens hatte. Für ein Dokumentenarchiv kann dieses Verhalten aber gerade erwünscht sein.

3.9.3 Datei als Ausdruck einfügen

Dateien, die gemäß einer der beiden oben beschriebenen Methoden in eine OneNote-Notiz eingefügt wurden, erscheinen nur als Platzhalter auf der Seite: also entweder als blauer, unterstrichener Linktext oder als Symbol mit Dateinamen. Um den Inhalt der Datei zu sehen, müssen Sie in beiden Fällen auf den Platzhalter klicken und die Datei vom zugehörigen Programm öffnen lassen.

Des Weiteren wird der Inhalt so eingebundener Dateien von der OneNote-Suchfunktion nicht berücksichtigt (siehe Kapitel 5, Suchen und finden). Es gibt aber noch einen dritten Weg, um bestimmte Dateien in eine Notizseite einzubinden. Der Inhalt der eingefügten Datei wird dabei so in der OneNote-Notiz angezeigt, wie ein Ausdruck der Datei aussehen würde.

Tatsächlich ist es sogar ein Ausdruck, den OneNote in dieser Variante anfertigt. Nur eben nicht auf Papier, sondern mithilfe eines speziellen Druckertreibers, der zur OneNote-Installation gehört.

Daraus ergibt sich schon einmal eine Einschränkung: Dateien, die Sie als Ausdruck in eine Notiz aufnehmen wollen, müssen auch druckbar sein. Es gibt also kein Problem bei Excel-Tabellen, PDF-Dateien, Textdokumenten oder Ähnlichem. Es klappt aber nicht mit Binärdateien (z. B. *EXE* oder *DLL*), Archiven (*ZIP*, *RAR* etc.), Audio- und Videodateien und anderem Datenmaterial, das nicht direkt auf Papier darstellbar ist.

Außerdem muss ein zum jeweiligen Dateityp passendes Programm installiert sein, das eine eigene Druckfunktion besitzt. Für PDF-Dateien brauchen Sie also einen PDF-Reader (die Windows-8-App zur PDF-Anzeige funktioniert allerdings nicht), für Textdokumente eine passende Textverarbeitung und so weiter.

Vorteile: Eine Datei, die Sie als Ausdruck in eine Notiz einbinden, zeigt sofort ihren Inhalt und ist damit natürlich weit aussagekräftiger als ein Link oder ein Platzhaltersymbol. Außerdem lässt sich der Inhalt, zumindest der lesbare Text, genau wie andere Notizbuchinhalte nach Stichwörtern durchsuchen (siehe Kapitel 5, Suchen und finden). Dafür sorgt die in OneNote integrierte Grafik-zu-Text-Umwandlung (OCR), die Sie bereits in Abschnitt 3.4 kennengelernt haben.

Nachteile: Es handelt sich beim eingefügten Objekt um eine reine Bitmapgrafik. Text oder sonstige Inhalte lassen sich nicht mehr bearbeiten, jedenfalls nicht direkt in OneNote. Außerdem werden die Ausdrucke im Standardpapierformat ausgegeben – normalerweise also in DIN-A4-Größe. Besteht die Originaldatei zudem aus mehreren Seiten, landen alle als separater Ausdruck in der Notiz. Das kostet gewaltig Platz. Als Grafikobjekte können Sie sie zwar nach Belieben verkleinern, das geht aber stark zu Lasten der Lesbarkeit.

So fügen Sie eine Datei als Ausdruck ein:

1. Setzen Sie die Einfügemarke an die gewünschte Position auf der Notizseite.
2. In der Symbolleiste EINFÜGEN klicken Sie im Abschnitt DATEIEN auf die Schaltfläche DATEIAUSDRUCK.
3. Im folgenden Dialogfeld navigieren Sie zu der Datei, die Sie einfügen möchten, und wählen diese aus. Sie dürfen auch mehrere Dateien durch Drücken und Halten der `Strg`- oder `⇧`-Taste markieren.
4. Starten Sie den Import mit einem Klick auf die Schaltfläche EINFÜGEN. OneNote wird nun versuchen, die gewünschte Datei mit dem zugehörigen Programm fremdzustarten und einen Ausdruck mit dem OneNote-Druckertreiber direkt in die aktuelle Notiz zu veranlassen. Das kann ein paar Sekunden dauern und wird durch einen Fortschrittsbalken angezeigt.

Wenn alles geklappt hat, sehen Sie nun einen Dateiausdruck als einzelnes Grafikobjekt für jede gedruckte Seite an der gewünschten Stelle in der Notiz. Handelt es sich jedoch um eine nicht druckbare Datei oder ist kein zum Dateityp passendes Programm in Windows eingerichtet, erscheint eine entsprechende Fehlermeldung.

OneNote hat mit Dateiausdrucken noch ein paar nette Tricks auf Lager, die teilweise neu in der 2013er-Version von OneNote hinzugekommen sind:

- Über der ersten Seite des Dateiausdrucks hat OneNote einen Link zur Originaldatei nebst passendem Programmsymbol und Dateinamen eingebaut. Ein Doppelklick darauf öffnet die Originaldatei in der zugehörigen Anwendung – ein DOC-File also beispielsweise in Microsoft Word. Dieser Link lässt sich nicht ändern wie herkömmliche Dateilinks. Sie können ihn aber zumindest als HTML-Link mit vorangestelltem *file://* in die Zwischenablage kopieren, um ihn im Klartext in die Notiz einzufügen. Der zugehörige Menübefehl im Kontextmenü (rechte Maustaste auf den Link) lautet LINK ZUM ORIGINAL KOPIEREN.
- Möchten Sie einen mehrseitigen Ausdruck wieder von der Notizseite löschen, müssen Sie nicht jedes einzelne Grafikobjekt entfernen. OneNote bietet einen Befehl, um alle Seiten auf einmal zusammen mit dem voranstehenden Link zu löschen. Klicken Sie dazu mit der rechten Maustaste auf den Link über der ersten Seite des Dateiausdrucks, und wählen Sie den Befehl AUSDRUCK ENTFERNEN.
- Für den Fall, dass sich der Inhalt der Originaldatei ändert, können Sie den Dateiausdruck aktualisieren, ohne die alte Fassung löschen zu müssen. Auch diese Funktion finden Sie im Kontextmenü des voranstehenden Links. Wählen Sie nach einem Rechtsklick den Eintrag AUSDRUCK AKTUALISIEREN.

Wie schon erwähnt wurde, können Sie Text innerhalb des Dateiausdrucks nicht direkt bearbeiten. OneNote kann ihn aber dank OCR-Mechanismus lesen und stellt alle erkannten Textelemente auf Wunsch in der Zwischenablage zur Verfügung, um sie zum Beispiel in einen eigenen Notizcontainer einzufügen. Es gibt allerdings keine Möglichkeit, vorab Textportionen des Ausdrucks zu selektieren. Diese Funktion überträgt den kompletten erkannten Textinhalt einer oder aller Seiten ohne die Originalformatierungen. Klicken Sie mit der rechten Maustaste auf eine Seite des Ausdrucks, und wählen Sie im Kontextmenü TEXT VON DIESER SEITE DES AUSDRUCKS KOPIEREN oder TEXT VON ALLEN SEITEN DES AUSDRUCKS KOPIEREN.

3.10 Formeln, Symbole und Rechenoperationen

Wer OneNote für Schule, Studium oder wissenschaftliche Arbeit einsetzt, wird am integrierten Formeleditor Gefallen finden. Aber auch, wenn mal nur ein paar Werte zusammengezählt oder eine einfache Prozentrechnung durchgeführt werden müssen, kann der Taschenrechner in der Schublade bleiben. OneNote beherrscht auch alle gängigen Rechenoperationen.

3.10.1 Rechnen mit OneNote

Leider bietet die Tabellenfunktion von OneNote keine Rechenfunktion, und auch die neue Möglichkeit, Excel-Tabellen einzubinden, erfordert einen Umweg. Einfache Rechenaufgaben löst OneNote dennoch auf Wunsch direkt im Text. Das ist ganz simpel:

1. Positionieren Sie die Einfügemarke an der gewünschten Stelle, zum Beispiel in einen vorhandenen oder neuen Notizcontainer oder auch in eine Tabellenzelle.

2. Tippen Sie jetzt einfach die zu lösende Gleichung ein. Geben Sie zum Beispiel »50+25=« ein, und drücken Sie dann entweder die [Leertaste] oder [⇧]. OneNote ergänzt die Formel automatisch um das Ergebnis, hier also: »50+25=75«. Brauchen Sie nur das Ergebnis, müssen Sie den Teil bis zum Gleichheitszeichen manuell löschen.

OneNote kennt folgende Operatoren und Funktionen:

Operator	Bedeutung	Beispiel
+	Addition	1+1
-	Subtraktion	1-1
x oder *	Multiplikation	1x1, 1*1
/	Division	1/1
%	Prozent	19%
^	Potenzierung	2^16
!	Fakultät	7!

Tabelle 3.1 Diese mathematischen Operatoren erkennt OneNote automatisch bei der Eingabe.

Außerdem verarbeitet OneNote folgende mathematische und trigonometrische Rechenfunktionen: ABS, ARCCOS, ARCSIN, ARCTAN, COS, DEG, LOG, LOG2, LOG10, REST, PI, PHI, RAD, SIN, WURZEL und TAN. In der Regel (außer bei PI und PHI) ist der zu berechnende Wert hinter der Funktion in Klammern einzugeben. Beispiel: SIN(Winkel).

> Falls Sie öfter mathematische Ausdrücke notieren, aber keine automatische Berechnung wünschen, können Sie diese Funktion abschalten. In der Backstage-Ansicht (Registerkarte DATEI) wählen Sie dazu OPTIONEN und dann ERWEITERT. Deaktivieren Sie das Kontrollkästchen MATHEMATISCHE AUSDRÜCKE AUTOMATISCH BERECHNEN.

3.10.2 Der Formeleditor

Komplexere mathematische und wissenschaftliche Ausdrücke lassen sich in OneNote mit dem integrierten Formeleditor recht einfach eingeben und ansprechend darstellen:

1. Positionieren Sie die Einfügemarke an der gewünschten Stelle in der Notiz.
2. In der Symbolleiste EINFÜGEN wählen Sie die Schaltfläche FORMEL. Klicken Sie entweder auf das kleine Dreieck unter dem Symbol für eine vorgefertigte Auswahl einiger gängiger Ausdrücke oder auf das Symbol selbst, um eine Formel einzutippen.
3. Die Symbolleiste wechselt nun zu einer umfassenden Auswahl von Formelzeichen und besonderen Symbolen. Im rechten Bereich wählen Sie Strukturen wie zum Beispiel Brüche oder Wurzeln aus. Das unten stehende Dreieckssymbol führt jeweils zu Variationen.
4. Im Abschnitt SYMBOLE finden Sie eine Auswahl gängiger Sonderzeichen aus Mathematik und Wissenschaft. Sie können diese Liste durch einen Klick auf das Symbol unterhalb der Bildlaufleiste rechts unten erweitern. Dann öffnet sich ein größeres Auswahlfenster mit einem Menü am oberen Rand, das Zugriff auf eine umfangreiche thematisch gegliederte Symbolbibliothek gewährt.
5. Klicken Sie sich die gewünschte Formel nach Belieben zusammen. Sie lässt sich innerhalb des Notizcontainers wie gewöhnlicher Text bearbeiten.

Sie können Formeln sogar per Hand zeichnen. Diese werden von OneNote (meistens) automatisch erkannt:

1. In der Symbolleiste FORMELTOOLS/ENTWURF klicken Sie auf FREIHANDGLEICHUNG. Das Freihandfenster öffnet sich. Zeichnen Sie den Ausdruck per Maus oder (viel besser) mit einem Grafiktablett oder Touchscreen in dieses Fenster.

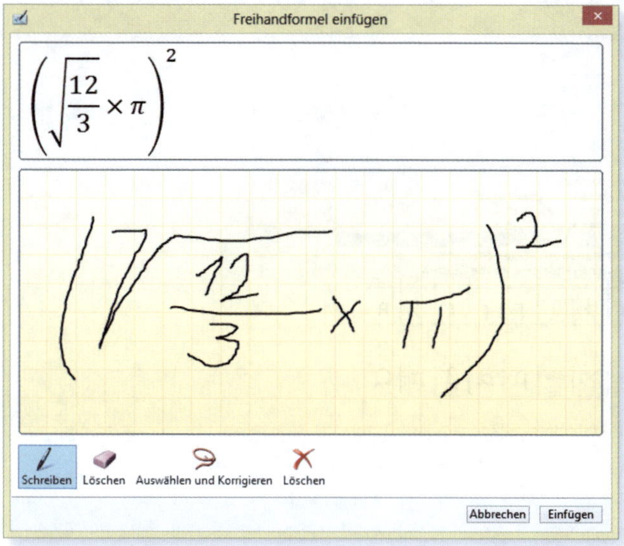

Abbildung 3.18 OneNote erkennt per Touchscreen, Stift oder Maus gezeichnete Formeln und Ausdrücke mit großer Sicherheit.

2. In der Vorschau oben überprüfen Sie, ob OneNote die Formel korrekt erkannt hat.
3. Mit dem Radiergummi löschen Sie einzelne Elemente; das Lasso erlaubt die Korrektur falsch erkannter Zeichen.
4. Die Schaltfläche EINFÜGEN überträgt die Formel dann sauber in Ihre Notiz.

3.10.3 Sonderzeichen in Notizen verwenden

Auch außerhalb von mathematischen Formeln kommt es vor, dass Sie ein spezielles Symbol oder ausländisches Zeichen brauchen. OneNote hält eine umfangreiche Auswahl aus vielen Themenbereichen und Sprachen bereit:

1. Klicken Sie in der Symbolleiste EINFÜGEN auf SYMBOL.
2. Es klappt ein Fenster mit einer noch recht übersichtlichen Auswahl gebräuchlicher Sonderzeichen auf.
3. Ist das gewünschte Zeichen nicht dabei, klicken Sie am unteren Rand dieser Auswahl auf WEITERE SYMBOLE.
4. Im folgenden Fenster haben Sie Zugriff auf weit mehr Sonderzeichen. In den oberen beiden Auswahllisten legen Sie den Zeichensatz und die Untergruppen fest – zum Beispiel Währungssymbole.
5. Wählen Sie das gewünschte Symbol aus, und klicken Sie auf EINFÜGEN.

> Wenn Sie sich den unten angegebenen internen Zeichencode eines häufig gebrauchten Zeichens merken, können Sie das Symbol künftig ohne Umweg über das Auswahlfenster verwenden. Tippen Sie einfach den vierstelligen Code ein (für das Euro-Zeichen lautet er zum Beispiel »20AC«), und drücken Sie dann [Alt] + [X]. Der eingegebene Code wird durch das gewünschte Zeichen ersetzt.

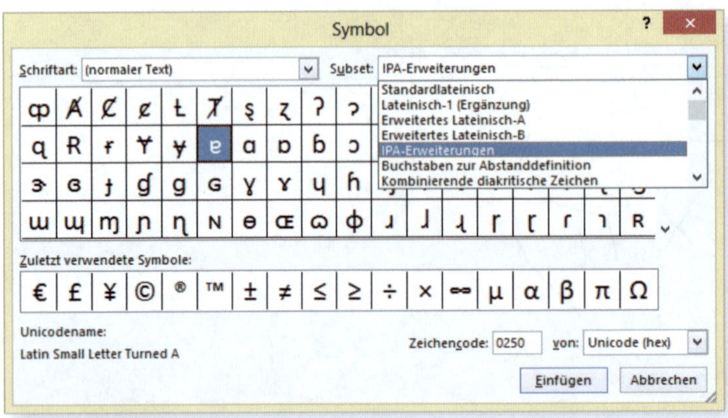

Abbildung 3.19 Die Symboldatenbank bietet eine riesige Auswahl an Sonderzeichen zum Einfügen in die Notizen.

3.11 Datum, Uhrzeit und Verfasser

Manchmal ist es interessant, einer bestimmten Notiz das aktuelle Datum und/oder die Uhrzeit hinzuzufügen. OneNote erledigt das nur in wenigen bestimmten Fällen automatisch (zum Beispiel bei eingefügten Web-Inhalten, siehe Kapitel 4, Zusammenspiel mit anderen Programmen). Das ist auch gut so, da ansonsten umfangreiche Notizzettel schnell unübersichtlich bis unlesbar würden. Daher setzen Sie einen Datums- oder Zeitstempel bei Bedarf manuell.

Ebenso wichtig kann es gelegentlich sein, den Verfasser eines bestimmten Abschnitts oder einer Anmerkung anzugeben. Dies gilt in erster Linie dann, wenn mehrere Personen an der Notiz arbeiten – egal, ob per Freigabe (mehr dazu lesen Sie in Kapitel 8, Teilen und Teamwork) oder abwechselnd am selben Rechner.

Beides geht flott von der Hand:

- In der Symbolleiste EINFÜGEN klicken Sie im Abschnitt ZEITSTEMPEL auf DATUM, ZEIT oder DATUM UND UHRZEIT – je nachdem, was Sie einfügen möchten.
- Den kompletten Zeitstempel zusammen mit Ihrem Namen erhalten Sie über den untersten Eintrag im Kontextmenü, das Sie mit der rechten Maustaste öffnen, während der Mauszeiger irgendwo im Notizbereich steht.

3.12 Audio- und Videonotizen

Nicht immer ist man in der Lage, alles, was man notieren möchte, in der Geschwindigkeit zu tippen, in der die Informationen hereinkommen – zum Beispiel beim Protokollieren von Sitzungen oder beim Führen von Interviews. Auch wenn man die Hände frei haben muss, bieten sich Audionotizen an. Sollen auch visuelle Eindrücke festgehalten werden (von der Präsentation bis zum Messebesuch oder der Urlaubsreise), sind Videoaufnahmen das Medium der Wahl.

Mit beiden Formaten kann OneNote umgehen. Und das geht deutlich über das bloße Speichern einer Audio- oder Videodatei auf der Notizseite hinaus.

3.12.1 Voraussetzungen und Formate

Um Audio- und Videonotizen abzuspielen, muss der Rechner mit einer Soundkarte nebst passendem Treiber und einem angeschlossenen Kopfhörer oder Lautsprecher ausgestattet sein.

Für die Aufzeichnung von Audionotizen ist zudem ein Mikrofon erforderlich. Es spielt grundsätzlich keine Rolle, ob das ein Tischmikrofon, ein in das Notebook integriertes Mikrofon oder ein Headset ist. Funktionell zumindest – die Aufnahmelautstärke und -qualität hängt ganz wesentlich von der Qualität des Mikrofons, dem Abstand zum Sprecher und von dessen Lautstärke ab.

Vergewissern Sie sich in der Systemsteuerung von Windows, ob das Mikrofon korrekt abgeschlossen und eingestellt ist. Unter Windows 7 öffnen Sie das Startmenü und geben in das Eingabefeld »Mikrofon ein« ein. Wählen Sie dann in den Suchergebnissen den Eintrag MIKROFON EINRICHTEN aus. Unter Windows 8 tippen

Sie den Suchbegriff direkt auf der Startseite ein. Folgen Sie dann den Anweisungen des Assistenten zum Einrichten des Mikrofons.

Möchten Sie auch Videoaufzeichnungen mit OneNote vornehmen, brauchen Sie natürlich eine Kamera oder ein anderes Videoaufzeichnungsgerät (zum Beispiel einen Videozuspieler in Form eines Camcorders). In der Regel wird es sich wohl um eine Webcam handeln, die per USB angeschlossen oder in den Notebook- oder Tablet-PC-Rahmen eingebaut ist. In jedem Fall muss auch hier der korrekte Windows-Treiber eingerichtet sein.

Als Dateiformat für Audio-Aufnahmen verwendet OneNote grundsätzlich WMA (Windows Media Audio) und für Videos WMV (Windows Media Video). Die eingesetzten Codecs und damit die Aufnahmequalität und der Speicherbedarf lassen sich in der Backstage-Ansicht (auf DATEI klicken) unter Optionen/Audio und Video einstellen.

3.12.2 Audio- oder Videonotizen aufzeichnen und abspielen

Eine neue Audio- oder Videoaufnahme fügen Sie – die richtige Aufnahmehardware vorausgesetzt – genauso einfach in eine Notiz ein wie andere Objekte:

1. Setzen Sie die Einfügemarke an eine passende Stelle auf der Notizseite.

2. Wählen Sie in der Symbolleiste EINFÜGEN die Schaltfläche Audio aufnehmen beziehungsweise Video aufnehmen. Die Aufnahme beginnt sofort ohne weitere Bestätigung. Gleichzeitig ist ein neuer Notizcontainer entstanden, der ein Kopfhörer- oder Kamerasymbol und den Text *Audio-* bzw. *Videoaufzeichnung gestartet* enthält, gefolgt von Uhrzeit und Datum.

3. Gleichzeitig hat die Symbolleiste ihren Inhalt gewechselt. Sie enthält jetzt Schaltflächen zum Abspielen, Pausieren, Stoppen, Vor- und Zurückspulen und ein Feld mit der aktuellen Aufnahmedauer.

4. Beenden Sie die Aufnahme mit einem Klick auf die entsprechende Schaltfläche mit dem Quadrat-Symbol.

Und so spielen Sie gespeicherte Aufzeichnungen ab:

1. Klicken Sie auf das zugehörige Kopfhörer- oder Kamerasymbol.

2. Wählen Sie jetzt das Wiedergabe-Symbol in der Symbolleiste WIEDERGABE. Es gibt hierzu aber auch gleich drei Alternativen: Zum einen erscheint bei markiertem Audio- oder Video-Symbol eine kleine Leiste rechts oberhalb davon mit den entsprechenden Schaltflächen. Es gibt aber auch beim Zeigen mit der Maus auf den entsprechenden Container ein kleines Play-Symbol in einem Kreis neben dem linken Rand des Rahmens. Außerdem enthält auch das Kontextmenü einen Befehl Abspielen.

3. Zum Unterbrechen, Anhalten, Vor- oder Zurückspulen klicken Sie auf die korrespondierenden Schaltflächen.

Obwohl OneNote für eigene Aufnahmen das WMA-Format verwendet, lassen sich auch bereits vorhandene Audiodateien einbinden, zum Beispiel Podcasts oder Aufzeichnungen von einem Handy oder Diktiergerät. Verfahren Sie dazu nach der Anleitung zum Integrieren externer Dateien Abschnitt 3.9.2. Bei vielen Formaten (zum Beispiel MP3 oder WAV) wird auch das im nächsten Abschnitt beschriebene Verlinken mit Textnotizen klappen.

3.12.3 Notizen mit Audio und Video verlinken

Eine geniale Funktion ist das Verlinken von getippten Notizen mit bestimmten Stellen in längeren Audio- oder Videoaufzeichnungen. Stellen Sie sich zum Beispiel vor, Sie schneiden einen längeren Vortrag oder ein Meeting mit. Während der Aufnahme oder auch erst später beim Abhören notieren Sie sich in OneNote per Tastatur wichtige Einzelheiten. Das könnte zum Beispiel ein Sprecherwechsel oder der Beginn eines bestimmten Themas sein oder auch eine Information, die Sie später noch nachprüfen wollen. Oder Sie möchten in einer Videodatei bestimmte Szenenanfänge markieren. All das geht im Prinzip vollautomatisch:

1. Starten Sie die Aufnahme eines neuen Videos oder einer neuen Audioaufnahme, oder spielen Sie eine vorhandene Mediendatei ab.

2. An der Stelle, zu der Sie sich etwas notieren möchten, tippen Sie einfach den entsprechenden Text in einen beliebigen Notizcontainer. Ein neuer Absatz startet eine neue Referenz zur gerade abgespielten Stelle.

Wenn Sie während des Abhörens die Pause-Taste drücken, um mehr Zeit für das Tippen der Notiz zu haben, wird während der Pause die aktuelle Audio- oder Videoposition leider nicht festgehalten. Diese Funktion erfordert eine laufende Wiedergabe. Sobald Sie die Wiedergabe fortsetzen, werden getippte Notizen wieder verlinkt. Behelfen Sie sich gegebenenfalls mit der Taste 10 Sekunden zurückspulen, bei Bedarf mehrfach.

Und das können Sie mit den zu bestimmten Audio- oder Videopositionen gespeicherten Notizen machen:

- Wenn Sie die komplette Audioaufnahme abspielen, hinterlegt OneNote immer dann, wenn eine Stelle mit einer dazu gespeicherten Anmerkung kommt, den zugehörigen Text mit einem grauen Balken.

- Bewegen Sie den Mauszeiger über einen Text, der zu einem Abschnitt einer Audio- oder Videoaufnahme gehört. Links neben dem üblicherweise erscheinenden grauen Fünfeck für die Absatzeinrückung taucht jetzt zusätzlich ein Play-Symbol auf. Das ist ein graues Dreieck mit der Spitze nach rechts, das in einem Kreis sitzt. Klicken Sie mit der linken Maustaste darauf, um die betreffende Stelle in der Aufzeichnung direkt abzuspielen.

Die Wiedergabe beginnt nicht exakt an der verlinkten Stelle, sondern etwa fünf Sekunden vorher. Diesen Wert können Sie problemlos verändern: Klicken Sie auf Audio- und Videoeinstellungen in der Symbolleiste WIEDERGABE, oder wählen Sie den gleichnamigen Abschnitt der Optionen in der Backstage-Ansicht. Ganz oben rechts findet sich die Einstellung für den zeitlichen Vorlauf. Standardmäßig sind hier fünf Sekunden gewählt. Ändern Sie den Wert nach Belieben, und klicken Sie dann auf OK.

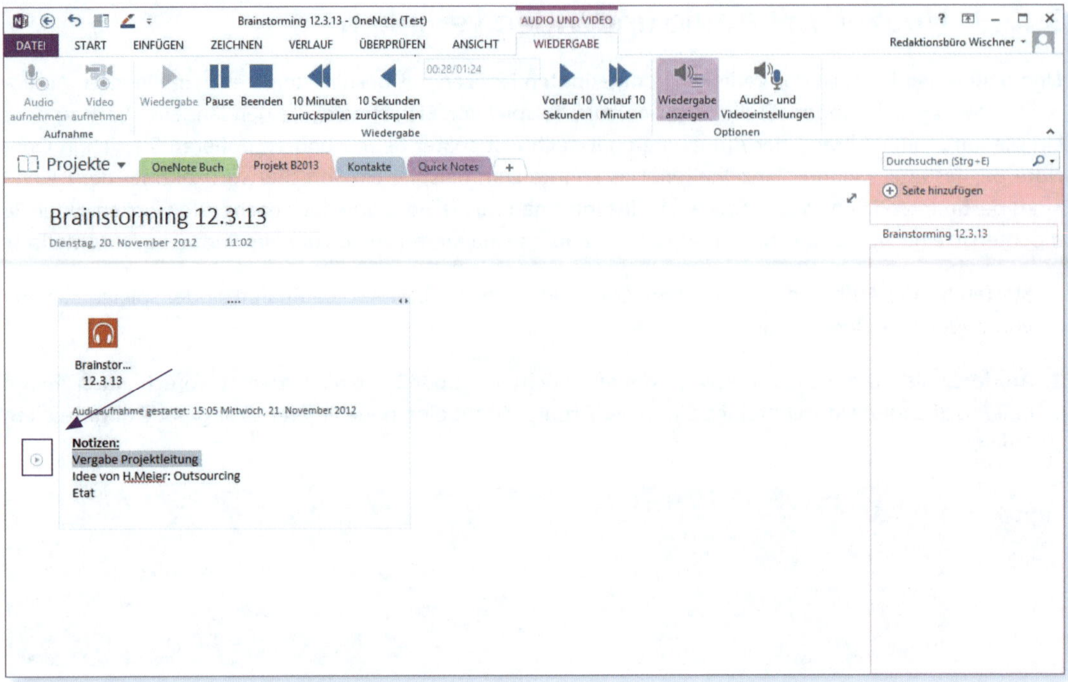

Abbildung 3.20 Während des Abspielens oder Aufzeichnens von Audionotizen eingetippter Text wird mit der entsprechenden Aufnahmestelle verbunden.

Beim ersten Anlegen einer Audio- oder Videonotiz macht OneNote das Angebot, die Suchfunktion innerhalb von Aufzeichnungen zu aktivieren (mehr dazu lesen Sie in Kapitel 5, Suchen und finden). Diese Einstellung lässt sich unter AUDIO- UND VIDEOEINSTELLUNGEN in der Symbolleiste WIEDERGABE oder im gleichnamigen Abschnitt der OPTIONEN in der Backstage-Ansicht jederzeit ändern.

3.13 Zeichnungen und Handschriftnotizen

Die sicher natürlichste Art, Gedanken als Notizen festzuhalten, ist per Hand – also mit Stift und Papier. Und da sich OneNote primär als Ersatz für das herkömmliche Notizbuch versteht, fehlen auch ausgefeilte Funktionen für das freihändige Zeichnen, Markieren und Schreiben nicht.

Allerdings machen die meisten davon auf einem herkömmlichen PC mit Tastatur und Maus relativ wenig Sinn. Das wird jeder bestätigen können, der schon einmal versucht hat, in einem Grafikprogramm mit zittriger Linie eine bestimmte Form per Maus zu zeichnen oder sich gar an einen Schriftzug gewagt hat.

Erst mit einem passenden Eingabegerät spielen die Freihandfunktionen von OneNote ihre Stärke aus. Das heißt, Sie brauchen einen Tablet-PC, einen PC oder Notebook mit Touchscreen (idealerweise mit zusätzlicher Stiftbedienung) oder wenigstens ein Grafiktablett.

Ganz sinnfrei ist die Palette der Möglichkeiten, die die Symbolleiste ZEICHNEN bietet, dennoch auch für Mausnutzer nicht. So finden sich hier zum Beispiel allerlei geometrische Formen, wie etwa Pfeile, um auf bestimmte Abschnitte besonders hinzuweisen. Sie lassen sich auch mit der Maus problemlos und präzise platzieren.

3.13.1 Formen und Symbole einfügen

Ein grafisches Element, etwa ein farbiger Rahmen, hebt manchmal wichtige Texte besser hervor als Textauszeichnungen wie fett, unterstrichen oder die Textgröße.

Gerade, wenn man gemeinsam mit anderen an einem freigegebenen Notizbuch arbeitet (mehr dazu folgt in Kapitel 8, Teilen und Teamwork), helfen Linien oder Pfeile, einen Kommentar ganz deutlich einem bereits vorhandenen Text zuzuordnen.

OneNote bietet hierfür einige grafische Grundelemente, die sich auch mit einer Maus ganz einfach erzeugen, gestalten und platzieren lassen:

1. In der Symbolleiste ZEICHNEN finden Sie den Abschnitt FORMEN. Wählen Sie hier die gewünschte Grundform, etwa einen Pfeil mit einer oder zwei Spitzen, ein Quadrat oder einen Kreis aus.
2. Ziehen Sie die Form auf dem Notizblatt mit gedrückter linker Maustaste auf. Sie muss dabei noch nicht an der richtigen Stelle stehen.
3. Das Objekt erhält automatisch einen Grafikrahmen, und der Mauszeiger ändert seine Form in die vier Pfeile zum Verschieben von Objekten, solange er innerhalb des Rahmens steht. Schieben Sie den Rahmen an den gewünschten Platz. Durch Ziehen an den Rändern oder Ecken können Sie auch die Größe noch beliebig ändern.
4. Im Abschnitt STIFTE der Symbolleiste ZEICHNEN finden Sie eine Auswahl voreingestellter Stiftfarben und Strichbreiten. Ein Klick auf das kleine Dreieck mit dem Querstrich rechts unterhalb der Bildlaufleiste klappt die komplette Auswahl auf. Suchen Sie sich einen passenden Stift aus. Mehr Einstellmöglichkeiten erhalten Sie mit einem Klick auf das Farbkreissymbol FARBE UND STÄRKE. Im folgenden Fenster können Sie beides auswählen und mit einem Klick auf OK bestätigen.

Sie dürfen den Schritt 4 auch vorziehen und zuerst die Farbe und Linienstärke einstellen und dann das Objekt auswählen und zeichnen. Beides lässt sich nachträglich jederzeit ändern. Sie brauchen dazu lediglich das betreffende Objekt mit der linken Maustaste anzuklicken, damit es wieder den Positionsrahmen erhält. Nun lassen sich sowohl die Position und Größe als auch die Linienattribute ändern. Bei Letzterem hilft auch das nun automatisch am Objekt eingeblendete Menü, das unter anderem ein Symbol für die STIFTEIGENSCHAFTEN bietet.

3.13.2 Zeichnen, markieren und skizzieren

Sie sind natürlich nicht auf die vorgegebenen grafischen Formen festgelegt, sondern können auf in OneNote praktisch genauso frei zeichnen, malen oder skizzieren wie mit Papier und Stift.

Wie bereits erwähnt wurde, klappt das allerdings mit der Maus im Gegensatz zu Stift- oder Fingereingabe per Grafiktablett oder Touchscreen nur unzureichend, wenn Sie nicht über eine ausgesprochen ruhige

Hand, eine sehr hochwertige Maus und ausgeprägte Feinmotorik verfügen. Probieren Sie es einfach mal aus:

1. Stellen Sie sicher, dass in der Symbolleiste ZEICHNEN ganz links die Funktion TYP aktiviert ist.
2. Suchen Sie sich eine Stiftbreite und -farbe aus. Anstelle eines Zeichenstifts können Sie auch einen Textmarker wählen, um vorhandene Textstellen durch einfaches Übermalen hervorzuheben. Das klappt übrigens auch mit einer Maus noch ganz gut.
3. Zeichnen Sie nun mit gedrückter linker Maustaste auf das Blatt. Sie dürfen Ihre Striche frei positionieren (auch über vorhandene Notizcontainer), jederzeit Stiftart, -dicke und -farbe wechseln und fehlerhafte Teile schrittweise mit der Rückgängig-Funktion aus der Schnellzugriffsleiste oder mit der Tastenkombination `Strg` + `Z` rückgängig machen.

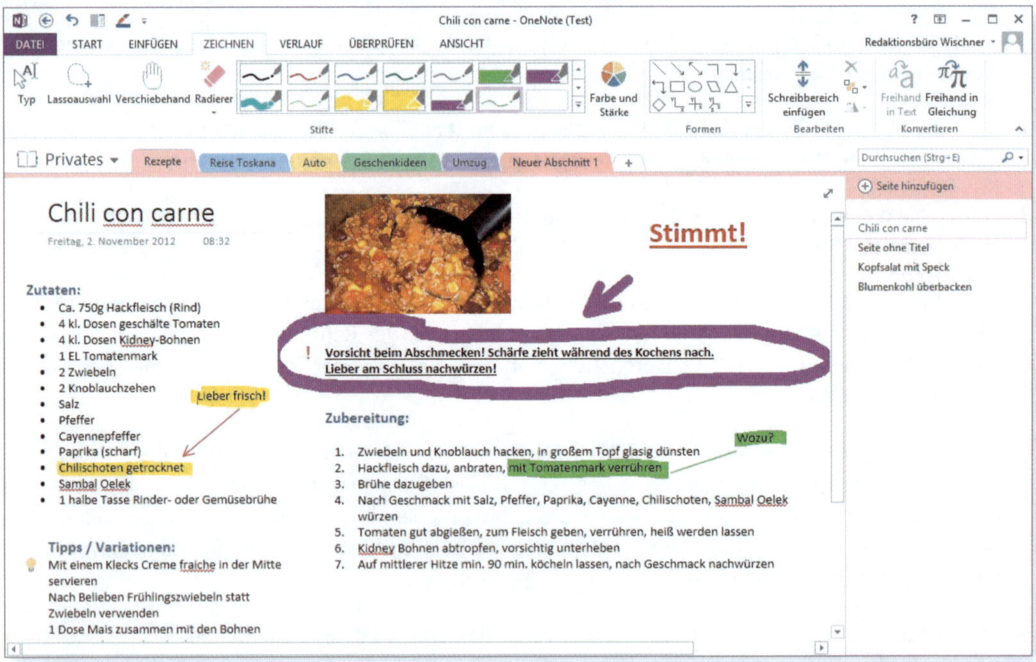

Abbildung 3.21 Per Tablet-PC, Stift oder Maus können Sie nach Belieben auf Notizseiten malen, markieren oder geometrische Formen einfügen.

> Wenn Sie die Textmarker-Funktion nutzen, wird die Markierung durch mehrmaliges Übermalen derselben Stelle kräftiger. Mit der Rückgängig-Funktion entfernen Sie einzelne Schichten wieder.

3.13.3 Handschriftliche Notizen

Eine ganz besondere Stärke von OneNote ist der Umgang mit handschriftlichen Notizen. Technisch gesehen sind sie nichts anderes als das im vorigen Abschnitt beschriebene Freihandzeichnen. Die Vorgehensweise ist exakt dieselbe, nur dass Ihre Freihandmalereien eben Text bilden. Spätestens hier erweist sich die Maus als Eingabegerät indes als völlig unzureichend. Handschriftnotizen sind ganz klar die Domäne von Tablet-PCs oder Touchscreens, idealerweise mit Stiftbedienung. Auch mit einem Grafiktablett anstelle der Maus klappt es noch ganz gut, wenn man sich damit anfreunden kann, quasi blind auf dem Schreibtisch zu schreiben. Die Touchpads von Notebooks sind dagegen viel zu klein und lösen Bewegungen zu grob auf.

OneNote ist nicht nur in der Lage, handschriftliche Textnotizen bei der Suche nach Begriffen (siehe Kapitel 5) einzuschließen, sondern kann diese auch in normale Textobjekte umwandeln:

1. Selektieren Sie den entsprechenden Handschriftentext mit der Maus. Das geht durch einfaches Anklicken oder mit den alternativen Methoden für das Auswählen von Grafikobjekten (siehe Abschnitt 3.13.4).

2. In der Symbolleiste ZEICHNEN klicken Sie auf die Schaltfläche Freihand in Text beziehungsweise Freihand in Gleichung. Das Umwandeln klappt nämlich auch mit Rechenausdrücken oder mathematischen Formeln und öffnet das zugehörige Dialogfeld, das Sie im Abschnitt 3.10.2 bereits kennengelernt haben. Beide Befehle finden Sie auch im Kontextmenü, das Sie per Rechtsklick auf das Grafikobjekt öffnen.

3. Der handschriftliche Text wird daraufhin gelöscht und durch ein normales Textobjekt mit dem (hoffentlich) selben Inhalt ersetzt.

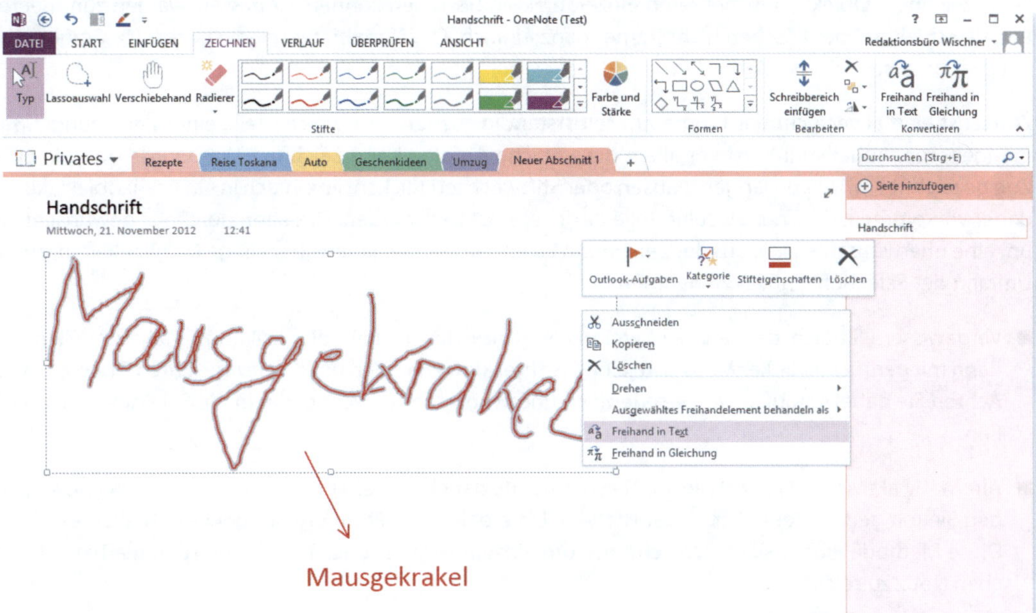

Abbildung 3.22 Mit einer fast schon unheimlichen Sicherheit wandelt OneNote handschriftliche Notizen in Textelemente um.

Sind die Befehle FREIHAND IN TEXT oder FREIHAND IN GLEICHUNG nicht wählbar (grau dargestellt), ist das entsprechende Objekt vermutlich als reine Grafik gekennzeichnet. Klicken Sie es mit der rechten Maustaste an, und wählen Sie AUSGEWÄHLTES FREIHANDOBJEKT BEHANDELN ALS und im darauf zusätzlich erscheinenden Auswahlmenü den Eintrag HANDSCHRIFT.

Standardmäßig wird jedes Objekt, das mit den Zeichentools der Symbolleiste ZEICHNEN erzeugt wurde, als mögliche Handschrift angesehen. Dieses Verhalten können Sie ändern, was allerdings vor allem Einfluss auf bestimmte Funktionen zur Selektion grafischer Objekte hat (siehe nächster Abschnitt):

1. In der Auswahl der Stifte und Textmarker auf der ZEICHNEN-Symbolleiste klicken Sie auf das Dreieckssymbol in der rechten unteren Ecke unterhalb der Bildlaufleiste, um die Übersicht aller voreingestellten Stiftdicken und -farben auszuklappen. Ganz unten wählen Sie den Menüpunkt STIFTMODUS.

2. Wählen Sie nun aus, ob OneNote jedes gezeichnete Grafikobjekt grundsätzlich als Zeichnung, Handschrift oder beides (Standard) behandeln soll.

3. Anstatt diese Einstellung grundsätzlich für alle Objekte vorzunehmen, können Sie sie auch individuell einem einzelnen Objekt zuweisen. Markieren Sie das Grafikobjekt, öffnen Sie das Kontextmenü mit der rechten Maustaste, und wählen Sie unter AUSGEWÄHLTES FREIHANDELEMENT BEHANDELN ALS die entsprechende Option.

3.13.4 Korrigieren, verschieben und löschen

Da gezeichnete Objekte aus mehreren Einzelobjekten bestehen können, ist das Auswählen zum Bearbeiten, Verschieben oder Löschen nicht immer ganz einfach. OneNote bietet daher speziell für Grafikobjekte ein paar unterschiedliche Methoden.

Zunächst einmal versucht das Programm selbstständig zuzuordnen, welche Teile einer Zeichnung zusammengehören. Anhaltspunkt ist vor allem die zeitliche Abfolge beim Zeichnen. Was wurde quasi in einem Zug gezeichnet, wo waren längere Pausen oder Stiftwechsel? Klicken Sie einfach in ein Grafikobjekt, kann es daher vorkommen, dass nur einzelne Teile (Striche) selektiert werden. Das kann durchaus gewünscht sein, um eine unerwünschte Linie aus der Zeichnung zu entfernen. Sie haben aber einige Möglichkeiten, auf den Umfang der Selektion Einfluss zu nehmen:

- Vergewissern Sie sich, dass auf der Symbolleiste ZEICHNEN ganz links die Funktion TYP aktiv ist. Ziehen Sie dann mit gedrückter linker Maustaste einen rechteckigen Rahmen um die gewünschten Grafikelemente. Achten Sie dabei darauf, nicht versehentlich unerwünschte Notizcontainer in die Selektion einzuschließen.

- Alternativ aktivieren Sie anstelle von TYP das rechts daneben stehende Symbol LASSOAUSWAHL. Dann können Sie mit gedrückter linker Maustaste eine Linie beliebiger Form um das gewünschte Objekt ziehen. Diese Methode eignet sich auch sehr gut, um einzelne Wörter oder Textabschnitte einer handschriftlichen Notiz zu selektieren.

Eine Möglichkeit, um unerwünschte Teile einer Zeichnung oder Handschriftnotiz zu löschen, ist erwartungsgemäß das Selektieren mit einer der vorgenannten Methoden und ein Druck auf die Entf-Taste. Alternativ können Sie auch das Kreuz aus der Mini-Symbolleiste verwenden, die sich beim Markieren eines Grafikobjekts direkt daneben öffnet.

Wollen Sie dagegen nur bestimmte Teile einer Zeichnung entfernen, hilft dabei der Radierer:

1. Klicken Sie in der Symbolleiste ZEICHNEN auf das kleine Dreieck unterhalb der Schaltfläche RADIERER.
2. Wählen Sie eine Radierergröße (KLEIN, MITTEL oder GROSS) aus.
3. Ziehen Sie nun mit gedrückter linker Maustaste die Maus über die Teile einer Zeichnung, die Sie entfernen wollen.

Anstatt einer Radierergröße können Sie auch im Dropdown-Menü der Schaltfläche RADIERER den Eintrag PINSELSTRICHRADIERER wählen. Er ist dazu gedacht, ganz gezielt einzelne Linien oder andere Formen zu entfernen, die Sie zuvor in einem Zug gezeichnet hatten. Die übrigen Grafikelemente bleiben dabei unbeschädigt.

Kurz notiert

- OneNote erlaubt völlige Freiheit, wo Sie auf einer Seite etwas hinzufügen.
- Außer Text lassen sich in Notizseiten Bilder, Webseitenauszüge, Links, Dateien, Zeichnungen, Handschrift, Formeln, Audio- und Videoclips aufnehmen.
- Notizen, die Sie während des Aufzeichnens oder Abspielens von Audionotizen gemacht haben, werden mit den entsprechenden Stellen verknüpft.
- Freihandnotizen wandelt OneNote auf Wunsch in Text um.

4

Zusammenspiel mit anderen Programmen

- *Daten aus anderen Programmen in OneNote festhalten*
- *Bildschirmausschnitte und schnelle Notizen*
- *Dock-Modus und verknüpfte Notizen*
- *Zusammenspiel mit MS Outlook*

In Kapitel 3 haben Sie erfahren, wie Sie im OneNote-Editor alle Arten von Informationen und Objekten ablegen. In der Praxis wird es aber nicht immer so sein, dass OneNote der Ausgangspunkt Ihrer Arbeit ist. Vielmehr sind Sie im Internet unterwegs, bearbeiten ein Office-Dokument, lesen E-Mails oder nutzen ein anderes Programm, wenn Sie mal eben etwas notieren möchten.

Wohl dem, der sich zwei Monitore gönnt und das, was er in einer Notiz festhalten möchte, ganz einfach per Drag&Drop in eine OneNote-Notiz auf dem Zweitbildschirm verschieben kann. Das dürfte – zusammen mit der Zwischenablage – vermutlich auch der häufigste Weg sein, ist aber nicht der einzige. Vor allem aus Microsoft Word, Outlook und PowerPoint, aber auch aus Webbrowsern und anderen Programmen gibt es noch bequemere Wege, bei denen Sie OneNote oft nicht einmal zu öffnen brauchen. Sie schieben alles, was Sie festhalten möchten, einfach in das gewünschte Notizbuch – aus den Augen, aber auf ewig im Sinn. Dabei brauchen Sie Ihre eigentliche Beschäftigung (fast) nicht zu unterbrechen.

Dieses Kapitel zeigt Ihnen alle Möglichkeiten, wie Sie beliebige Texte, Bilder, Links und sonstige Informationen direkt an OneNote schicken.

4.1 Zwischenablage und Drag&Drop

Eine naheliegende und in vielen Fällen auch durchaus praktikable Methode, um Text- oder Grafikinhalte aus anderen Windows-Anwendungen in ein OneNote-Notizblatt zu bringen, ist das direkte Verschieben mit der Maus (Drag&Drop) oder die damit eng verwandte Methode über die Zwischenablage.

4.1.1 Ziehen und ablegen

Simpel und intuitiv – einer der großen Vorteile der grafischen Benutzeroberfläche mit Maussteuerung ist von jeher die Drag&Drop-Funktion. Sie nehmen einen Textausschnitt oder ein Bild mit der Maus auf, bewegen den Mauszeiger mit gedrückter linker Maustaste an die gewünschte Zielposition (auch in einem anderen Fenster oder Programm) und legen das Objekt dort durch Loslassen der Maustaste ab. Dabei entsteht im Normalfall eine Kopie – das Original bleibt an seinem Platz.

Das funktioniert natürlich auch mit OneNote. Dabei ist es hilfreich, aber nicht zwingend notwendig, wenn das Ursprungs- und das Zielfenster gleichzeitig im Blick sind. Ideal ist natürlich ein Zweitmonitor, auf dem das OneNote-Fenster liegt. Sie können aber auch die beteiligten Fenster verkleinern, um beide gleichzeitig sichtbar zu machen. Oder Sie nutzen die praktische Windows-Funktion (seit Version 7), Fenster an den linken, oberen, rechten oder unteren Bildschirmrand anzudocken, indem Sie sie einfach mit der Maus dort hinziehen. Apropos andocken: Auch der Dock-Modus von OneNote (siehe den Abschnitt 4.6.1) eignet sich sehr gut für das Übertragen von Daten per Drag&Drop.

Aber auch, wenn Sie den Platz für beide Fenster nicht haben, klappt das Ziehen und Ablegen. Voraussetzung ist, dass OneNote bereits läuft und das Fenster entweder minimiert ist oder verdeckt im Hintergrund liegt. Außerdem muss die Seite bereits geöffnet sein, in die Sie den Inhalt aus einem anderen Programm einfügen wollen.

1. Markieren Sie im Ursprungsfenster, etwa Ihrem Webbrowser, den zu kopierenden Textabschnitt. Grafiken und manch andere Objekte müssen Sie meist nicht markieren – sie lassen sich direkt mit der Maus aufnehmen (abhängig von der jeweiligen Anwendung).

2. Klicken Sie den markierten Bereich mit der linken Maustaste an, und halten Sie sie gedrückt.

3. Bewegen Sie die Maus (mit immer noch gedrückter Taste) auf das OneNote-Symbol in der Windows-Taskleiste am unteren Rand. Daraufhin öffnet sich das OneNote-Fenster im Vordergrund. Alternativ können Sie auch die Tastenkombination [Alt]+[Tab] oder (in Windows 7) [Win]+[Tab] so oft drücken, bis das OneNote-Fenster erscheint. Sie halten dabei immer noch die linke Maustaste fest!

4. Auf der nun im Vordergrund liegenden OneNote-Seite bringen Sie den Mauszeiger an die gewünschte Zielposition und lassen die Maustaste los.

Übertragener Text wird mit dieser Methode seine Formatierung (Schriftgröße, -art, -auszeichnungen) im Normalfall behalten. Haben Sie beispielsweise einen markierten Hyperlinktext aus einem Webbrowser übertragen, bleibt auch seine Link-Funktion bestehen.

4.1.2 Übertragen per Zwischenablage

Ein wenig flexibler als Drag&Drop ist die Übertragung von Inhalten aus anderen Anwendungen in OneNote per Zwischenablage. Der wesentliche Unterschied – außer der etwas anderen Vorgehensweise – ist die Kontrolle über die Textformatierungen.

1. In der Anwendung, von der Sie Text, Grafik oder andere Objekte übertragen wollen, markieren Sie das entsprechende Element, zum Beispiel einen Textabschnitt.

2. Wählen Sie dann den Befehl der jeweiligen Anwendung zum Kopieren in die Zwischenablage. Sehr häufig findet er sich in einem Menü namens BEARBEITEN oder EDIT oder im Kontextmenü, das Sie mit der rechten Maustaste aufrufen, und heißt KOPIEREN oder COPY. Fast immer funktioniert auch die Tastenkombination [Strg]+[C].

3. Wechseln Sie in das OneNote-Fenster, und öffnen Sie dort gegebenenfalls die Notizseite, auf der Sie den Inhalt einfügen wollen.

4. Setzen Sie die Einfügemarke an die gewünschte Position. Das darf ein bestehender Notizcontainer sein oder eine freie Stelle auf dem Notizblatt zur Erzeugung eines neuen Containers.

5. Wählen Sie aus der Symbolleiste START die Schaltfläche EINFÜGEN. Alternativ drücken Sie die Tastenkombination [Strg]+[V].

Wenn es sich beim per Zwischenablage übertragenen Objekt um Text handelt, stehen beim Einfügen noch weitere Optionen zur Verfügung. Es geht dabei darum, ob der übertragene Text seine ursprüngliche Formatierung behalten soll. Sie können Textobjekte beim Einfügen sogar in eine Grafik verwandeln.

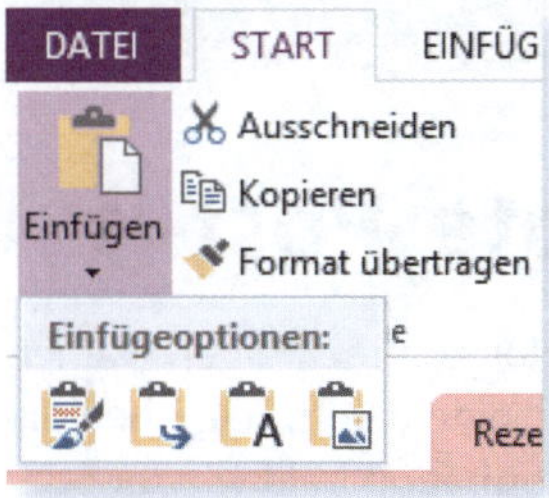

Abbildung 4.1 Die Einfügeoptionen bestimmen zum Beispiel, ob per Zwischenablage eingefügter Text seine ursprüngliche Formatierung behält.

Klicken Sie bei Punkt 5 der vorherigen Anleitung nicht auf die Schaltfläche Einfügen in der Symbolleiste START, sondern auf das kleine Dreieck direkt darunter. Es klappt ein Minimenü mit vier Klemmbrett-Symbolen und jeweils einem zusätzlichen Zeichen auf, in dem Sie die gewünschte Einfügemethode auswählen:

- Der Pinsel steht für Ursprüngliche Formatierung beibehalten. Angenommen, der Originaltext, den Sie zum Beispiel aus einer Textverarbeitung kopieren, ist in der Schrift Arial in 12 Punkt Größe und fett formatiert. Mit dieser Option würde er genau dieselben Auszeichnungen in der OneNote-Notiz beibehalten – egal, wie der restliche Text eines eventuell schon vorhandenen Absatzes aussieht. Diese Option ist standardmäßig eingestellt, wird also verwendet, wenn Sie nicht explizit eine andere Methode wählen.

- Die Option Formatierung zusammenführen, gekennzeichnet durch einen blauen Pfeil nach rechts, versucht beide Formatierungen zu verbinden. Im genannten Beispiel bliebe dann die fette Auszeichnung erhalten, die Schriftart und -größe ändern sich aber in die des bereits vorhandenen Textes.

- Der Buchstabe A im Symbol kennzeichnet die Option Nur den Text übernehmen. Im genannten Beispiel wird nur der Textinhalt übertragen. Die Formatierungen gehen verloren, der Textblock bekommt das Aussehen, das dem Zielabsatz in OneNote zugewiesen ist, beziehungsweise das der OneNote-»Normal«-Formatvorlage entsprechende Design. Falls Sie es nicht geändert haben (siehe Kapitel 3, Notizen in OneNote eingeben), ist das also Calibri in 11 Punkt ohne weitere Auszeichnungen.

- Die letzte Option, dargestellt durch ein kleines Bild, heißt schlicht Grafik. Sie wandelt den Text in ein Grafikobjekt um. Dieses lässt sich zwar in OneNote nicht mehr bearbeiten, aber skalieren und durchsuchen.

Alternativ zum Dropdown-Menü in der Symbolleiste stehen Ihnen die Einfügeoptionen auch im Kontextmenü zur Verfügung, das Sie durch einen Rechtsklick öffnen.

Sie können das Textformat beim Übertragen per Zwischenablage aber auch nachträglich ändern:

Direkt nach dem Einfügen per Einfügen-Befehl aus der Symbolleiste oder per `Strg`+`V` erscheint dicht unterhalb der Einfügeposition ein Klemmbrettsymbol mit der Beschriftung »(Strg)« und einem kleinen Dreieck. Drücken Sie die `Strg`-Taste, oder klicken Sie auf das Dreieck, um eine Mini-Symbolleiste mit den bekannten Einfügeoptionen zu öffnen. Jetzt können Sie auch nachträglich die Formatierung des eingefügten Textes anpassen und sehen die Auswirkung sofort.

> Öffnen Sie die Mini-Symbolleiste nach der Auswahl der Einfügeoption nochmals per `Strg`-Taste oder durch einen Klick auf das Dreieck. Wählen Sie den unter den Symbolen stehenden Befehl Als „Standard einfügen" festlegen, wenn Sie zum Beispiel grundsätzlich Text ohne Formatierungen übertragen wollen. Sie sparen sich dann künftig das Festlegen der Einfügeoptionen.

4.2 Schnelle Notizen – das OneNote-Post-it

Notizen in ihrer ursprünglichsten Form: Sie wollen einen Gedanken, eine Telefonnummer, einen Namen oder eine anstehende Aufgabe festhalten. Sie greifen zu einem Stück Papier und einem Stift, schreiben die Information auf und legen den Zettel beiseite. Oder Sie wissen, dass Sie die Information bald wieder oder regelmäßig benötigen. Dann kommt wahrscheinlich einer dieser praktischen gelben Klebezettel, gemeinhin als Post-it bekannt, zum Einsatz und landet am Monitorrand.

Genauso funktionieren »Schnelle Notizen« – so die wörtliche, aber etwas holperige Übersetzung von *Quicknotes*, der Bezeichnung im englischen OneNote. Deren Clou ist, dass es keine Rolle spielt, in welchem Programm Sie sich gerade befinden – Sie können einfach eine Notiz aufnehmen und an OneNote zu schicken, vermeintlich, ohne das Programm dafür öffnen zu müssen.

Wie schon die Vorgängerversionen besitzt auch OneNote 2013 ein kleines Hintergrundprogramm, das sich mit einem Tastenkürzel aufrufen lässt. Eine Umorganisation der Funktionen in diesem Tool hat leider dafür gesorgt, dass im Gegensatz zu OneNote 2010 ein Tastendruck zusätzlich notwendig ist:

Drücken Sie [Win]+[N] und dann nochmals auf [N], um das Fenster für eine neue schnelle Notiz zu öffnen.

Auf den ersten Blick handelt es sich um ein relativ kleines und bis auf eine Titelleiste mit drei Punkten und zwei unscheinbaren Symbolen rechts oben leeres Fenster. Im oberen linken Bereich wartet eine blinkende Einfügemarke auf die getippte Notiz.

Tatsächlich müssen Sie nichts anderes tun, als Ihren Notiztext einzutippen und auf das kleine x rechts oben zu klicken, um das Fenster zu schließen. Vertrauen Sie darauf – die Notiz ist in OneNote gespeichert.

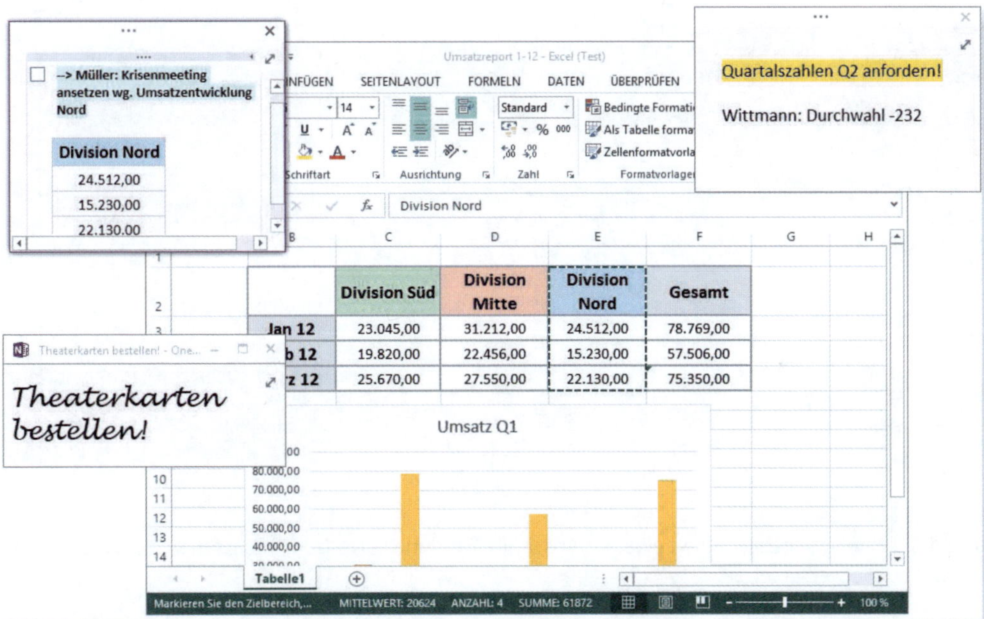

Abbildung 4.2 Schnelle Notizen lassen sich per Tastendruck anlegen und erfüllen denselben Zweck wie Post-it-Klebezettel.

Es steckt aber mehr hinter dem kleinen Textfenster, wie sich offenbart, wenn Sie auf den oberen Fensterrand (den mit den drei Punkten) klicken. Dann erscheint nämlich ein Teil der bekannten Symbolleisten mit den wichtigsten Formatierungs- und Zeichenfunktionen.

Dass es sich bei diesem Fenster in Wirklichkeit sogar um das komplette OneNote handelt, beweist ein Klick auf das Symbol mit dem diagonalen Doppelpfeil rechts oben. Sofort öffnet sich nämlich die vollständige OneNote-Oberfläche und erlaubt die Bearbeitung und Gestaltung der Notiz mit allen Features.

Hier zeigt sich auch, wo OneNote die schnellen Notizen speichert. Im Gegensatz zu einigen anderen Methoden, die in diesem Kapitel behandelt werden, haben Sie nicht die Möglichkeit, Notizbuch und Abschnitt als Ziel aus einer Liste auszuwählen. Stattdessen gelangen schnelle Notizen grundsätzlich in einen speziellen, standardmäßig angelegten Abschnitt auf einer jeweils neuen Seite. Sie finden ihn am unteren Rand der Notizbuchliste.

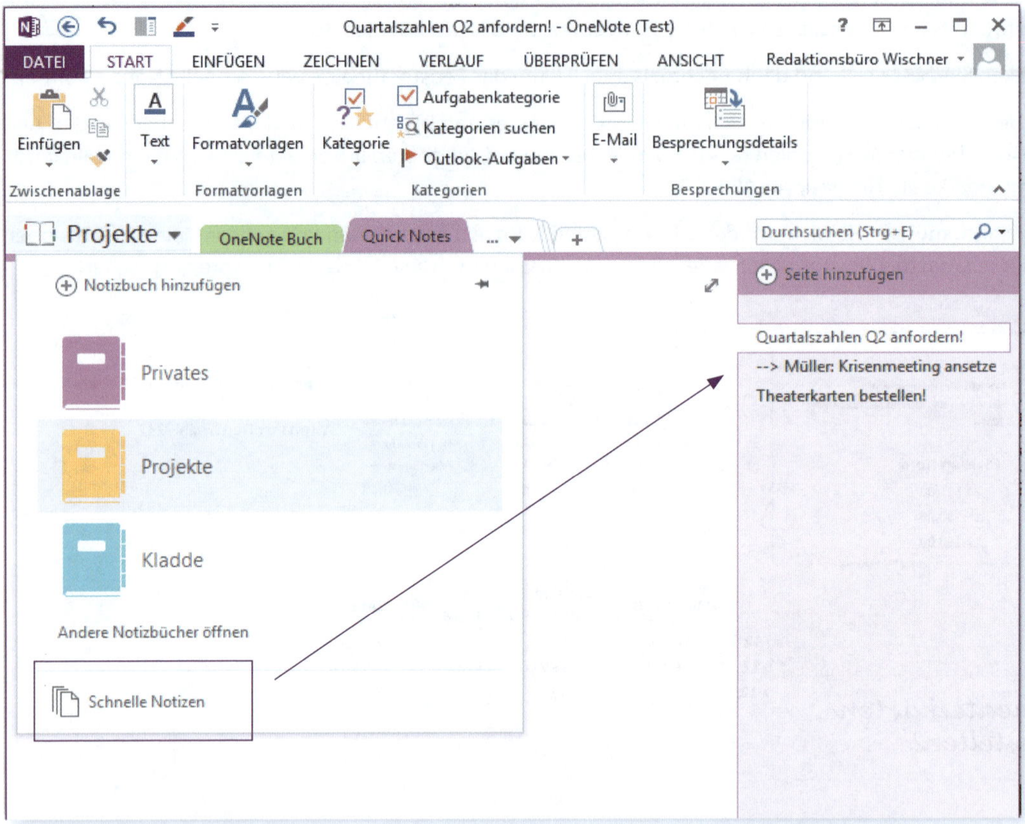

Abbildung 4.3 OneNote besitzt einen eigenen Abschnitt für schnelle Notizen. Sie lassen sich aber beliebig in andere Notizbücher verschieben.

Wie Sie mit den so gesammelten Notizen weiter verfahren, bleibt Ihnen überlassen. Entweder, Sie behalten den Abschnitt »Schnelle Notizen« als wilden Zettelkasten, oder Sie ordnen die einzelnen Seiten nach Bedarf Ihren richtigen Notizbüchern und Abschnitten zu. Wie das geht, erfahren Sie in Kapitel 6, Strukturieren und aufräumen.

Sie können die Zettel mit den schnellen Notizen immer geöffnet lassen und weitere Notizen in neuen Fenstern anlegen. Wenn Sie möchten, bleiben die sogar immer über anderen Fenstern im Blick. Blenden Sie dazu mit einem Klick auf die Titelleiste die Symbolleisten ein, klicken Sie dann auf ANSICHT, und wählen Sie IMMER IM VORDERGRUND. Sie können jede auch bedenkenlos schließen – alles ist sicher in OneNote gespeichert.

4.3 Bildschirmausschnitte speichern

Ebenfalls aus jedem Programm heraus oder vom Windows-Desktop aus erreichen Sie das Snipping-Tool. Damit lassen sich beliebige rechteckige Bildschirmausschnitte in eine Notiz speichern. Diese Funktion eignet sich unter anderem sehr gut, um Ausschnitte von Webseiten im Originaldesign zu speichern. Obwohl sie als Grafikobjekt in das Notizbuch gelangen, bleiben sie dank der OCR-Funktion von OneNote durchsuchbar (siehe Kapitel 5, Suchen und finden). Auch dann, wenn Sie ein Bild aus einer Webseite übernehmen möchten, das gegen die Übernahme in die Zwischenablage geschützt ist, hilft das Snipping-Tool.

1. Drücken Sie die Tastenkombination [Win]+[S]. Der gesamte Bildschirm wird nun abgeblendet dargestellt.

2. Ziehen Sie mit gedrückter linker Maustaste ein Rechteck um den zu speichernden Bereich auf. Der Inhalt dieses Rechtecks erscheint in normalen Farben. Sie können die Auswahl jederzeit abbrechen, indem Sie zusätzlich die rechte Maustaste drücken.

3. Lassen Sie die linke Maustaste los, wenn der Ausschnitt passt.

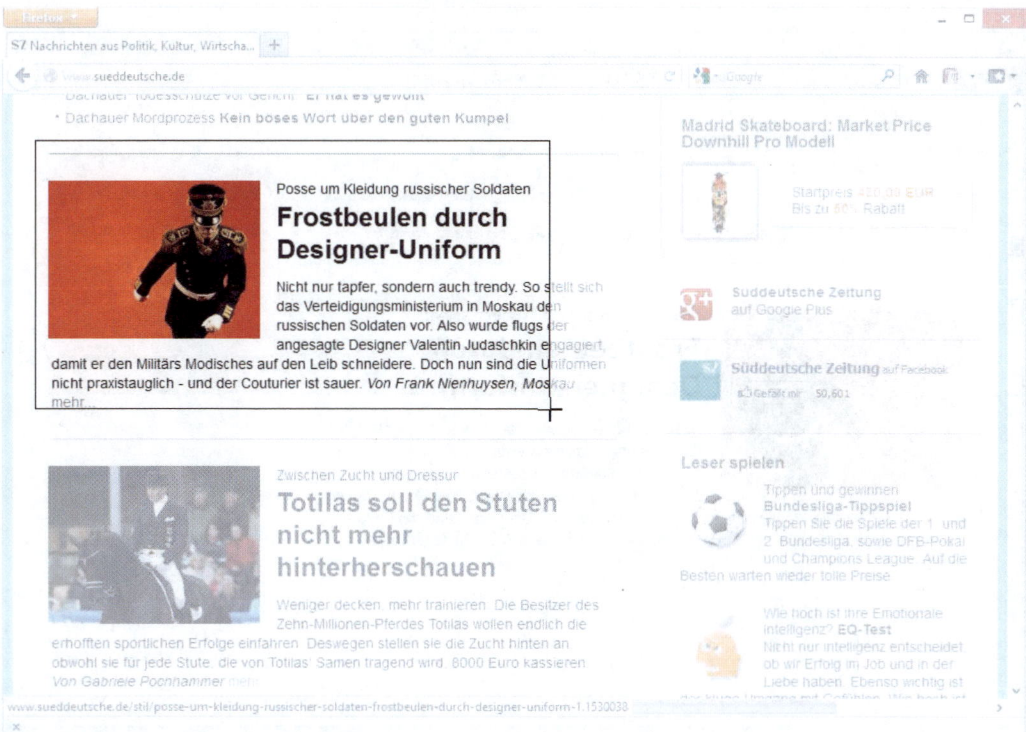

Abbildung 4.4 Beim Markieren eines Bildausschnitts (hier von einer Webseite) wird der nicht gewählte Bereich abgeblendet dargestellt.

4. Es erscheint ein Auswahlfenster mit den zuletzt geöffneten OneNote-Notizbüchern, Abschnitten und Seiten. Wählen Sie das gewünschte Ziel, und klicken Sie auf die Schaltfläche An den ausgewählten Speicherort senden.

5. Alternativ können Sie das Bild mit der Schaltfläche In Zwischenablage kopieren in die Zwischenablage übernehmen, manuell zu OneNote wechseln und den Ausschnitt selbst mit Strg+V an der gewünschten Stelle einfügen.

Position und Größe des eingefügten Bilds lassen sich nachträglich in OneNote anpassen.

Obwohl sich diese Methode sehr gut eignet, um Webseiten oder Ausschnitte davon im Originaldesign in einer Notiz zu speichern, sei ein Nachteil nicht verschwiegen: Die Herkunft des Bildschirmausschnitts, also ein bestimmtes Programm (Webbrowser) oder gar die konkrete Seite, bleibt OneNote in den meisten Fällen verborgen. Schließlich könnten Sie ja auch einen Schnappschuss von mehreren unterschiedlichen Programmfenstern nebeneinander machen – es gibt also genau genommen gar keine Herkunft, außer eben dem Bildschirm. Eine Ausnahme bildet der Internet Explorer. Stammt der Ausschnitt von einer im Internet Explorer geöffneten Webseite, wird am Ende zusätzlich ein Link zur Originalseite eingefügt. Bei der Nutzung anderer Browser, etwa von Firefox oder Chrome, fehlt dieser Link. Ist die ursprüngliche Webadresse nicht im Bild zu sehen, wissen Sie in diesen Fällen später nicht mehr genau, wo der Inhalt herkommt.

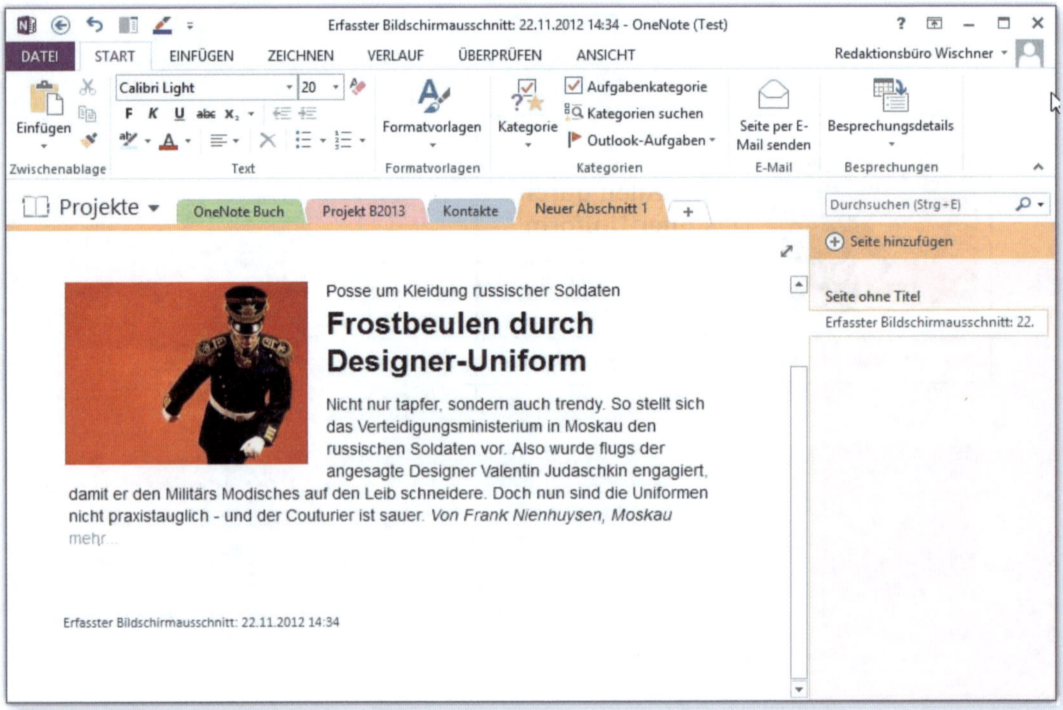

Abbildung 4.5 In OneNote erhalten Sie den Ausschnitt, beispielsweise aus dem Webbrowser, im Originaldesign – allerdings als Grafikobjekt.

Einziger Ausweg: Markieren Sie in der Adresszeile des Browsers die gesamte URL, kopieren Sie diese mit Strg+C in die Zwischenablage, und fügen Sie sie in OneNote mit Strg+V in der Nähe des Bildschirmausschnitts ein.

4.4 An OneNote drucken

Eine weitere flexible Möglichkeit, Daten von einer (fast) beliebigen Windows-Applikation an OneNote zu schicken, ist ein virtueller Ausdruck. Das bedeutet: Sie drucken in der jeweiligen Anwendung die Daten, die Sie in OneNote speichern möchten, einfach aus. Dazu verwenden Sie aber weder Drucker noch Papier, sondern nutzen einen speziellen Druckertreiber, der automatisch zusammen mit OneNote installiert wurde.

Dieser Treiber sorgt dafür, dass der Ausdruck in eine Grafik umgewandelt wird, die exakt so aussieht, als würden Sie auf Papier drucken. Gleichzeitig wird diese Grafik als Objekt in die OneNote-Notiz eingefügt. Sie können sich das in etwa so vorstellen, als würden Sie die Daten auf Papier ausdrucken, dann mit einem Scanner als Grafik wieder einlesen und diese auf der OneNote-Seite einbauen.

Auf diese Weise lassen sich sogar komplette Dokumentenverwaltungen mit OneNote realisieren. Sie könnten zum Beispiel Ihren gesamten Schriftverkehr mit einer Behörde oder alle jemals ausgestellten Rechnungen parallel zur Papierversion auch an OneNote drucken und somit jederzeit blitzschnell wiederfinden.

Die im Grafikausdruck enthaltenen Daten lassen sich zwar nicht mehr direkt bearbeiten. Die in OneNote enthaltene OCR-Funktion (Grafik-in-Text-Umwandlung) sorgt aber dafür, dass der gesamte auf dem Ausdruck enthaltene Text von der Suchfunktion mit berücksichtigt wird. Lediglich an sehr komplexen Layouts oder manchen Schmuckschriften wird OneNote möglicherweise scheitern – wie andere OCR-Programme auch.

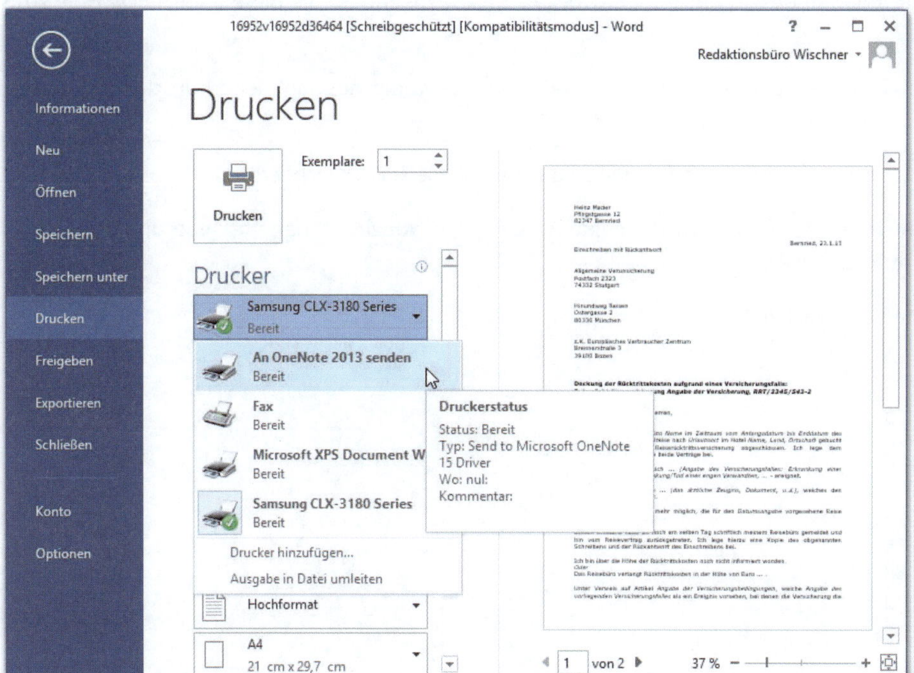

Abbildung 4.6 Aus jeder Anwendung mit Druckfunktion (hier: Word) schicken Sie Inhalte mithilfe eines speziellen Druckertreibers direkt an OneNote.

Diese Methode entspricht weitgehend der, die auch in Abschnitt 3.9.3 beschrieben ist. Die wesentlichen Unterschiede sind:

- In der Anwendung, von der aus Sie zu OneNote drucken, müssen die entsprechenden Daten nicht zwingend bereits gespeichert sein. Die Druckfunktion arbeitet ja in der Regel einfach mit Dateien, die im jeweiligen Programm geöffnet sind.
- Sie haben die Möglichkeit, vorab einige Einstellungen (z.B. Hoch- oder Querformat, Seitengröße, Auswahl der Seiten etc.) im jeweiligen Drucken-Dialogfeld vorzunehmen.
- Auf die OneNote-Notizseite wird bei Verwendung dieses Wegs lediglich das Druckdokument als Grafik eingefügt, aber weder eine Kopie der Originaldatei noch ein Link.

So drucken Sie aus einer beliebigen Anwendung (die allerdings eine Druckfunktion enthalten muss) direkt an OneNote:

1. Öffnen Sie das zu druckende Dokument, oder bereiten Sie die Daten druckfertig vor (zum Beispiel durch Erzeugen eines Berichts in einer Datenbank oder durch Erstellen eines Lieferscheins in einer Faktura-Software).
2. Wählen Sie den Druckbefehl der Anwendung aus – meist also DATEI/DRUCKEN.
3. Wenn Sie zur Auswahl des zu nutzenden Druckers gelangen, ändern Sie diesen auf AN ONENOTE 2013 SENDEN.
4. Nehmen Sie weitere Voreinstellungen nach Bedarf vor, etwa die Auswahl der zu druckenden Seiten, deren Größe oder Ausrichtung.
5. Starten Sie dann den Ausdruck mit dem jeweiligen Befehl, meist DRUCKEN oder OK.
6. Es öffnet sich ein Fenster, in dem Sie das passende OneNote-Notizbuch, den Abschnitt und die Seite als Ziel für den Ausdruck wählen.
7. Starten Sie den Ausdruck mit OK.

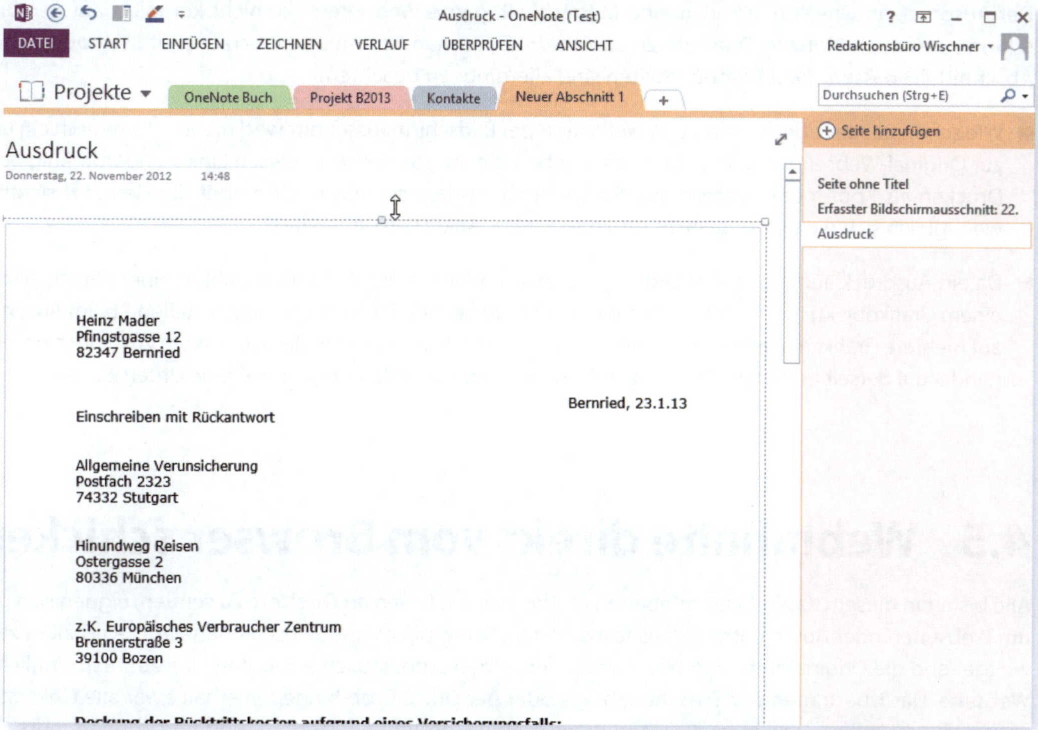

Abbildung 4.7 In OneNote landet ein Grafikobjekt, das exakt einem Ausdruck auf Papier entspricht und nach Inhalten durchsuchbar ist.

Wenn Sie in Schritt 6 eine bestimmte Seite wählen, wird der Ausdruck auf eben dieser unten angehängt. Wählen Sie dagegen einen Abschnitt, wird darin eine neue Seite mit dem Titel »Ausdruck« angelegt. Letzteren können Sie später natürlich nach Belieben ändern.

Wenn Sie in dem Fenster, in dem Sie das Druckziel auswählen, ein Häkchen bei Ausdrucke immer an den ausgewählten Speicherort senden setzen, wird dieser Schritt künftig übersprungen und dieses Ziel automatisch genommen. Sie können diese Einstellung jederzeit in OneNote wieder ändern:

1. Schalten Sie mit einem Klick auf DATEI in die Backstage-Ansicht.
2. Klicken Sie auf Optionen, und wählen Sie die Kategorie An OneNote senden.
3. Im Abschnitt Andere Inhalte stellen Sie den Eintrag hinter Ausgabe in OneNote umleiten wieder auf Immer nach Sendeziel fragen um.

Der Ausdruck an OneNote ist auch eine Möglichkeit, ganze Webseiten, die nicht komplett auf den Bildschirm passen, als Notiz in OneNote zu speichern. Dann nämlich muss die Screenshot-Methode gemäß Abschnitt 4.3 passen. Zwei Besonderheiten sind allerdings zu beachten:

- Wie schon bei der Übertragung von Webseiten per Bildschirmausschnitt wird nicht automatisch ein Link zur Original-Webseite angelegt. Immerhin geben die meisten Browser diesen Link standardmäßig beim Drucken als Kopf- oder Fußzeile aus. So bleibt zumindest die Information über die Herkunft sichtbar, wenngleich sich die Webseite nicht durch einfaches Anklicken öffnen lässt.
- Da ein Ausdruck auf Papier simuliert wird, landen umfangreiche Webseiten nicht in einem Stück (also in einem Grafikobjekt) in OneNote. Vielmehr werden sie gemäß der Papiergrößeneinstellung beim Ausdruck auf mehrere Grafiken (zum Beispiel DIN-A4-Seiten) unterteilt. Landeten die in OneNote 2010 noch untereinander auf derselben Notizseite, legt OneNote 2013 nun für jede Grafik eine eigene Unterseite an.

4.5 Webinhalte direkt vom Browser schicken

Alle bisher in diesem Kapitel beschriebenen Methoden, um Daten an OneNote zu senden, eignen sich gut, um Webseiten oder Ausschnitte daraus festzuhalten. Screenshots und Bildschirmausdrucke erhalten zwar weitgehend die Originalformatierung, bieten aber keinen automatisch erzeugten Link zur ursprünglichen Webseite. Das Übertragen per Zwischenablage oder per Drag&Drop hingegen erhält zwar alle Links, stört aber den Arbeitsfluss, weil man zwischen Browser und OneNote-Fenster hin- und herspringen muss. Der letztgenannte Nachteil lässt sich aber ausschalten. Die Lösung sind Browsererweiterungen für OneNote, die im Prinzip die Arbeitsschritte für die Übertragung markierter Inhalte per Zwischenablage an OneNote automatisieren.

4.5.1 Internet Explorer

Am leichtesten haben es Nutzer von Microsofts Internet Explorer ab Version 8, da darin eine Erweiterung zum Senden von ganzen Webseiten oder Ausschnitten an eine OneNote-Seite bereits enthalten ist.

Eine Warnung vorab: In den allermeisten Fällen wird das Originallayout der Webseite auf der Notizseite ziemlich zerstört sein. OneNote nimmt alle Grafik-, Text- und Linkelemente der ursprünglichen Seite und versucht, sie einigermaßen sinnvoll anzuordnen. Vor allem ursprünglich nebeneinander stehende Objekte landen dabei untereinander. Andere Designelemente bleiben völlig auf der Strecke. OneNote bräuchte die komplette Funktionalität eines Webbrowsers, um komplexe Seiten im Originaldesign aufzubauen (um präzise zu sein: auch das würde noch nicht reichen). Entweder Sie können damit leben, dass Sie zumindest alle relevanten Texte, Bilder und Links auf der Notizseite gespeichert haben, oder Sie verwenden Bildschirmausdrucke (siehe Abschnitt 4.4) oder speichern grafische Bildschirmausschnitte (siehe Abschnitt 4.3). Dann erhalten Sie die originale Optik, verlieren allerdings die Bearbeitungsmöglichkeit von Textelementen und anklickbare Links.

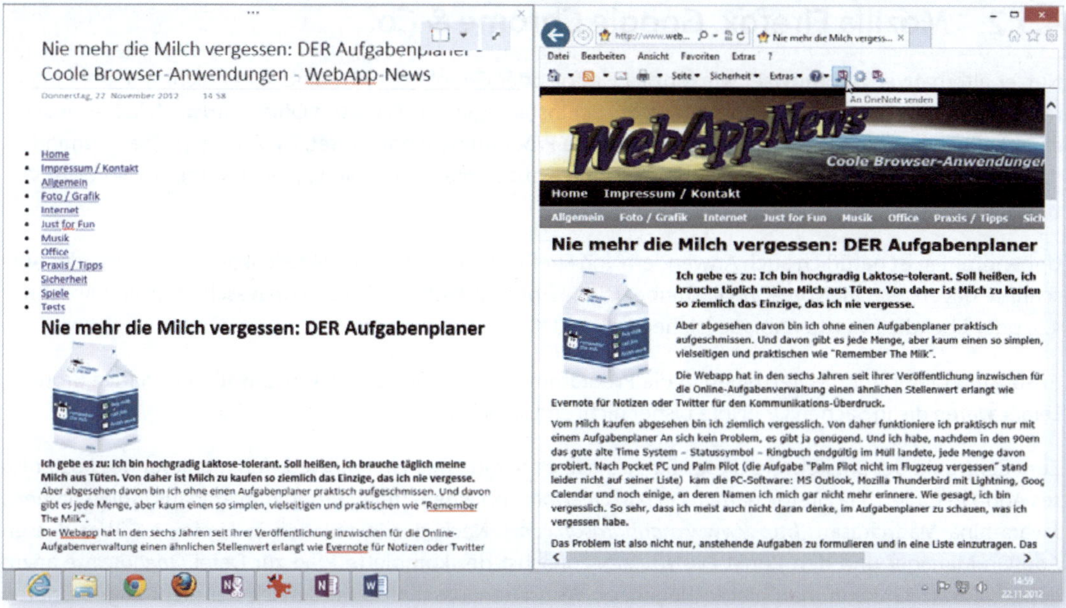

Abbildung 4.8 Webseiteninhalte lassen sich vom Internet Explorer direkt an OneNote schicken, verlieren aber ihr ursprüngliches Layout.

Wenn Sie lieber mit Menüs und Schaltflächen arbeiten als mit dem Kontextmenü, müssen Sie im Internet Explorer zunächst wahlweise die Menüleiste oder die Befehlsleiste einblenden. Dazu klicken Sie mit der rechten Maustaste in den Titelbereich des Internet Explorers und wählen die Option MENÜLEISTE oder BEFEHLSLEISTE.

Markieren Sie den entsprechenden Abschnitt der Webseite, den Sie an OneNote übertragen möchten. Je nach Seitenlayout lässt es sich nicht vermeiden, dass dabei unerwünschte Elemente (etwa Bannerwerbung) mitgenommen werden. Gegebenenfalls ist es besser, die Informationen in kleineren Portionen zu speichern.

Wählen Sie nun aus dem Menü EXTRAS (wenn die Menü- und/oder Befehlsleiste eingeblendet ist) den Eintrag AN ONENOTE SENDEN. Bei angezeigter Befehlsleiste funktioniert alternativ auch ein Klick auf das OneNote-Symbol mit dem Rechtspfeil. In jedem Fall können Sie auch das Kontextmenü bemühen. Der Befehl lautet hier ebenfalls AN ONENOTE SENDEN.

Es öffnet sich das Fenster mit der Zielauswahl. Bestimmen Sie hier das Notizbuch, den Abschnitt und/oder die Seite, und klicken Sie dann auf OK.

Wenn Sie die komplette Webseite und nicht nur einen Ausschnitt speichern möchten, funktioniert das genauso. Markieren Sie zuvor einfach keine Abschnitte der Seite.

4.5.2 Mozilla Firefox, Google Chrome & Co.

Nutzer alternativer Webbrowser wie Mozilla Firefox oder Google Chrome sind leider nicht mit einer integrierten OneNote-Unterstützung gesegnet. Bei der Installation von Microsoft Office wird auch keine entsprechende Erweiterung als Browser-Add-On für diese Programme eingerichtet. Ein Ausweg wäre – zumindest dann, wenn Sie wissen, dass Sie sich beim Surfen Notizen machen wollen –, den Internet Explorer zu verwenden.

Unbenommen ist natürlich auch Anwendern von Firefox oder Chrome die Möglichkeit, Webseiten oder Ausschnitte davon per OneNote-Druckertreiber (siehe Abschnitt 4.4), als Bildschirmausschnitt (siehe Abschnitt 4.3) oder über die Zwischenablage (siehe Abschnitt 4.1) zu übertragen.

Ansonsten bleibt nur das Vertrauen in die Programmierer unabhängiger Add-Ons für alternative Browser. Leider waren die in Sachen OneNote bisher nicht sonderlich aktiv.

Zum Zeitpunkt der Entstehung dieses Buches gab es gerade mal ein halbwegs funktionierendes kostenloses Add-On für Mozilla Firefox namens *Clip to OneNote* von einem freien Programmierer aus Indien namens Jayarathina Madharasan (*http://www.madharasan.com*). Nach der Installation in Firefox ist über dessen Add-On-Manager und den Punkt EINSTELLUNGEN zunächst der komplette Pfad zur Datei *Onenote.exe* anzugeben. Zusätzlich kann man hier festlegen, ob Webseitenausschnitte im Bereich der nicht zugeordneten schnellen Notizen oder auf der in OneNote gerade geöffneten Seite abzulegen sind. Danach erhält Firefox einen Kontextmenüeintrag namens CLIP TO ONENOTE und eine optional in der Symbolleiste einblendbare Schaltfläche mit dem ONENOTE-SYMBOL.

Beim Kopieren von Inhalten wird jedes Mal ein Fenster für schnelle Notizen geöffnet, was aber nicht allzu sehr stört. Ansonsten gelten dieselben Einschränkungen bezüglich des Originallayouts der Webseite wie bei der entsprechenden Funktion des Internet Explorers.

Neben der im Februar 2012 erschienenen Version 3.2.2. des Add-Ons veröffentlichte der Autor im Dezember die Version 4.1. Diese war zum Zeitpunkt der Entstehung dieses Buchs aber noch nicht von Mozilla zertifiziert und recht umständlich zu installieren (sie benötigt ein zusätzliches Hintergrundprogramm namens *Listener* und eine aktuelle Java-Runtime). Im Wesentlichen ist die Funktion gleichgeblieben.

Die neuere Version mit Listener-Modul ist derzeit für Nutzer von Google Chrome die einzige Wahl. Hier trägt die Erweiterung die Versionsnummer 4.0 (Stand: Januar 2013).

4.6 Dock-Modus und verknüpfte Notizen

Gerade dann, wenn Sie nicht mit zwei oder mehr Monitoren arbeiten und von einem anderen Programm aus regelmäßig Notizen in OneNote machen möchten, hilft die Dock-Funktion. Dabei wird der OneNote-Editor als schmales Fenster am rechten Bildschirmrand angeheftet. Die meisten Bedienelemente sind ausgeblendet, ähnlich der Funktion »Schnelle Notizen«, die in Abschnitt 4.2 beschrieben ist. OneNote nimmt standardmäßig dabei etwa ein Viertel der Bildschirmbreite ein. Der restliche Platz verbleibt für die Hauptanwendung, mit der Sie arbeiten. Handelt es sich bei der Hauptanwendung um Word, PowerPoint oder den Internet Explorer, bietet die Dock-Funktion noch einige pfiffige Extras, wie Sie gleich sehen werden.

4.6.1 OneNote-Fenster andocken

Von OneNote aus haben Sie drei Möglichkeiten, das Programm an den Bildschirmrand anzudocken:

- Standardmäßig findet sich in der Symbolleiste für den Schnellzugriff ganz links oben das Symbol mit einem vertikal geteilten Fenster, wobei die linke Hälfte grau ist. Klicken Sie es mit der linken Maustaste an.
- Sie finden diesen Befehl auch in der Symbolleiste ANSICHT im Abschnitt ANSICHTEN. Wählen Sie hier AN DESKTOP ANDOCKEN.
- Am schnellsten geht es wie meistens mit einem Tastenkürzel. In diesem Fall lautet die Kombination [Strg]+[Alt]+[D].

OneNote hat sich jetzt an den rechten Bildschirmrand zurückgezogen, wo es nur noch etwa ein Viertel der Gesamtbreite einnimmt. Außerdem sind die meisten Bedienelemente, wie zum Beispiel die Symbolleisten, ausgeblendet. Mit einem Klick auf die Titelleiste mit den drei Punkten können Sie die Schaltflächen und Menüs jederzeit sichtbar machen und durch einen Klick in den Notizbereich erneut verschwinden lassen.

Starten Sie nun das Programm, mit dem Sie arbeiten und von dem aus Sie sich vielleicht Notizen machen wollen. Sie werden feststellen, dass es nur noch die verbleibende Bildschirmbreite nutzt und das OneNote-Fenster nicht verdeckt. Das gilt sogar dann, wenn Sie das Programm in die Vollbildanzeige schalten (zum Beispiel durch einen Doppelklick auf dessen Titelleiste).

Sie können den Platzbedarf des angedockten OneNote-Fensters jedoch problemlos ändern:

1. Bewegen Sie den Mauszeiger auf die Trennlinie zwischen dem Hauptfenster und dem von OneNote. Der Mauszeiger wird zu einem Doppelpfeil.
2. Drücken und halten Sie nun die linke Maustaste, und verschieben Sie die Trennlinie nach rechts oder links. Sobald Sie die Taste loslassen, haben beide Fenster ihre Breite entsprechend geändert.

Es ist auch nicht festgeschrieben, dass das angedockte OneNote-Fenster am rechten Bildschirmrand klebt. Sie können seine Position auch an den linken Rand verschieben oder den Bildschirm sogar horizontal teilen. OneNote sitzt dann ober- oder unterhalb des Hauptprogramms.

1. Klicken Sie dazu mit der linken Maustaste in die Titelleiste des OneNote-Fensters (das mit den drei Punkten), und halten Sie sie fest.
2. Bewegen Sie den Mauszeiger dann an den linken, oberen oder unteren Rand des Bildschirms. Das OneNote-Fenster wandert entsprechend mit.
3. Lassen Sie an der gewünschten Position die Maustaste los.

Es sind nur genau diese vier Positionen möglich. Ein an den rechten oder linken Rand angedocktes OneNote-Fenster lässt sich zudem nicht in der Höhe verändern. Entsprechend nimmt ein oben oder unten platziertes Fenster immer die volle Bildschirmbreite ein. Sie können in diesem Fall aber die Höhe verändern, was auch Sinn macht, da OneNote, wenn es oben oder unten positioniert ist, die halbe Bildschirmhöhe abdeckt. Verkleinern Sie das Fenster genauso, wie zuvor für ein seitlich angedocktes Fenster beschrieben. Verschieben Sie also die horizontale Trennlinie zwischen den beiden Fenstern mit gedrückter linker Maustaste.

Möchten Sie den Dock-Modus wieder verlassen, also sowohl OneNote als auch das Hauptprogramm wieder in frei positionierbaren und in der Größe veränderbaren Fenstern nutzen, klicken Sie im OneNote-Fenster auf den diagonalen Doppelpfeil rechts oben. Alternativ, aber etwas umständlicher geht es über das Einblenden der Bedienelemente durch einen Klick auf die Titelleiste, Auswahl der Symbolleiste ANSICHT und Auswahl von NORMALANSICHT unter ANSICHTEN.

4.6.2 Verlinken mit dem Internet Explorer

Eine sehr praktische Erweiterung des angedockten OneNote-Fensters funktioniert zum Beispiel mit dem Internet Explorer (ab Version 8) als Hauptprogramm: Wann immer Sie beim Surfen eine Notiz in das OneNote-Fenster am Rand tippen, wird diese automatisch mit einem unsichtbaren Link zur aktuellen Webseite versehen. Sie können damit später jederzeit durch einen Klick auf den entsprechenden Notizeintrag diese Webseite wieder öffnen. So funktioniert's:

1. Öffnen Sie OneNote, und wechseln Sie in den Dock-Modus – zum Beispiel mit ANSICHT/AN DESKTOP ANDOCKEN (siehe auch Abschnitt 4.6.1).
2. Starten Sie dann den Internet Explorer, und öffnen Sie die Webseite, zu der Sie sich Notizen machen möchten.
3. Sie können jetzt jederzeit in das angedockte OneNote-Fenster schreiben. Zu jeder Notiz wird automatisch ein Link zur gerade angezeigten Webseite gespeichert.

Anstelle der ersten beiden Schritte können Sie auch mit dem Internet Explorer beginnen, ohne zunächst OneNote zu öffnen und anzudocken: Wählen Sie aus dessen Symbolleiste das OneNote-Symbol mit den beiden Kettengliedern oder alternativ aus dem Menü EXTRAS den Eintrag VERKNÜPFTE ONENOTE-NOTIZEN. Daraufhin erscheint ein Fenster, in dem Sie den passenden Speicherort in OneNote (Notizbuch, Abschnitt, Seite) auswählen. Nach einem Klick auf OK wird OneNote geladen und an den Bildschirmrand angedockt.

Eventuell müssen Sie im Internet Explorer zunächst die Befehls- oder Menüleiste einblenden. Das erfolgt durch einen Rechtsklick auf den oberen Bereich und durch Anwählen des entsprechenden Elements.

Rechts oben im angedockten OneNote-Fenster sehen Sie ein Symbol, das zwei verbundene Kettenglieder darstellen soll. Es zeigt an, dass das automatische Verknüpfen, also das Speichern von Links in Notizen, aktiv ist. Klicken Sie darauf, haben Sie die Möglichkeit, diese Automatik abzuschalten. Aus dem Dropdown-Menü wählen Sie dazu DAS ERSTELLEN VERKNÜPFTER NOTIZEN BEENDEN. Das Symbol mit den Kettengliedern wird um einen roten Kreis mit diagonalem Balken (wie ein Halteverbots-Verkehrsschild) ergänzt. Genauso schalten Sie die automatische Verknüpfung wieder ein. Der Befehl im Menü lautet jetzt MIT DEM ERSTELLEN VERKNÜPFTER NOTIZEN BEGINNEN. Die weiteren Einträge in diesem Menü geben eine Übersicht über alle Verknüpfungen auf der aktuellen Notizbuchseite und eine Möglichkeit, die Links (nicht die eigentlichen Notizen) zu löschen.

Und so nutzen Sie die automatisch den Notizen zugeordneten Links:

1. Bewegen Sie den Mauszeiger über eine Notiz, die Sie bei aktivierter Verknüpfungsfunktion erfasst haben.
2. Links neben dem Notizcontainer und dem grauen Fünfeck zur Absatzeinrückung erscheint das blaue »e« für den Internet Explorer. Bewegen Sie den Mauszeiger darüber, um eine Miniaturvorschau der Webseite und den kompletten Link zu sehen.

3. Mit einem Linksklick auf das Symbol öffnet sich der Internet Explorer und lädt die Webseite, die er beim Erfassen der Notiz dargestellt hatte.

> Das Zurückverfolgen eines Links durch Anklicken des Internet Explorer-Symbols neben einer OneNote-Notiz funktioniert auch, wenn Sie einen anderen Browser als den Internet Explorer als Standard-Webbrowser eingerichtet haben. Ein Klick auf das Internet Explorer-Symbol lädt die verknüpfte Webseite dann eben in Mozilla Firefox oder Google Chrome. Beachten Sie jedoch, dass Sie trotz angedocktem OneNote-Fenster und offensichtlich aktiver Linkfunktion (das Symbol mit dem Kettenglied rechts oben ist nicht durchgestrichen) zwar neue Notizen aufnehmen, diese aber nicht automatisch mit der aktuell angezeigten Webseite verlinken können. Das funktioniert tatsächlich nur mit dem Internet Explorer!

4.6.3 Verlinken mit Word, PowerPoint und OneNote

Ganz ähnlich wie mit dem Internet Explorer funktioniert das Verlinken mit Notizen in einem angedockten Fenster auch mit Word, PowerPoint oder sogar OneNote selbst. Während Sie an einem Text oder einer Präsentation arbeiten, können Sie jederzeit Notizen im angedockten OneNote-Fenster machen. Es wird automatisch eine Verknüpfung nicht nur zum geöffneten Word-Dokument oder zu der Präsentationsdatei gespeichert, sondern auch zur aktuell angezeigten Textseite beziehungsweise Folie. Die Symbole, die in OneNote links vom Container erscheinen, wenn Sie den Mauszeiger auf die jeweilige Notiz bewegen, entsprechen den Programmsymbolen von Word respektive PowerPoint.

Auch in diesem Fall können Sie entweder zuerst OneNote starten und in den Dock-Modus schalten und dann Word/PowerPoint laden oder andersherum vorgehen: Starten Sie zuerst Word oder PowerPoint, und wählen Sie aus der Symbolleiste ÜBERPRÜFEN im Abschnitt OneNote die Schaltfläche Verknüpfte Notizen. OneNote wird geladen und an den Fensterrand angedockt. Haben Sie bereits eine Textdatei oder eine Präsentation geöffnet, zu der verknüpfte OneNote-Notizen existieren, wird die entsprechende Notizbuchseite automatisch geöffnet. Die entsprechende Datei muss allerdings schon auf einem Datenträger gespeichert sein.

Es mag im ersten Moment unsinnig klingen: Auch OneNote kann verwendet werden, um sich in einem zweiten, angedockten OneNote automatisch verlinkte Notizen zu machen. Das ist bei näherer Betrachtung gar nicht dumm. Sie könnten zwar zwei verschiedene Instanzen von OneNote öffnen, um sich auf einer Seite Notizen zu Informationen in einem ganz anderen Abschnitt zu machen. Die müssten Sie aber auch per Hand verlinken. Mit einem angedockten Fenster geht das dagegen automatisch.

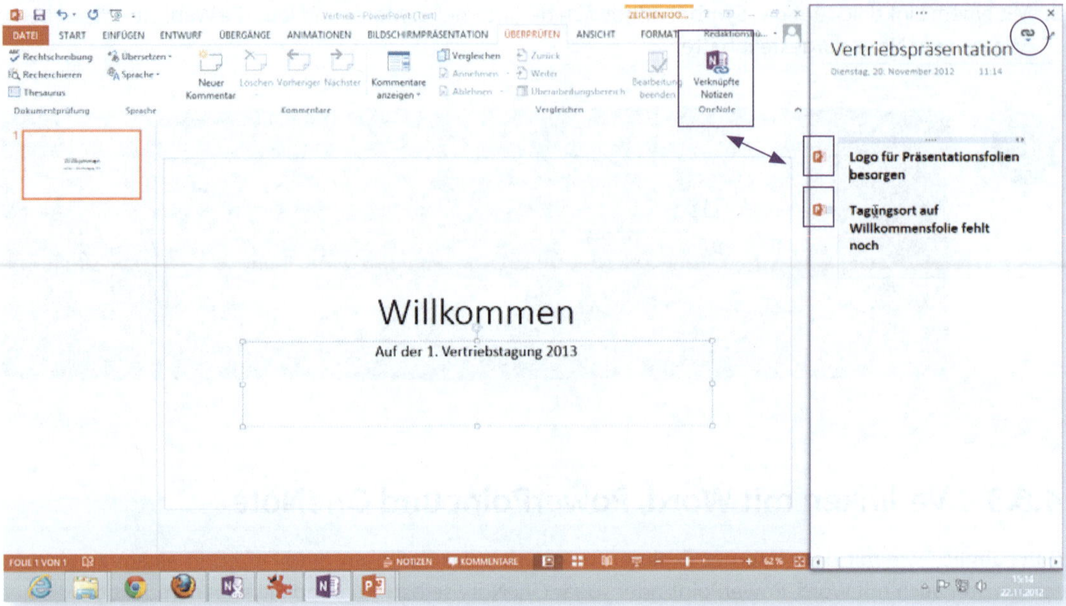

Abbildung 4.9 Ein an Word, den Internet Explorer oder PowerPoint (im Bild) angedocktes OneNote-Fenster verlinkt Notizen automatisch mit dem aktuellen Dokument.

Im Gegensatz zum Internet Explorer, Word oder PowerPoint funktioniert das Andocken eines OneNote-Fensters an OneNote etwas anders: Der Ausgangspunkt ist immer das Haupt-OneNote-Fenster, also das nicht angedockte.

1. Öffnen Sie die entsprechende Seite, zu der Sie sich an anderer Stelle Notizen machen möchten.

2. Klicken Sie dann in der Symbolleiste ANSICHT im Abschnitt FENSTER auf NEUES ANGEDOCKTES FENSTER. Darauf öffnet sich eine zweite OneNote-Instanz im Dock-Modus.

Jetzt können Sie im Haupt-OneNote-Fenster nach Belieben navigieren und im angedockten OneNote automatisch verlinkte Notizen machen – genau wie in Word, PowerPoint oder dem Internet Explorer.

Diese Funktion ist nicht zu verwechseln mit dem Befehl NEUES FENSTER in der ANSICHT-Symbolleiste von OneNote. Dieser öffnet zwar auch eine zweite OneNote-Instanz, aber eben als normales, gleichberechtigtes Fenster ohne automatisches Verlinken von Notizen. Denselben Effekt erreichen Sie auch, wenn Sie im angedockten OneNote auf den diagonalen Doppelpfeil klicken, um es auf die Normalansicht umzustellen und damit auch vom Hauptfenster zu entkoppeln.

4.7 OneNote und Outlook

Noch besser als mit Internet Explorer, Word und PowerPoint arbeitet OneNote mit Microsoft Outlook zusammen – ganz gleich, ob Sie Outlook nur als E-Mail Client einsetzen oder auch zur Termin-, Kontakt- und Aufgabenplanung verwenden.

Nicht wenige Anwender »missbrauchen« Outlook als Wissensspeicher. Tausende von E-Mails, von denen meist nur ein paar wenige wirklich wichtige Informationen enthalten, werden im Posteingangsordner gebunkert. Im Bedarfsfall kann man ja jederzeit die Suchfunktion von Outlook bemühen. Das ist zwar richtig, aber alles andere als elegant – vor allem, wenn es um das Organisieren zusammengehörender Inhalte oder das Ergänzen mit Zusatzinformationen geht. Da liegt es nahe, wichtige E-Mails in OneNote zu speichern, zumal dabei auch wichtige Headerinfos wie Absender oder Empfangsdatum und sogar eventuelle Dateianhänge erhalten bleiben. Dieses Vorgehen bietet gleich mehrere Vorteile:

- In manchen Firmen ist es üblich, dass E-Mails nur eine bestimmte Vorhaltezeit auf dem Server haben. Mit OneNote können Sie wichtige Nachrichten dauerhaft archivieren. Klären Sie aber im Zweifelsfall, ob Sie damit einer Datenschutzrichtlinie Ihrer Firma zuwiderhandeln!
- Die Suchfunktion von OneNote ist viel schneller als die von Outlook – vor allem dann, wenn Ihre E-Mail-Ordner auf einem Server gespeichert sind.
- Sie können E-Mail-Nachrichten nach Belieben kommentieren, ergänzen oder mit anderen OneNote-Seiten oder externen Zielen verlinken.

In diesem Abschnitt lernen Sie, wie Sie OneNote zur Archivierung wichtiger E-Mails verwenden, die Notizfunktion der Outlook-Adress- und Terminverwaltung um alle Möglichkeiten von OneNote erweitern und beide Programme als Team Ihre ToDo-Liste organisieren lassen.

4.7.1 Outlook-Mails mit OneNote archivieren

Das Übertragen von Nachrichten aus dem Posteingang oder beliebigen anderen Outlook-Ordnern erledigen Sie in der Regel mit einem einzigen Mausklick. Neben dem kompletten Inhalt der E-Mail inklusive Dateianhänge erhält jede Nachricht in OneNote automatisch die Betreffzeile als Seitentitel und eine kleine Tabelle als Kopffeld. Darin stehen Absender, Empfänger, Sendedatum und -uhrzeit. Die Absenderadresse ist zudem als Link ausgeführt. Ein Mausklick darauf öffnet eine neue Nachricht an den entsprechenden Empfänger. So geht's:

1. Markieren Sie in Outlook die entsprechende Nachricht in der Ordnerliste zum Beispiel des Posteingangs, oder öffnen Sie sie zum Lesen.
2. Klicken Sie in der Symbolleiste START (bei angezeigter Ordnerliste) beziehungsweise NACHRICHT (bei geöffneter Mail) auf die Schaltfläche mit dem OneNote-Symbol im Abschnitt VERSCHIEBEN. In der Ordneransicht funktioniert alternativ auch ein Rechtsklick auf die Nachricht und die Auswahl von ONENOTE aus dem Kontextmenü.
3. Es erscheint die bekannte Auswahl für das Speicherziel in OneNote. Wählen Sie das Notizbuch, den Abschnitt und eventuell die Seite aus, und bestätigen Sie mit OK.

Keine Sorge: Obwohl der OneNote-Befehl im Abschnitt VERSCHIEBEN steht, wird die Nachricht nur kopiert und bleibt in Outlook erhalten.

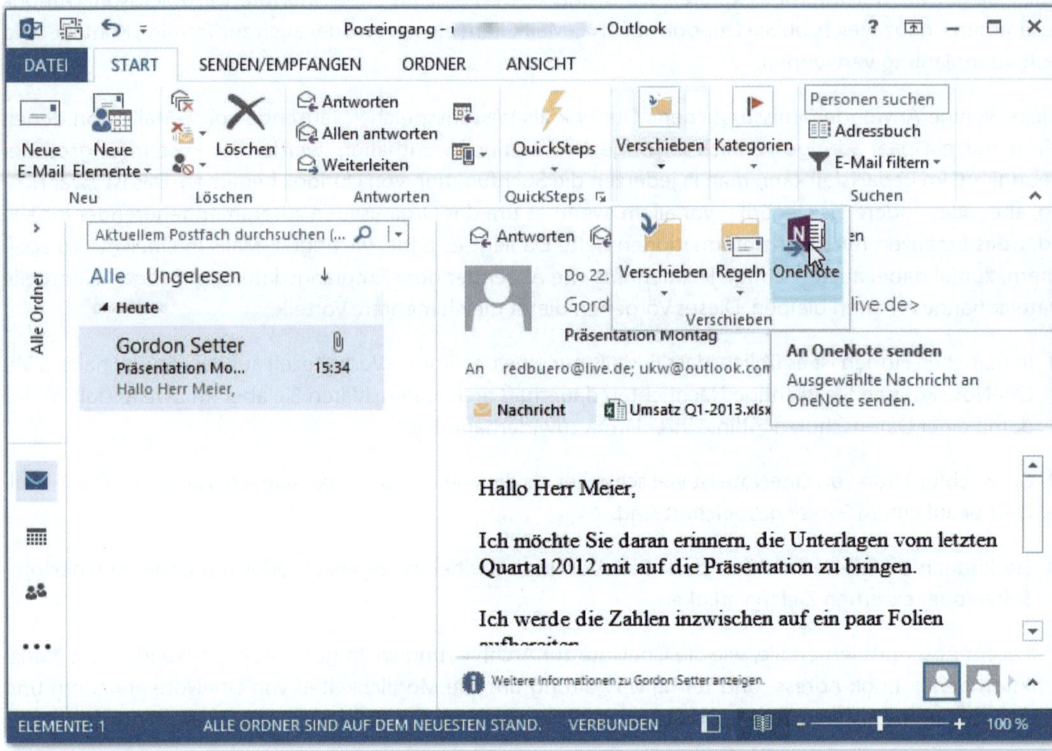

Abbildung 4.10 Markierte Nachrichten lassen sich mit einem Klick von Outlook in eine OneNote-Notiz kopieren.

Sie können auch mehrere E-Mails auf einmal an OneNote übertragen:

1. Markieren Sie die entsprechenden Nachrichten durch Drücken und Halten von [⇧] (um zusammenhängende Bereiche der angezeigten Liste auszuwählen) oder [Strg] (um einzelne Nachrichten individuell auszuwählen).
2. Klicken Sie dann auf die ONENOTE-Schaltfläche in der Symbolleiste START. Der entsprechende Befehl im Kontextmenü steht bei mehreren markierten Nachrichten nicht zur Verfügung.
3. Wählen Sie wieder das Ziel in OneNote (falls nicht nach der vorhergehenden Anleitung ein Standardziel definiert ist), und klicken Sie dann auf OK.

In manchen Fällen empfiehlt es sich, ein eigenes Notizbuch oder zumindest einen eigenen Abschnitt in einem vorhandenen Buch als Speicherort für archivierte Mails anzulegen.

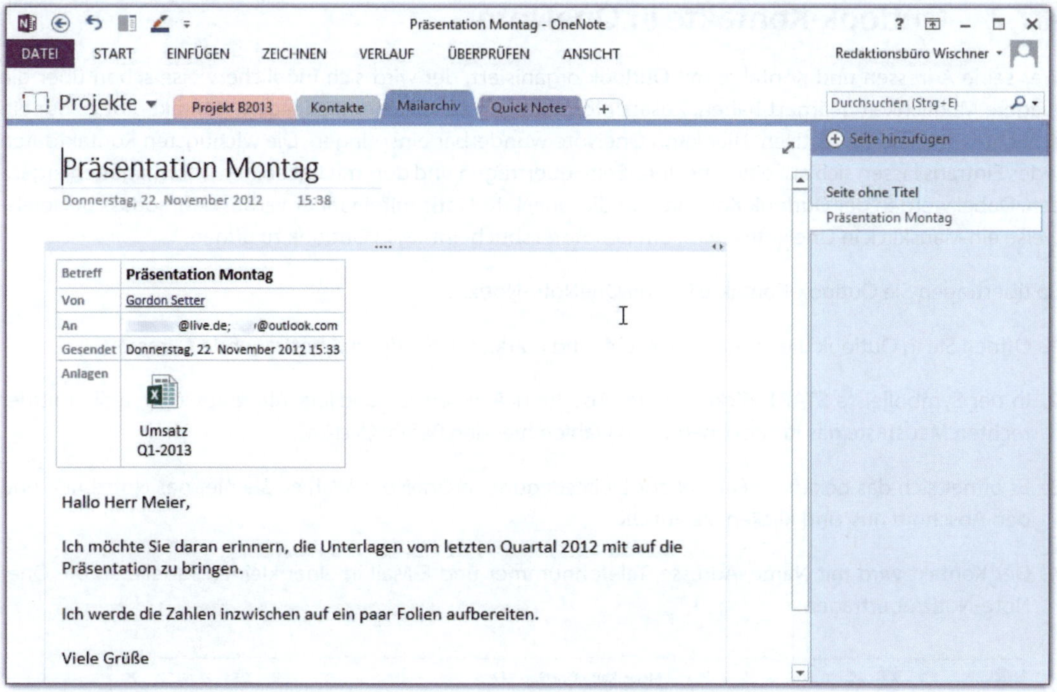

Abbildung 4.11 Die aus Outlook übertragenen E-Mails enthalten wichtige Headerdaten und alle Dateianlagen in einer Tabelle.

Sie können dann OneNote diesen Abschnitt als Standardziel für kopierte Outlook-Nachrichten vorgeben, um die Zielabfrage aus Schritt 3 künftig automatisch zu überspringen:

1. Öffnen Sie in OneNote die Backstage-Ansicht durch einen Klick auf DATEI.
2. Klicken Sie auf OPTIONEN, und wählen Sie in der linken Auswahl die Kategorie AN ONENOTE SENDEN.
3. Unter OUTLOOK-ELEMENTE finden Sie vier Auswahllisten. Die oberste betrifft E-MAIL-NACHRICHTEN. Ändern Sie hier die Einstellung von IMMER NACH SENDEZIEL FRAGEN in STANDARDSPEICHERORT FESTLEGEN.
4. In dem sich daraufhin öffnenden Auswahlfenster navigieren Sie zu dem Notizbuch/Abschnitt, in dem künftig alle Nachrichten aus Outlook landen sollen, und bestätigen mit OK.

Nutzen Sie gegebenenfalls die verschiedenen Sortierungs-, Gruppierungs- oder Suchfunktionen von Outlook. So bringen Sie zum Beispiel alle Nachrichten vom selben Absender oder zum gleichen Thema für die einfachere Auswahl zusammen zur Ansicht.

4.7.2 Outlook-Kontakte in OneNote

Wer seine Adressen und Kontakte mit Outlook organisiert, der wird sich möglicherweise schon über die magere Möglichkeit geärgert haben, Zusatzinformationen zu speichern. Zu jedem Kontakt gibt es nur ein schlichtes Textfeld für Notizen. Hier kann OneNote wunderbar einspringen. Die wichtigsten Kontaktdaten jedes Eintrags lassen sich auf eine OneNote-Seite übertragen und dort mit beliebigen Informationen ergänzen. Dabei werden der Outlook-Kontakt und die OneNote-Notiz miteinander verbunden, sodass beispielsweise ein Mausklick in OneNote reicht, um den Adressbucheintrag in Outlook zu öffnen.

So übertragen Sie Outlook-Kontakte in eine OneNote-Notiz:

1. Öffnen Sie in Outlook die Kontaktübersicht, und markieren Sie die zu übertragende Adresse.
2. In der Symbolleiste START klicken Sie im Abschnitt AKTIONEN auf ONENOTE. Alternativ öffnen Sie mit der rechten Maustaste das Kontextmenü und wählen hier den Befehl ONENOTE.
3. Es öffnet sich das bekannte Fenster zur Zielfestlegung in OneNote. Wählen Sie hier das Notizbuch und den Abschnitt aus, und klicken Sie auf OK.
4. Der Kontakt wird mit Name, Adresse, Telefonnummer und E-Mail in einer kleinen Tabelle an die OneNote-Notiz übertragen.

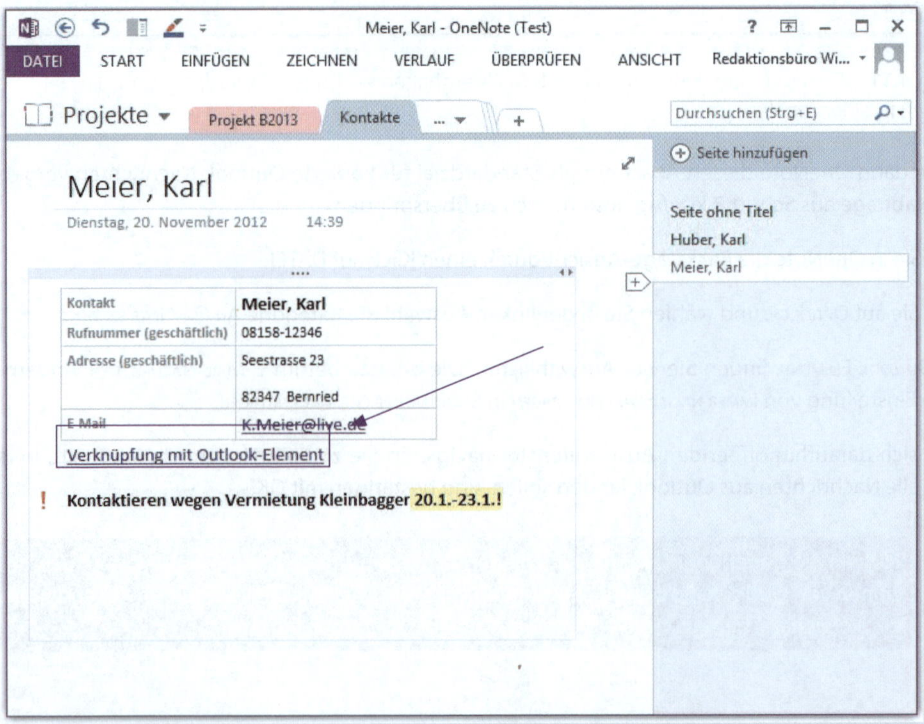

Abbildung 4.12 Aus Outlook übertragene Kontakte lassen sich von OneNote aus über die automatisch erzeugte Verknüpfung öffnen.

Genau wie zuvor bei der Übertragung von Outlook-Nachrichten können Sie auch für Kontakte ein Standardziel festlegen. Die entsprechende Einstellung finden Sie wieder in der Backstage-Ansicht (auf DATEI klicken) unter OPTIONEN im Abschnitt AN ONENOTE SENDEN.

Auf der OneNote-Seite mit den Kontaktdaten finden Sie unterhalb der Tabelle einen Link namens »Verknüpfung mit Outlook-Element«. Ein Klick darauf öffnet das vollständige Kontaktformular in Outlook.

Zwei Besonderheiten sind noch erwähnenswert:

- Sie können als Ziel für einen von Outlook in OneNote übertragenen Kontakt nur ein Notizbuch und einen Abschnitt, nicht aber eine existierende Seite anwählen. Jeder Adresseintrag bekommt automatisch eine neue Seite im angegebenen Abschnitt. Als Seitentitel wird der Kontaktname gesetzt.
- Der Link zwischen dem Outlook-Kontakt und der korrespondierenden OneNote-Notiz wird zwar aktualisiert, wenn Sie die Notiz in einen anderen Abschnitt oder in ein anderes Notizbuch verschieben; er bleibt also erhalten. Ansonsten ist der Inhalt aber nicht dynamisch. Das heißt: Wenn Sie zum Beispiel die Telefonnummer in Outlook oder OneNote ändern, wird die jeweils andere Version nicht automatisch aktualisiert. Auch per Hand ist eine nachträgliche Synchronisation nicht möglich.

4.7.3 Besprechungsnotizen persönlich oder im Team

Ganz ähnlich wie die Verbindung von in Outlook gespeicherten Kontaktadressen mit OneNote lassen sich auch in Outlook angelegte Besprechungstermine mit einer OneNote-Notiz verbinden. So lässt sich OneNote nutzen, um das Meeting vorzubereiten, währenddessen Anmerkungen festzuhalten oder eine Nachbearbeitung vorzunehmen. Noch besser: Sie können den entsprechenden Notizbereich dank Teamfunktion auch für andere Mitarbeiter freigeben und gemeinsam an den Notizen arbeiten. Das ist eine der vielen Einsatzmöglichkeiten von OneNote im Team. Mehr dazu lesen Sie in Kapitel 8, Teilen und Teamwork.

> Auch wenn die hier beschriebenen Funktionen sich explizit auf Besprechungen beziehen und entsprechende Eintragungen (zum Beispiel eine Teilnehmerliste) in die OneNote-Notiz vornehmen, können Sie sie problemlos für anderweitige persönliche Termine verwenden.

1. Legen Sie im Outlook-Kalender einen neuen Termin beziehungsweise eine neue Besprechung an.
2. In der Detailansicht, in der Sie zum Beispiel die Start- und Endzeit oder Benachrichtigungen einstellen, finden Sie in der Symbolleiste START ein OneNote-Symbol mit der Beschriftung BESPRECHUNGSNOTIZEN, das Sie anklicken, um zum Termin eine OneNote-Notiz anzulegen.

   Es erscheint ein Fenster mit zwei Auswahlmöglichkeiten: NOTIZEN FÜR DIE BESPRECHUNG FREIGEBEN und EIGENE NOTIZEN ERSTELLEN. Die erste Option ist für echte Besprechungstermine vorgesehen und erlaubt das Freigeben der Notizen für andere Personen. Die zweite ist die richtige Wahl, wenn Sie nur für sich selbst Notizen machen wollen, und passt daher auch für andere persönliche Termine. Je nachdem, für welche Option Sie sich entscheiden, ändert sich die weitere Vorgehensweise etwas.

Haben Sie Eigene Notizen erstellen gewählt, erscheint das bekannte Auswahlfenster für das Ziel in OneNote:

1. Wählen Sie das Notizbuch, den Abschnitt und/oder die entsprechende Seite, und klicken Sie auf OK.

2. Die Besprechungsdetails mit Datum, Zeit und Teilnehmern werden an der angegebenen Stelle in OneNote in einen eigenen Notizcontainer eingetragen. Dort findet sich auch eine Zeile »Link zu Outlook-Element« mit der Beschriftung klicken Sie hier. Er führt direkt zu den Besprechungsdetails in Outlook.

Entscheiden Sie sich hingegen für Notizen für die Besprechung freigeben, öffnet sich zwar auch ein Auswahlfenster für das OneNote-Speicherziel. Es bietet aber weitere Optionen:

1. Im unteren Bereich des Fensters findet sich nun einen Link mit der Beschriftung Überprüfen, wer auf das ausgewählte Notizbuch zugreifen kann. Er führt direkt zu den Notizbuch-Freigabefunktionen von OneNote. Mehr dazu erfahren Sie in Kapitel 8, Teilen und Teamwork. Außerdem gibt es eine Schaltfläche zum Anlegen eines neuen Notizbuches, vorzugsweise an einem Speicherort, auf den die beteiligten Mitarbeiter zugreifen können.

2. Nachdem Sie das Ziel gewählt und mit OK bestätigt haben, werden die Besprechungsdetails wie zuvor beschrieben in der OneNote-Notiz eingetragen.

Zusätzlich ist aber auch in den Besprechungsdetails in OneNote etwas passiert: Im dortigen Notizbereich findet sich nun ein Link mit der Beschriftung Besprechungsnotizen anzeigen (Web). Klicken Sie auf den vorderen Bereich, wird die entsprechende Notiz in der OneNote-Windows-Anwendung geöffnet. Klicken Sie dagegen auf (Web), startet stattdessen der Webbrowser mit der Webversion von OneNote (siehe Kapitel 11, Die Web-Version von OneNote). So können auch Mitarbeiter an den Notizen arbeiten, die selbst kein OneNote installiert haben.

Selbst wenn Sie Eigene Notizen erstellen gewählt haben, können Sie die Notizen nachträglich für andere Mitarbeiter freigeben. Dazu verfahren Sie einfach nach den Anleitungen zur Teamarbeit in Kapitel 8.

4.7.4 Aufgaben mit OneNote und Outlook

Gerade dann, wenn Sie OneNote für die Planung und Vorbereitung beruflicher oder privater Projekte einsetzen, dürften immer wieder zu erledigende Aufgaben Bestandteil Ihrer Notizen sein. Durch die Verbindung mit Outlook sparen Sie sich das lästige Hin- und Herwechseln zwischen den beiden Programmen und haben doch einen zentralen Speicherort für Ihre To-do-Liste. So lassen sich zum einen Aufgaben-Einträge in der Outlook-To-do-Liste mit OneNote-Notizen ergänzen und verlinken. Zusätzlich ist es aber auch möglich, Aufgaben direkt in OneNote anzulegen oder eine bestehende Notiz als Aufgabe zu deklarieren. Diese wird automatisch auch in den Taskplaner von Outlook eingetragen. Noch besser: Egal, wo Sie eine erledigte Aufgabe abhaken, ob in OneNote oder Outlook – sie wird vollautomatisch auch im jeweils anderen Programm entsprechend aktualisiert.

So legen Sie eine neue Aufgabe in OneNote an:

1. Tippen Sie den Beschreibungstext, zum Beispiel »Präsentation vorbereiten«, oder setzen Sie die Einfügemarke in einen vorhandenen Textabsatz.

2. In der Symbolleiste START finden Sie im Abschnitt KATEGORIEN ein rotes Fähnchen, das auch in Outlook Aufgaben kennzeichnet, und daneben die Beschriftung OUTLOOK-AUFGABEN, gefolgt von einem kleinen schwarzen Dreieck mit der Spitze nach unten. Klicken Sie auf das Dreieck.

3. Nun klappt ein Untermenü auf, in dem Sie unter anderem die Fälligkeit für die Aufgabe festlegen können, zum Beispiel HEUTE, DIESE WOCHE oder KEIN DATUM. Wählen Sie den passenden Eintrag aus.

4. Der Aufgabentext auf Ihrer Notizseite hat jetzt ein vorangestelltes rotes Fähnchen als Kategorienmarker erhalten. Die Sättigung der Farbe steht wie in Outlook für die Dringlichkeit, bezogen auf den Fälligkeitstermin.

Wenn Sie jetzt zu Outlook wechseln, werden Sie feststellen, dass dessen Aufgabenbereich automatisch einen entsprechenden Eintrag erhalten hat. Sie können das Fähnchen neben der jeweiligen Aufgabenbeschreibung in OneNote mit der rechten Maustaste anklicken und aus dem Kontextmenü den letzten Eintrag AUFGABE IN OUTLOOK ÖFFNEN auswählen, um direkt zu Outlook und den Aufgabendetails zu wechseln. In diesem Menü lässt sich auch das Fälligkeitsdatum ändern, die Aufgabenmarkierung komplett löschen (TAG ENTFERNEN) oder die jeweilige Aufgabe als erledigt markieren. Letzteres erreichen Sie aber einfacher durch einen Klick mit der linken Maustaste auf das Fähnchen. Das Symbol ändert sich daraufhin in ein grünes Häkchen, und die Aufgabe wird automatisch auch in Outlook als »Erledigt« markiert.

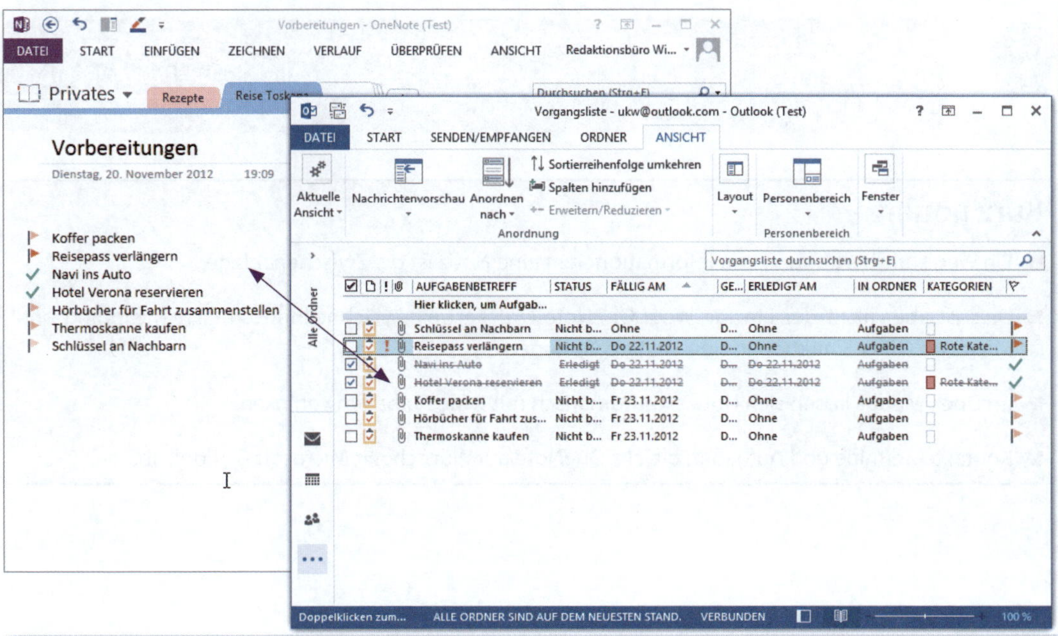

Abbildung 4.13 Haken Sie eine Aufgabe in OneNote ab, wird sie automatisch auch in Outlook als »Erledigt« markiert und umgekehrt.

Andersherum geht es auch: Wenn Sie eine Aufgabe in Outlook abhaken, wird auch der verknüpfte Eintrag in OneNote sofort aktualisiert. Dazu muss das jeweilige andere Programm nicht einmal laufen. Werden die Outlook-Kalender und -Aufgabenplaner auf einem Exchange-Server verwaltet, läuft die Synchronisation sofort. Ansonsten werden die Informationen aktualisiert, wenn Sie das betreffende Programm das nächste Mal starten.

Möchten Sie in Outlook beginnen, also zuerst dort eine Aufgabe anlegen und dann eine OneNote-Notiz hinzufügen, gehen Sie folgendermaßen vor:

1. Tragen Sie eine neue Aufgabe in den Planer von Outlook ein.

2. Markieren Sie die Aufgabe in der To-do-Liste, und klicken Sie in der Symbolleiste START im Abschnitt AKTIONEN auf die Schaltfläche ONENOTE. Alternativ klicken Sie mit der rechten Maustaste auf die Aufgabe und wählen den Befehl ONENOTE aus dem Kontextmenü. Oder Sie können zuerst die Aufgabendetails per Doppelklick öffnen und dann auf die ONENOTE-Schaltfläche in der Symbolleiste klicken.

3. Es erscheint der übliche Auswahldialog für das Ziel in OneNote. Wählen Sie hier einen Abschnitt, wird darin eine neue Seite mit dem Aufgabentext als Titel angelegt. Geben Sie dagegen eine vorhandene Seite an, wird die Aufgabe dort in einen neuen Notizcontainer eingefügt. Bestätigen Sie mit OK.

Ist bereits eine Verknüpfung vorhanden, öffnet sich OneNote mit der zur Aufgabe gehörenden Notiz. Sie erkennen das daran, dass im Notizbereich der Aufgabe (in Outlook) ein OneNote-Symbol mit der Beschriftung »Verknüpfung mit Aufgabe in OneNote« vorhanden ist. Auch ein Doppelklick auf dieses Symbol bringt Sie zur zugehörigen OneNote-Notiz.

Außer dem Status (noch offen oder erledigt) und dem Fälligkeitsdatum werden keine Aufgabendetails mit OneNote verlinkt. Die vergebene Priorität einer Aufgabe oder deren Bearbeitungsfortschritt sind nur in Outlook ersichtlich.

Kurz notiert

- Ein Weg zur Übertragung von Informationen in eine Notiz ist die Zwischenablage.
- Dies ist aber nicht der einzige Weg: OneNote-Druckertreiber, Schnellnotizen, Screenclipping und Microsoft Office-Funktionen sind weitere Optionen.
- Im Dock-Modus lassen sich Notizen automatisch mit Office-Inhalten verlinken.
- Kontakte, Termine und Aufgaben gleicht OneNote auf Wunsch mit Microsoft Outlook ab.

5

Suchen und finden

- *Notizen jederzeit wiederfinden*
- *Nachschlagen und Recherche*
- *Thesaurus und Übersetzung*
- *Durchsuchen von Audio- und Videoaufzeichnungen*

Das beste Gedächtnis ergibt nur dann Sinn, wenn es nicht nur alle möglichen Daten speichern, sondern jederzeit auch wieder darauf zugreifen kann. In diesem Kapitel geht es um die wohl wichtigste Funktion von OneNote: Alles, was irgendwann einmal festgehalten wurde, blitzschnell wiederzufinden – egal, wo es steht.

OneNote ermöglicht jenen, die Informationen grundsätzlich gerne strukturieren und ordnen, eine säuberliche Organisation in Notizbücher, Abschnitte und Notizbuchseiten. Die entsprechende Disziplin beim Einsortieren vorausgesetzt, können Sie mit dem Programm wie mit einem herkömmlichen Aktenordner arbeiten: das passend benannte Notizbuch öffnen, zum richtigen Abschnitt wechseln und gezielt die möglichst aussagekräftig betitelte Seite öffnen. Bis zu einem gewissen Datenumfang ist das sicher eine legitime und praktikable Methode. Irgendwann wird es aber trotzdem mühselig, vor allem, wenn sich mehr Informationen auf einer Notizseite verteilen, als auf den Bildschirm passen.

Und obwohl OneNote einen gewissen Ordnungssinn unterstützt, will es keinesfalls dazu erziehen – im Gegenteil: Wem das eher liegt, der kann alles, was er festhalten möchte, einfach hineinwerfen. Sortieren lässt sich der Zettelkasten auch später (siehe Kapitel 6, Strukturieren und aufräumen) – wenn überhaupt.

Die Suchfunktion von OneNote hilft bei beiden Arbeitsweisen, jede Information blitzschnell aufzuspüren – ganz egal, wo sie gespeichert ist. Und dabei ist sie kein bisschen komplizierter als der Umgang mit einer Internet-Suchmaschine wie Google oder Bing: Geben Sie einfach einen oder mehrere Begriffe ein, und sofort erhalten Sie eine Ergebnisliste mit den Trefferstellen aus allen offenen Notizbüchern – oder nur aus dem aktuellen Notizbuch oder nur aus einem Abschnitt oder sogar nur innerhalb der offenen Seite: ganz, wie Sie wollen.

Das Besondere an OneNote ist dabei, dass sich die Suche nicht nur auf (getippte) Texte begrenzt. Auch Textstellen in Bildern (Bildschirmschnappschüsse, gescannte Dokumente, Fotos), PDF-Dateien oder sogar in Audio- und Videoaufzeichnungen werden gefunden. Zusätzlich lassen sich auch Kategorien-Markierungen als Suchkriterium verwenden, markierte Begriffe online recherchieren oder sogar in andere Sprachen übersetzen. Dieses Kapitel zeigt Ihnen, wie Sie jede Information in OneNote wiederfinden.

5.1 Die Schnellsuche

Die sicher meistgenutzte Suchstrategie ist das Durchforsten der Notizbücher nach einzelnen Begriffen, Wortteilen oder Kombinationen aus mehreren Wörtern. So funktioniert die schnelle Suche:

1. In der normalen Ansicht von OneNote finden Sie rechts neben den Abschnittskarteireitern ein Suchfeld, in dem der Text »Durchsuchen (Strg+E)« steht. Setzen Sie die Einfügemarke hinein, oder drücken Sie die Tastenkombination [Strg]+[E]. Letzteres ist auch der richtige Weg, wenn das Suchfeld nicht sichtbar ist – beispielsweise in einem angedockten OneNote-Fenster. Daraufhin klappt ein recht großes, weitgehend leeres Fenster auf.

2. Tippen Sie den gesuchten Begriff ein. Sie können auch nach mehreren Wörtern suchen, die alle auf derselben Notizseite stehen – schreiben Sie sie einfach nebeneinander, getrennt durch Leerzeichen. Das entspricht einer UND-Verknüpfung. Exakte Wortkombinationen schließen Sie in Anführungszeichen ein. Auch eine Oder-Verknüpfung ist möglich, zum Beispiel: »Apfel ODER Birne«. Die Großschreibung von »ODER« ist wichtig. Groß- und Kleinschreibung wird bei den Suchbegriffen selbst dagegen nicht berücksichtigt.

3. Sie werden feststellen, dass sich das Fenster schon ab dem ersten Buchstaben mit einer Liste von Suchergebnissen füllt. Die Trefferliste verkleinert sich naturgemäß (wird dabei aber genauer), je mehr Sie von dem Suchwort schreiben.

4. Klicken Sie mit der linken Maustaste die einzelnen Einträge in der Trefferliste an. Alternativ können Sie auch die Tasten ↓ und ↑ verwenden, um durch die einzelnen Ergebnisse zu schalten. Die jeweilige Seite mit dem Suchtreffer wird automatisch geöffnet und der gesuchte Begriff farbig hinterlegt – dank der OCR-Funktion auch innerhalb von Grafiken.

5. Durch einen Doppelklick auf einen Eintrag oder das Drücken von ↵ schließt sich das Feld mit den Suchergebnissen, und die zuletzt angezeigte Seite mit dem Suchtreffer bleibt geöffnet. Sie können die Suche auch jederzeit abbrechen, indem Sie Esc drücken.

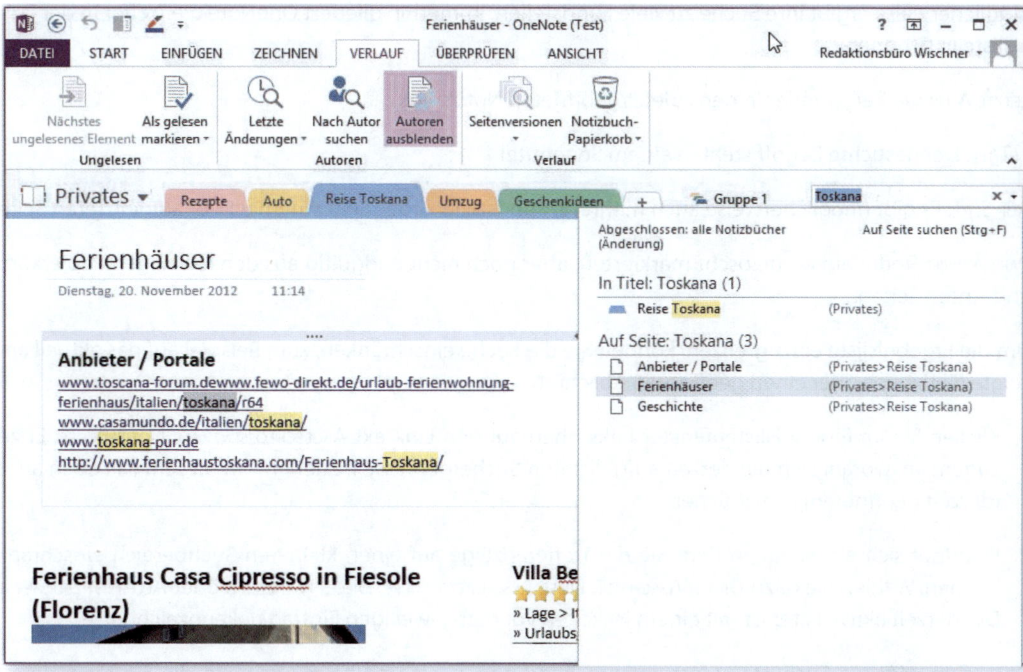

Abbildung 5.1 Schon während Sie einen Suchbegriff in das vorgesehene Feld rechts oben tippen, füllt sich die Trefferliste.

Es kann natürlich vorkommen, dass ein Suchbegriff mehrfach auf einer Seite steht. OneNote stellt aber nur den Seitenausschnitt mit der ersten Fundstelle dar. So finden Sie die anderen Treffer auf der Seite:

1. Wählen Sie aus der Suchergebnisliste zunächst die Seite, auf der Sie nach weiteren Vorkommen des gesuchten Wortes fahnden möchten (wie Schritt 4 in der vorigen Anleitung).

2. Klicken Sie rechts oben Auf Seite suchen an, oder drücken Sie die Tastenkombination Strg+F.

3. Die Ergebnisliste wird geschlossen, das erste gefundene Wort auf der Notizseite wird markiert, und links neben dem Eingabefeld für die Suchbegriffe ist ein neues Element aufgetaucht: Eine gelb hinterlegte

Fläche mit der Bezeichnung »Übereinstimmung 1 von x«, wobei »x« die Anzahl der Vorkommen des gesuchten Begriffs auf dieser Seite angibt. Klicken Sie auf den Aufwärts- oder Abwärtspfeil rechts daneben, schaltet die Anzeige die einzelnen Fundstellen sichtbar durch.

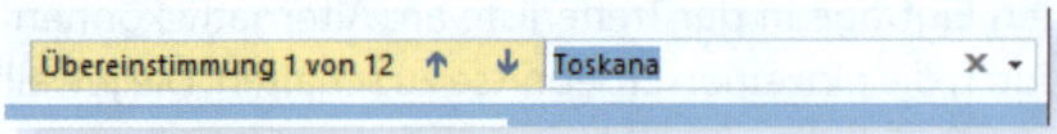

Abbildung 5.2 Kommt der gesuchte Begriff mehrfach auf einer Seite vor, können Sie mit den beiden Pfeilen durch die Fundstellen wechseln.

5.1.1 Suche eingrenzen

Möglicherweise ergibt Ihre Suche zu viele Fundstellen. Immerhin gliedert OneNote die Treffer in der Ergebnisliste in Gruppen:

Letzte Auswahl: Zeigt Treffer in den zuletzt geöffneten Notizseiten.

In Titel: Der gesuchte Begriff steht in einem Seitentitel.

Auf Seite: Es gibt (möglicherweise auch mehrere) Fundstellen irgendwo innerhalb der aufgelisteten Seiten.

Papierkörbe: Treffer auf als gelöscht markierten, aber noch nicht endgültig aus den jeweiligen Papierkörben entfernten Seiten.

Um die Ergebnisliste einzugrenzen, können Sie die Suche einschränken, zum Beispiel auf das aktuell angezeigte Notizbuch oder einen geöffneten Abschnitt:

1. Klicken Sie im Ergebnislistenfenster links oben auf den Linktext Abgeschlossen: alle Notizbücher. Er zeigt zudem an, worauf sich die derzeit aufgelisteten Suchergebnisse beziehen – in diesem Fall eben auf alle (derzeit geöffneten) Notizbücher.

2. Es öffnet sich ein Menü, in dem Sie die Trefferanzeige auf einen kleineren Suchbereich einschränken können. Wählen Sie dazu Diesen Abschnitt, Diese Abschnittsgruppe, Dieses Notizbuch oder Alle Notizbücher aus. Der derzeit aktive Filter ist mit einem Häkchen vor dem jeweiligen Eintrag gekennzeichnet.

Daraufhin wird die Suchliste sofort entsprechend angepasst und zeigt nur noch die Einträge, die dem Suchortfilter entsprechen. Im selben Menü können Sie auch festlegen, dass ein bestimmter Suchbereichsfilter – zum Beispiel Dieses Notizbuch – allen Suchvorgängen zugrunde liegt. Dafür ist der letzte Befehl in dem ausgeklappten Menü zuständig: Diesen Bereich als Standard festlegen.

Sie können den Suchbereichsfilter auch ohne Ergebnisliste, zum Beispiel vor einem Suchauftrag einstellen. Klicken Sie dazu am rechten Rand des Eingabefelds für den Suchbegriff auf das Dreieck mit der nach unten weisenden Spitze.

5.1.2 Erweiterte Suchergebnisse

OneNote bietet außer der bisher genutzten Trefferliste eine weitere Anzeige von Suchergebnissen. Diese bietet einige Vorteile:

- Sie wird rechts an das OneNote-Fenster angeheftet und bleibt auch offen, wenn Sie zum Beispiel zwischendurch Änderungen an einer Notiz vornehmen.
- Jeder Eintrag der Trefferliste wird um einen Textauszug aus der jeweiligen Seite rund um das erste Vorkommen des Suchwortes ergänzt.
- Standardmäßig ist die Ergebnisliste nach der Aktualität, also dem letzten Änderungsdatum sortiert. Das lässt sich hier ändern, um die Fundstellen alphabetisch auf- oder absteigend nach den Abschnittsbezeichnungen oder Seitentiteln zu ordnen.
- Mögliche Treffer in Audio- oder Videoaufzeichnungen lassen sich hier gesondert anzeigen.

So öffnen und nutzen Sie die erweiterte Suchergebnis-Anzeige: Nachdem Sie eine Suche gestartet haben, klicken Sie auf den Link SUCHERGEBNISSE ANHEFTEN ganz unten auf der Ergebnisseite oder drücken [Alt]+[O]. Wenn die Audio-Suche bereits aktiviert ist (siehe Abschnitt 9.2.8), lautet der Link NOTIZ UND AUDIO-SUCHERGEBNISBEREICH ANHEFTEN. Die Ergebnisliste verschwindet und macht einem rechts angedockten Bereich Platz, der mit »Suchergebnisse« überschrieben ist. Direkt darunter steht der aktuelle Suchbegriff (oder die Kombination aus Suchwörtern), auf die sich die angezeigten Fundstellen beziehen.

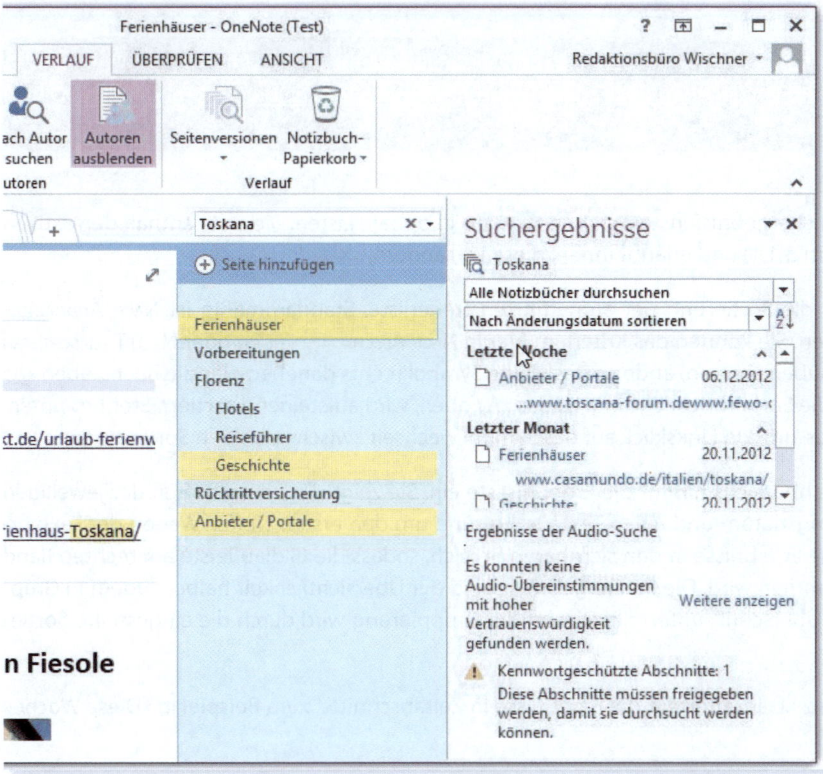

Abbildung 5.3 Der optionale erweiterte Suchergebnisbereich bietet zusätzliche Filter- und Sortierungsoptionen.

Hier haben Sie jetzt mehrere Möglichkeiten. Zunächst einmal können Sie die Breite des angehefteten Suchbereichs ändern oder ihn vom OneNote-Fenster entkoppeln und frei auf dem Bildschirm verschieben:

1. Klicken Sie auf das kleine Dreieck mit der nach unten weisenden Spitze rechts neben der Überschrift »Suchergebnisse«.

2. Aus dem aufklappenden Menü wählen Sie den Befehl Grösse ändern, um die Breite des Bereichs zu verändern. Der Mauszeiger ändert seine Form in einen horizontalen Doppelpfeil und steht nun auf der Trennlinie zwischen Suchbereich und OneNote-Fenster. Bewegen Sie die Maus nach links oder rechts, und fixieren Sie die neue Breite mit einem Klick der linken Maustaste. Alternativ können Sie auch ohne Umweg über das Menü durch Anklicken eben jener Trennlinie und Halten der linken Maustaste die Breite verändern.

3. Der Befehl Verschieben ändert den Mauszeiger in einen Vierfachpfeil, um anzuzeigen, dass Sie den nunmehr vom OneNote-Hauptfenster getrennten Suchergebnisbereich mit gedrückter Maustaste frei auf dem Bildschirm verschieben können. Auch hierfür gibt es eine Abkürzung: Klicken Sie die Überschrift »Suchergebnisse« mit der linken Maustaste an, und halten Sie sie fest.

Ein Doppelklick auf die Überschrift setzt das Fenster an seine Ursprungsposition am rechten Rand zurück.

> Sie können den Suchergebnisbereich auch an die linke Seite andocken. Folgen Sie dazu der Anleitung zum Verschieben des Fensters, und bewegen Sie es an den linken Rand des OneNote-Fensters.

Im oberen Bereich des Suchergebnisfensters stehen zwei ausklappbare Listen. Die erste enthält den aktiven Suchfilter (siehe Abschnitt 5.1.1) und erlaubt Ihnen, diesen zu ändern.

Die zweite Liste betrifft die Sortierung der aufgeführten Trefferliste. Standardmäßig ist Nach Änderungsdatum sortieren vorgegeben. Sie können das Kriterium hier in Nach Abschnitt sortieren oder Nach Titel sortieren (gemeint sind die Seitenüberschriften) ändern. Das kleine Symbol rechts daneben, das die Buchstaben »A« und »Z« zeigt, steht für die Sortierungsrichtung. Ist das »A« oben, wird aufsteigend sortiert. Steht es unten, dreht sich die Reihenfolge um. Ein Linksklick auf das Symbol wechselt zwischen beiden Sortierungen.

Den größten Teil des Suchbereichs nimmt die Ergebnisliste ein. Sie zeigt die Überschriften der jeweiligen Seite, das letzte Änderungsdatum und einen Textauszug rund um den ersten Treffer. Wegen der Textvorschau passen nur wenige Ergebnisse in den sichtbaren Bereich, sodass die Bildlaufleiste am rechten Rand häufiger zum Einsatz kommen wird. Die Suchergebnisse sind der Übersichtlichkeit halber zudem in Gruppen mit jeweils eigener Überschrift unterteilt. Die Art der Gruppierung wird durch die eingestellte Sortierung bestimmt:

- Nach Änderungsdatum sortieren unterteilt die Ergebnisse in Zeitabschnitte, zum Beispiel in »Diese Woche« oder »Letzte Woche«.
- Nach Titel sortieren stellt die Ergebnisliste ähnlich einem Buchindex mit einem Abschnitt pro Buchstabe des Alphabets dar.

- Nach Abschnitt sortieren schließlich ordnet die Trefferliste in Gruppen, die mit der jeweiligen Abschnittsbezeichnung überschrieben sind. Die Reihenfolge entspricht dabei der Ordnung innerhalb des jeweiligen Notizbuchs, beginnend mit dem aktuell angezeigten.

Klicken Sie eines der Suchergebnisse an, wird die entsprechende Notizbuchseite im OneNote-Editor dargestellt, und zwar an der Stelle, die das erste Vorkommen des Suchbegriffs enthält.

5.1.3 Durchsuchen von Audio- und Videoaufzeichnungen

Wie in Kapitel 3, Notizen in OneNote eingeben, bereits angedeutet wurde, ist eine der mächtigsten Fähigkeiten der Suchfunktion das Durchforsten von Audio- und Videoaufzeichnungen nach bestimmten Textstellen. Dabei müssen Sie allerdings ein paar Einschränkungen und Besonderheiten beachten:

- Die Audiosuche muss über die Optionen aktiviert sein (siehe Kapitel 9.2.8).
- Die aufgezeichneten Audio- und Videoclips müssen zunächst indiziert werden, bevor sie durchsuchbar sind. Je nach Umfang, Länge und nicht zuletzt nach der Rechenleistung des verwendeten PCs kann das von wenigen Sekunden bis zu mehreren Stunden dauern. Die Indizierung erfolgt automatisch, wenn der Rechner im Leerlauf ist (gerade nicht benutzt wird). OneNote muss allerdings gestartet sein.
- Es werden nur Audio- und Videodateien indiziert, die in OneNote aufgenommen wurden. Importierte Dateien sind zwar abspielbar und lassen sich auch mit verlinkten Notizen versehen (siehe Abschnitt 3.12.3), das Durchsuchen nach Textstellen klappt aber nicht – selbst dann nicht, wenn sie in dem Format vorliegen, das von OneNote verwendet wird und in den Audiooptionen festgelegt wurde (zum Beispiel *WMA 9.2*). Diese Beschränkung gilt für die erste Version von OneNote 2013. Es ist nicht ausgeschlossen, dass Microsoft hier nachbessert – technisch wäre das Indizieren und Durchsuchen importierter Audiofiles ohne Weiteres machbar.

Damit das Erkennen von Textstellen in Audio- oder Videoaufzeichnungen halbwegs zuverlässig funktioniert, sollte deren Qualität möglichst hoch sein:

- Verwenden Sie daher ein möglichst hochwertiges Mikrofon oder Headset.
- Die Texte müssen laut (aber nicht verzerrt), klar artikuliert und idealerweise langsam gesprochen sein.
- Umgebungsgeräusche behindern die Erkennungsleistung genauso stark wie ein Grundrauschen bzw. Echo- oder Halleffekte aufgrund nicht optimaler Hardware und Umgebungsbedingungen.

Kritischer in Sachen Qualität als das Aufnehmen der eigenen Stimme per Headset sind vor allem die anderen interessanten Anwendungsbereiche: Für Aufzeichnungen von Meetings, Präsentationen oder Interviews brauchen Sie vor allem ein gutes Mikrofon.

Eine Transskript-Funktion, also das Umsetzen von Sprachaufzeichnungen in Text, ist in OneNote leider nicht vorhanden.

Wer möchte, kann einmal die Windows-eigene Spracherkennung ausprobieren, um eine Idee von der Mikrofonqualität und den Umgebungsbedingungen zu bekommen. Sie finden sie am einfachsten, wenn Sie im Eingabefeld des Startmenüs (Windows 7) oder auf dem Startbildschirm (Windows 8) den Begriff »Spracherkennung« eingeben.

Jetzt aber zur Anwendung der Suche in Audio- oder Videodateien:

1. Gehen Sie zunächst so vor, wie zu Beginn von Abschnitt 5.1 beschrieben; definieren Sie also den oder die Suchbegriff(e) und gegebenenfalls den Suchbereich.

2. OneNote wird in der normalen Ergebnisliste in keinem Fall einen Treffer in einer Audio- oder Videodatei anzeigen. Werden Treffer aufgelistet, liegen die Fundstellen in Textabschnitten oder Bildern. Öffnen Sie die erweiterte Ergebnisanzeige (siehe Abschnitt 5.1.2).

3. Im unteren Bereich des angedockten Fensters steht »Ergebnisse der Audiosuche«. War diese erfolgreich, finden Sie darunter einen Link mit der Bezeichnung KLICKEN SIE HIER, UM ÜBEREINSTIMMUNGEN ANZUZEIGEN. Tun Sie genau das.

4. Der Inhalt des Suchergebnisbereichs ändert sich und zeigt im mittleren Bereich nun die Suchtreffer (ausschließlich) in Audio- oder Videodateien an – und zwar mit dem Namen der jeweiligen Seite, dem Suchbegriff und der Position innerhalb der Aufzeichnung. Ein Klick auf eine dieser Angaben spielt die betreffende Stelle sofort ab.

Hinter der jeweiligen Positionsangabe findet sich in Klammern noch ein weiterer interessanter Wert: die Angabe der »Vertrauenswürdigkeit«. Damit ist gemeint, wie sicher sich die Audioerkennung ist, das gesuchte Wort erkannt zu haben. Dieser Wert liegt zwischen 0,1 und 0,8. Je geringer er ist, desto schlechter ist die Qualität der gefundenen Aufnahme(stelle). Entsprechend geringer wird die Wahrscheinlichkeit, dass es sich bei dem erkannten Wort tatsächlich um den Suchbegriff handelt. Grob lässt sich sagen, dass alles ab 0,5 aufwärts recht zuverlässig ist. Bei einem Wert von 0,1 oder 0,2 werden Sie beim Abspielen der Passage dagegen oft feststellen, dass dort etwas ganz anderes zu hören ist.

Aus diesem Grund gibt OneNote auch nur dann ein positives Ergebnis der Audiosuche aus (siehe Schritt 3 in der vorherigen Anleitung), wenn die Fundstelle einen Wert für die Vertrauenswürdigkeit von mindestens 0,5 aufweist.

Wenn Sie möchten, können Sie aber auch schlechtere Aufnahmen in die Suche mit einbeziehen und eine höhere Fehlerquote in Kauf nehmen:

Im unteren Bereich finden Sie rechts eine Auswahlliste für die Mindestvertrauenswürdigkeit. Standardmäßig steht hier der Wert 0,5. Setzen Sie ihn herab, um möglicherweise weitere Fundstellen anzuzeigen. Umgekehrt dürfen Sie bei zu vielen Fehltreffern die Einstellung auch auf 0,8 hochsetzen. Im oberen Bereich finden Sie die bereits bekannte Auswahl der Sortierung der Suchtreffer. Sie enthält jetzt auch die Option, nach der Vertrauenswürdigkeit zu sortieren (bereits voreingestellt).

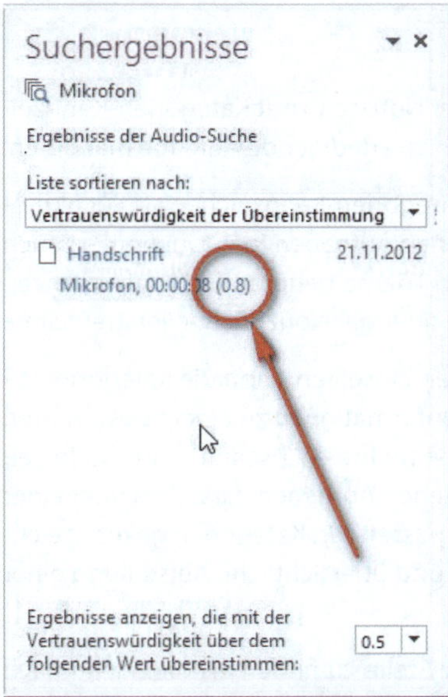

Abbildung 5.4 Wird die Suche in einer Audiodatei fündig, gibt die Zahl in Klammern die Vertrauenswürdigkeit (Zuverlässigkeit des Treffers) an.

Auch, wenn die ursprüngliche Suche überhaupt keinen Treffer ergeben hat, kommen Sie an die Einstellung der Fehlertoleranz heran. Im unteren Bereich des Suchergebnisbereichs fehlt dann zwar der Link KLICKEN SIE HIER, UM ÜBEREINSTIMMUNGEN ANZUZEIGEN. Stattdessen weist ein Text darauf hin, dass keine Audioübereinstimmungen mit hoher Vertrauenswürdigkeit gefunden wurden. Daneben steht aber der Link WEITERE ANZEIGEN. Ein Klick darauf öffnet wieder die (nunmehr leere) Liste der Audiofundstellen und ermöglicht den Zugriff auf die Einstellung zur Herabsetzung der Vertrauenswürdigkeit.

Haben Sie den Suchergebnisbereich zuvor schmaler eingestellt, kann es sein, dass der Link für die erweiterte Anzeige der Audiosuchergebnisse (WEITERE ANZEIGEN) nach rechts aus dem Bildschirmrand gerutscht ist. Verbreitern Sie das Fenster entsprechend wieder.

Ganz unten im Bereich der Audio-Suchergebnisliste steht manchmal ein Hinweistext mit einem gelben Warnzeichen. Er weist darauf hin, dass möglicherweise noch nicht alle relevanten Audio- oder Videoclips indiziert wurden. Dabei wird auch nur die Zahl der betroffenen Seiten, nicht aber der einzelnen Aufzeichnungen angegeben. Zudem rechnet OneNote auch importierte Audiodateien dazu, also solche, die nicht mit OneNote selbst aufgenommen wurden. Diese werden aber niemals indiziert. Es bleibt zu hoffen, dass Microsoft in diesem Bereich nachbessert. Es gibt derzeit leider auch keine Möglichkeit, das Indizieren per Hand anzuschieben oder zu beschleunigen.

5.2 Nach Kategorien suchen

In Abschnitt 3.8 haben Sie erfahren, wie Sie einzelne Elemente auf einer Notizseite mit Kategorien-Kennzeichen versehen und so zum Beispiel als besonders wichtig oder als noch zu erledigende Aufgabe markieren.

Richtig interessant wird diese Funktion erst dadurch, dass sich diese Kategorien-Kennzeichen als Suchkriterium verwenden lassen. So können Sie sich zum Beispiel alle noch offenen Aufgaben (das funktioniert auch mit in Outlook verwalteten Aufgaben) oder alle zu einem bestimmten Thema gehörenden Notizen anzeigen lassen – selbst dann, wenn diese über mehrere Seiten, Abschnitte oder gar Notizbücher verstreut sind.

Je nachdem, wie Sie ihre OneNote-Notizen organisieren und Kategorien einsetzen, kann die Kategoriensuche eine der mächtigsten Funktionen werden. Beispiel: Sie fassen alle Informationen zu einem bestimmten Projekt in einem eigenen Notizbuch zusammen, verteilen sie aber über mehrere Abschnitte und viele Seiten. Auf mehreren Seiten stehen unter anderem Notizen, die zu erledigende Aufgaben darstellen oder einer bestimmten Person zugeordnet sind. Entsprechend haben Sie sie mit passenden Kategorien gekennzeichnet. Die Kategoriensuche stellt Ihnen nun auf Wunsch eine komplette und übersichtliche Aufstellung einer oder mehrerer Kategorien aus genau diesem Notizbuch zusammen.

Die Kategoriensuche ist eine eigenständige Funktion und an anderer Stelle zu finden als die Suche nach Wörtern oder Ausdrücken:

1. Klicken Sie in der Symbolleiste START im Abschnitt KATEGORIEN auf die Schaltfläche KATEGORIEN SUCHEN.
2. Daraufhin heftet sich rechts an das OneNote-Fenster ein neuer Bereich an, ähnlich der Suchergebnisliste, wie sie in Abschnitt 5.1.2 beschrieben ist. Sie trägt den Titel »Kategorienzusammenfassung« und zeigt eine Übersicht sämtlicher Kategorie-Markierungen in allen geöffneten Notizbüchern zusammen mit einem Ausschnitt des zugehörigen Textes. Zudem bietet sie einige weitere Optionen.

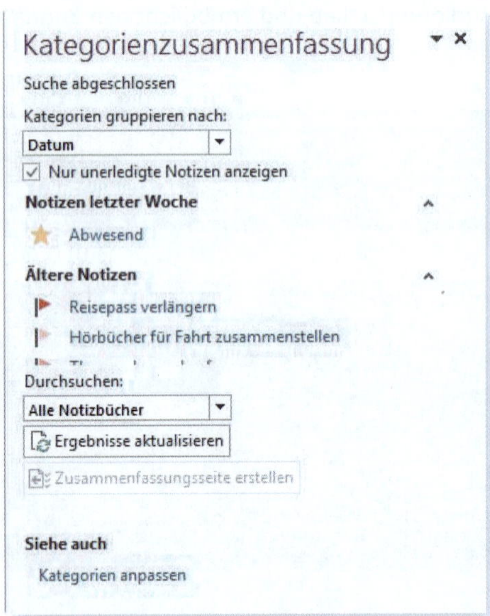

Abbildung 5.5 Die Kategoriensuche stellt übersichtlich alle Notizseiten mit entsprechenden Markierungen zusammen.

So lässt sich beispielsweise das Kriterium für die Gruppierung ändern. Standardmäßig sind in der Liste alle gleichnamigen Kategorien zu Gruppen zusammengefasst, sodass zum Beispiel alle als »Wichtig« markierten Notizen untereinander stehen. Im oberen Bereich finden Sie unter Kategorien gruppieren nach ein Listenfeld, über das Sie weitere Gruppierungskriterien auswählen können:

- Kategorienname ist die eben beschriebene Standardeinstellung und fasst alle gleichnamigen Kategorien zusammen, auch selbst definierte (siehe Abschnitt 3.8.3).
- Abschnitt fasst alle Notizen mit einer Markierung zusammen, die auf Seiten im selben Abschnitt stehen.
- Titel nimmt die jeweiligen Seitentitel als Kriterium für die Gruppierung und sortiert sie alphabetisch – unabhängig von Notizbuch und Abschnitt.
- Datum organisiert die Notizen mit Kategoriemarkierung nach dem Datum ihrer Erstellung oder der letzten Änderung.
- Notiztext schließlich ordnet alle Einträge in der Liste alphabetisch nach dem zugehörigen Textinhalt des gekennzeichneten Objekts.

Neben der jeweiligen Gruppenüberschrift finden Sie das Symbol eines Winkels mit der Spitze nach oben. Ein Mausklick darauf klappt die jeweilige Liste ein und lässt nur die Bezeichnung stehen. Das Symbol ändert sich gleichzeitig und zeigt nun mit der Spitze nach unten. Ein erneuter Klick darauf klappt die Liste wieder auf. So sorgen Sie für mehr Übersicht.

Unter der Auswahlliste finden Sie ein Kontrollkästchen mit der Beschriftung Nur unerledigte Notizen anzeigen. Gemeint sind damit Elemente, die als Outlook-Aufgabe (mit dem Fähnchen, nicht die OneNote-Aufgaben mit dem Kästchen) gekennzeichnet sind und nicht als »Erledigt« abgehakt wurden. Die Liste reduziert sich nach dem Aktivieren dieser Option auf eben jene unerledigten Outlook-Aufgaben und entspricht damit der Aufgabenliste, wie sie auch in Outlook erscheint.

Oft wünscht man sich, die Übersicht der Kategorie-Markierungen auf einen bestimmten Bereich zu begrenzen – etwa, um alle als »Wichtig« oder »Unerledigt« markierten Notizen aufzulisten, die zu einem bestimmten Themenbereich gehören, der in einem eigenen Notizbuch oder Abschnitt zusammengefasst ist. Im unteren Bereich der Kategorienzusammenfassung dient dazu eine weitere ausklappbare Liste mit der Bezeichnung Durchsuchen. Sie können die Liste hier vielfältig begrenzen. Neben den bekannten Filtern wie Dieses Notizbuch oder Dieser Abschnitt gibt es auch Filter, die sich auf das Erstellungs- oder Änderungsdatum beziehen, wie etwa Notizen von heute oder Notizen letzter Woche.

Die Schaltfläche Ergebnisse aktualisieren wiederholt die Suche nach Kategorien und erneuert die angezeigte Liste. Das ist dann interessant, wenn Sie die Kategorienzusammenfassung ständig geöffnet lassen und dabei Notizen bearbeiten und Kategorienmarkierungen ändern, löschen oder hinzufügen.

Als besonders praktisch kann sich die letzte Funktion der Kategorienzusammenfassung erweisen: Klicken Sie auf die Schaltfläche Zusammenfassungsseite erstellen, legt OneNote im aktuell geöffneten Notizbuch und Abschnitt eine neue Seite an. Sie enthält den Inhalt der gerade angezeigten Kategorienliste gemäß der eingestellten Gruppierung und Sortierung. Damit können Sie zum Beispiel alle unerledigten Aufgaben oder alle Anmerkungen, die per Markierung besonders wichtig oder vielleicht einer bestimmten Person zugeordnet sind, in eine gewöhnliche OneNote-Notiz bringen. Diese lässt sich zum Beispiel ausdrucken oder als E-Mail versenden (dazu lesen Sie mehr in Kapitel 8, Teilen und Teamwork).

> Haben Sie auf diese Weise eine Seite anlegen lassen, die auch mit Outlook verlinkte Aufgaben enthält, bleibt die Verknüpfung erhalten. Das heißt: Es spielt keine Rolle, ob Sie eine Aufgabe auf der originalen Notizseite, in einer automatisch erzeugten Zusammenfassung oder in Outlook selbst als »Erledigt« abhaken. Die Kennzeichnung gilt für alle Vorkommen dieser Aufgabe.

5.3 Nachschlagen und recherchieren

OneNote kennt noch eine ganz andere Art der Suche, die nicht direkt mit dem Fahnden nach Inhalten von Notizbüchern oder -seiten zu tun hat: die Recherche. Zu Wörtern oder Textabschnitten in einer Notiz können Sie Synonyme (*Thesaurus*) finden, sie in eine andere Sprache übersetzen lassen oder sie auf bestimmten Webdiensten wie *Microsoft Bing* oder *Factiva* nachschlagen.

Diese Funktionen kommen genau genommen nicht von OneNote, sondern gehören zu Microsoft Office seit der Version 2003. Entsprechend sind sie in OneNote auch nicht sonderlich elegant eingebunden, können aber dennoch manchmal recht hilfreich sein. Die folgenden Abschnitte enthalten eine kurze Anleitung zum Recherchieren bzw. Nachschlagen (die OneNote-Benutzeroberfläche verwendet an verschiedenen Stellen des Programms beide Begriffe).

5.3.1 Synonyme mit dem Thesaurus suchen

Suchen Sie manchmal verzweifelt nach einem bestimmten Wort, zu dem Ihnen nur ein sinnverwandter Begriff einfällt, der es aber nicht ganz trifft? Oder möchten Sie einen Text – vielleicht für eine Präsentation – stilistisch verbessern und Wortwiederholungen vermeiden? Dann ist der Thesaurus (Synonymwörterbuch) das richtige Werkzeug. So verwenden Sie ihn in OneNote:

1. Markieren Sie das betreffende Wort, zu dem Sie eine Alternative suchen.
2. Öffnen Sie die Symbolleiste ÜBERPRÜFEN, und klicken Sie auf die Schaltfläche THESAURUS.
3. Am rechten Rand des OneNote-Fensters öffnet sich der Thesaurus-Bereich und zeigt eine Liste verwandter Begriffe.
4. Ist ein passendes Wort dabei, das Sie in Ihrem Text verwenden möchten, klicken Sie es mit der rechten Maustaste an und wählen Sie aus dem Kontextmenü KOPIEREN, um den Begriff in die Zwischenablage zu übertragen.
5. An der gewünschten Textstelle auf Ihrer Notizseite fügen Sie das Wort mit [Strg]+[V] ein.
6. Unterhalb der Wortliste finden Sie die Spracheinstellung für den Thesaurus. Standardmäßig wird nach deutschen Wortentsprechungen gesucht. Sie können durch einen Wechsel der Einstellung auch nach Synonymen für englische, französische oder italienische Wörter suchen.

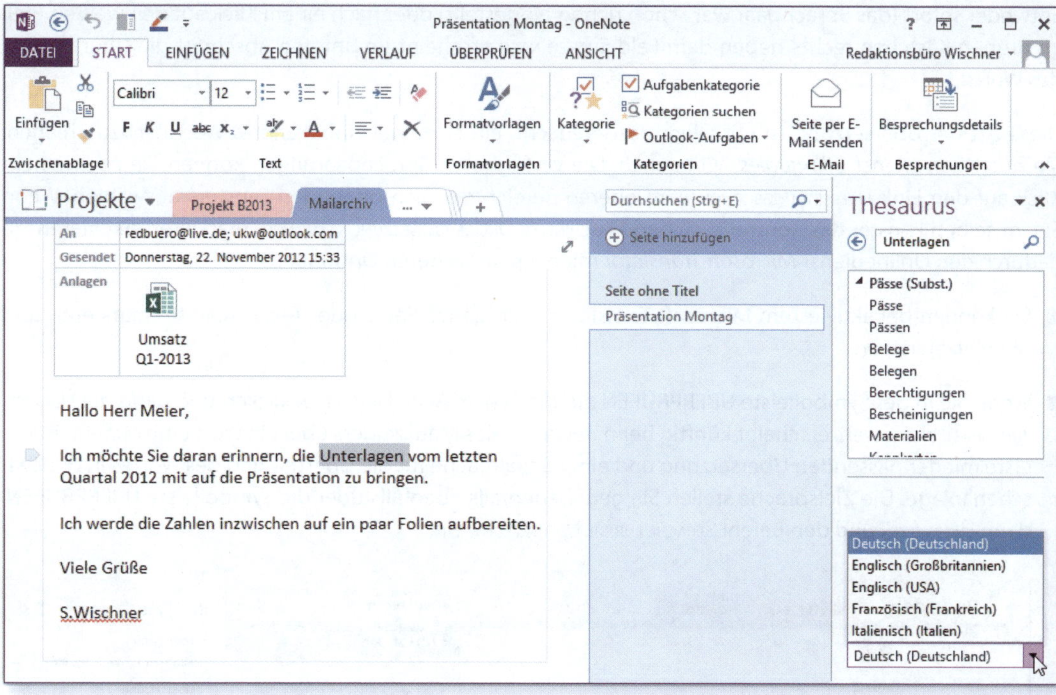

Abbildung 5.6 Auch in OneNote können Sie den Thesaurus (Synonymwörterbuch) von Microsoft Office nutzen.

> Wenn Sie mit der linken anstelle der rechten Maustaste auf ein Wort in der Vorschlagsliste des Thesaurus klicken, wird eine neue Anfrage nach verwandten Worten zu eben diesem Begriff gestartet. Ein Klick auf den blauen Linkspfeil im Kreis bringt Sie wieder zur jeweils vorhergehenden Ergebnisliste zurück.

5.3.2 Text in eine andere Sprache übersetzen

So ähnlich wie die Thesaurus-Wortsuche funktionieren die Übersetzungshilfen in OneNote. Das Programm greift dazu auf diverse Online-Sprachdienste zurück, wie zum Beispiel *Microsoft Translator* oder *WorldLingo*. So übersetzen Sie einzelne Wörter in eine andere Sprache:

1. Markieren Sie das betreffende Wort.
2. In der Symbolleiste ÜBERPRÜFEN klicken Sie auf ÜBERSETZEN und wählen dann AUSGEWÄHLTEN TEXT ÜBERSETZEN. Alternativ öffnen Sie per Rechtsklick das Kontextmenü und wählen den Befehl ÜBERSETZEN.
3. Am rechten Rand des OneNote-Fensters öffnet sich der Recherchebereich. Im Abschnitt »Übersetzung« finden Sie zwei Felder, die mit »Von« und »Nach« überschrieben sind. Stellen Sie dort gegebenenfalls Ausgangs- und Zielsprache ein.

Entweder sofort (das Sprachpaar war schon richtig eingestellt) oder nach einem Klick auf den weißen Pfeil im grünen Kästchen rechts neben dem Feld Suchen nach erscheint im unteren Abschnitt die Übersetzung des Worts.

Diese Art der Übersetzung ist vor allem dazu gedacht, ein einzelnes unbekanntes Wort nachzuschlagen. Sie nutzt den Dienst *Bilinguales Wörterbuch*. Die verfügbaren Sprachpaarungen können Sie nach einem Klick auf den Link Übersetzungsoptionen im oberen Bereich des sich öffnenden Fensters auswählen. Wenn Sie im selben Fenster das Kontrollkästchen Maschinelle Onlineübersetzung verwenden markieren, aktivieren Sie dadurch den Onlinedienst *Microsoft Translator* mit ein paar weiteren Optionen:

- Sie können bei aktiviertem Microsoft Translator auch ganze Sätze oder Textabschnitte markieren und übersetzen lassen.
- Wenn Sie in der Symbolleiste ÜBERPRÜFEN auf die Schaltfläche Übersetzen klicken und dann die Übersetzungshilfe aktivieren, erscheint künftig beim Bewegen des Mauszeigers über ein Wort eine Mini-Symbolleiste mit der passenden Übersetzung und einer Schaltfläche für die Übertragung des Wortes in die Zwischenablage. Die Zielsprache stellen Sie gegebenenfalls ebenfalls über die Symbolleiste ÜBERPRÜFEN, dann Übersetzen und den Befehl Sprache für die Übersetzung ein.

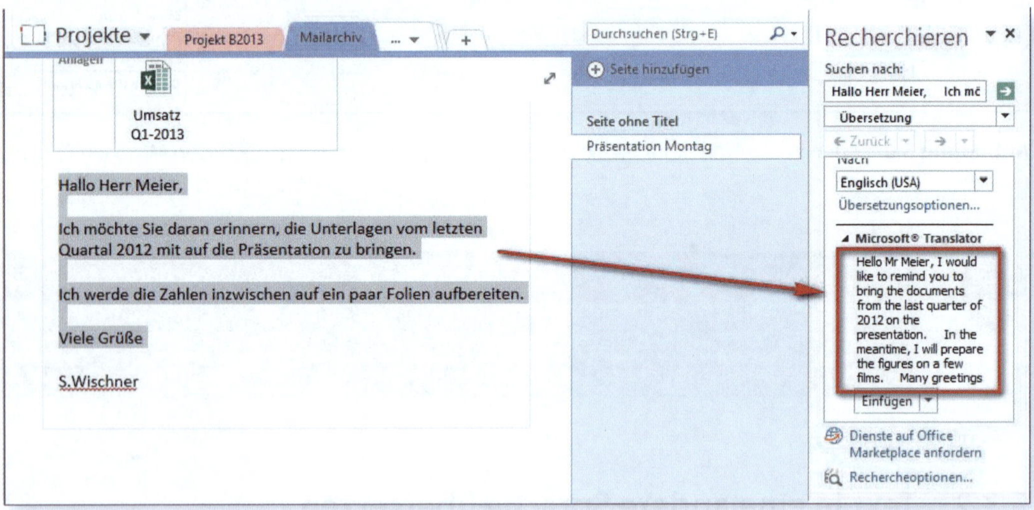

Abbildung 5.7 Erwartungsgemäß produziert die auch in OneNote nutzbare Übersetzungshilfe von Microsoft Office wenig Geschäftsbrief-reifes.

Erwarten Sie jedoch von der Qualität der Übersetzung nicht zu viel. Wie die meisten Übersetzungsprogramme produziert auch der Microsoft Translator ziemlich viel grammatikalischen Unsinn, wenn er auf mehr als ein einzelnes Wort losgelassen wird.

5.3.3 Weitere Recherchedienste

OneNote (eigentlich Microsoft Office) bietet Zugriff auf einige weitere Recherchedienste, wie etwa *Bing*, Microsofts Gegenstück zu *Google*. Zunächst einmal sollten Sie sicherstellen, dass alle verfügbaren Dienste eingerichtet sind:

1. Klicken Sie in der Symbolleiste ÜBERPRÜFEN auf die Schaltfläche RECHERCHIEREN. Alternativ klicken Sie irgendwo auf eine Notizseite mit der rechten Maustaste und wählen NACHSCHLAGEN aus dem Kontextmenü.

2. Am rechten Rand öffnet sich ein neuer Bereich mit der Überschrift »Recherchieren«. Klicken Sie hier ganz unten auf den Link RECHERCHEOPTIONEN.

3. Es erscheint eine Liste mit allen installierten Recherchediensten. Diejenigen, die im Moment aktiv sind, kennzeichnet ein Häkchen. Sie können hier die einzelnen Dienste nach Belieben ein- oder ausschalten.

4. Klicken Sie darunter auf die Schaltfläche AKTUALISIEREN/ENTFERNEN. Beim ersten Mal bittet ein Dialogfeld um Erlaubnis, künftig die Liste der Dienste selbstständig aktualisieren zu dürfen. Nachdem Sie die Erlaubnis erteilt haben, wird diese Schaltfläche eine detailliertere Aufstellung der Dienste zeigen.

5. In dieser klicken Sie wiederum auf AKTUALISIEREN. Eventuell noch nicht vorhandene Dienste werden nun eingerichtet, und Sie erhalten eine Erfolgsmeldung, die Sie mit einem Klick auf OK bestätigen.

Als dieses Buch verfasst wurde, umfasste das Angebot etliche Übersetzungsdienste plus Microsoft Bing in verschiedenen Sprachen, mehrere Synonymwörterbücher, die *Microsoft Encarta* auf Französisch und Englisch und das Unternehmens-Nachschlagewerk *Factiva*. Während Sie dieses Buch lesen, könnte sich das Angebot möglicherweise verändert haben.

Und so nutzen Sie die Recherchedienste:

1. Markieren Sie das Wort, zu dem Sie Zusatzinformationen abrufen wollen.

2. Öffnen Sie die Symbolleiste ÜBERPRÜFEN, und klicken Sie auf die Schaltfläche RECHERCHIEREN.

3. Am rechten Rand erscheint der schon von der Übersetzungsfunktion bekannte Recherchebereich. Unterhalb des Feldes SUCHEN NACH mit dem Recherchebegriff können Sie den Dienst aus einer ausklappbaren Liste auswählen. Klicken Sie hier zum Beispiel auf BING.

Die darunter stehende Trefferliste enthält jetzt die passenden Suchergebnisse. Im Fall von Bing bestehen diese aus einer (Webseiten-)Überschrift, einem Textauszug der jeweiligen Seite und einem Link, der die entsprechende Webseite direkt im Standardbrowser öffnet.

Sie können als Suchdienst auch die Einträge ALLE NACHSCHLAGEWERKE oder ALLE RECHERCHE-WEBSITES auswählen, um die Suche entsprechend zu erweitern.

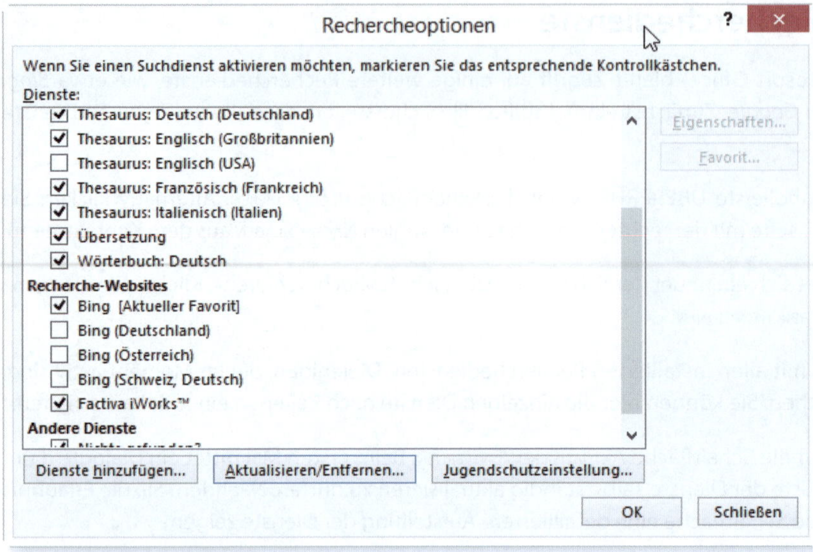

Abbildung 5.8 Auch die Rechercheoption von Microsoft Office lässt sich in OneNote nutzen, etwa um einen Begriff bei Bing nachzuschlagen.

Es ist leider nicht ohne Weiteres möglich, die angebotenen Dienste selbst zu erweitern, um zum Beispiel *Google* oder *Wikipedia* hinzuzufügen. Das funktioniert nur, wenn die entsprechenden Dienste Microsoft Office-Schnittstellen zur Verfügung stellen (dann über RECHERCHEOPTIONEN, DIENSTE HINZUFÜGEN) oder Microsoft die entsprechenden Dienste in das Angebot aufnimmt.

Kurz notiert

- Die Schnellsuche findet Begriffe bereits beim Eintippen.
- Suchergebnisse lassen sich auf Notizbücher, Abschnitte oder Seiten beschränken.
- In OneNote aufgezeichnete Audio- oder Videoclips werden auf Wunsch ebenfalls nach Textstellen durchsucht.
- Die Suche nach Kategorie-Markierungen erzeugt übersichtliche Listen.
- Die erweiterten Recherchefunktionen bieten Synonyme, Übersetzungen oder die Suche in bestimmten Webdiensten.

6 Strukturieren und aufräumen

- *Ordnung durch Beschriftung und Farben*
- *Abschnitte und Seiten organisieren und sortieren*
- *Archivieren, löschen, aufräumen*
- *Individuelle Notizseiten mit Formatvorlagen*

Es gibt so viele unterschiedliche Methoden, mit OneNote zu arbeiten, wie es verschiedene Charaktere gibt. Die einen nutzen das Programm am liebsten als unsortierten Zettelkasten: Notizen reinwerfen, keine Gedanken an Organisation oder Struktur verschwenden und dank der zuverlässigen Suchfunktion (siehe Kapitel 5) trotzdem alles jederzeit wiederfinden.

Andere haben Spaß daran, einen neuen Leitz-Ordner zunächst säuberlich zu beschriften und sich vorab Gedanken über die Ordnung und Aufteilung der kommenden Inhalte zu machen. Dann kommen erst einmal Registereinleger oder farbige Trennblätter hinein, vielleicht noch Einheft- Folientaschen, und der Locher wird für die erste abzuheftende Notiz bereitgelegt.

OneNote erlaubt beide Methoden und auch jede beliebige Mischung von Chaos und Ordnung. Ein bisschen Struktur kann dennoch nie schaden. Zumindest dann nicht, wenn Sie das Programm auch wie ein Nachschlagewerk verwenden – also starten, Notizbuch öffnen, blättern, gucken. Das Schöne ist: Egal, wie ungeordnet Sie Ihre Notizen im Laufe der Zeit gesammelt haben, Sie können in OneNote nachträglich jederzeit so viel umsortieren, zusammenführen, zuordnen und löschen, wie Sie möchten.

Dieses Kapitel zeigt Ihnen alle Werkzeuge, die OneNote für die Organisation der Informationssammlung zu bieten hat.

6.1 Abschnitte und Seiten beschriften

Es scheint zu naheliegend, um das Thema überhaupt anzuschneiden, und doch liegt der Hund manchmal in einer aussagekräftigen Beschriftung von Abschnitten und Seiten begraben.

Wenn Sie einen neuen Abschnitt anlegen, benennt OneNote ihn selbstständig mit »Neuer Abschnitt« und einer Nummer. Zwar ist diese Bezeichnung markiert und ließe sich unmittelbar mit einem passenderen Begriff überschreiben, aber schon ein Klick ins Notizbuch legt den Abschnittsnamen erst einmal fest.

Da es oftmals auch noch so ist, dass Sie vielleicht noch gar nicht wissen, was in den neuen Abschnitt alles hinein soll, kümmern Sie sich vielleicht auch vorläufig nicht um eine sinnvolle Bezeichnung. Macht nichts! Selbstverständlich lassen sich Abschnitte auch nachträglich umbenennen:

1. Klicken Sie mit der rechten Maustaste auf den entsprechenden Karteireiter oder den Abschnittsnamen in der Notizbuch-Navigationsleiste, und wählen Sie aus dem Kontextmenü UMBENENNEN. Alternativ funktioniert auch ein Doppelklick auf den Karteireiter.

2. Der Name ist jetzt markiert, und Sie können ihn einfach mit einer passenderen Bezeichnung überschreiben. Verwenden Sie aber nicht zu lange Bezeichnungen, sonst werden sie in der Darstellung abgeschnitten.

Ähnliches gilt für den Titel von Notizbuchseiten. Neue Seiten bezeichnet OneNote grundsätzlich mit »Seite ohne Titel«. Standardmäßig ist die jungfräuliche Seite aber nicht ganz leer, sondern enthält eine (noch unbeschriftete) Titelzeile mit Datum und Uhrzeit der Erstellung. Tippen Sie hier eine Überschrift ein, wird diese gleichzeitig zum Seitentitel, der auch in der Navigationsleiste am rechten Rand angezeigt wird.

Lassen Sie das Feld dagegen leer, verwendet OneNote automatisch den ersten Text, der auf der Seite erscheint – ganz egal, was das ist. In den meisten Fällen dürfte das nicht sonderlich sinnvoll sein. Gewöhnen Sie sich also am besten an, entweder die Titelzeile auszufüllen oder Notizseiten generell mit einer Art Überschrift zu beginnen.

Wenn Sie keinen Seitentitel möchten, können Sie ihn auch komplett mitsamt Erstellungsdatum und -zeit von der Seite löschen. Öffnen Sie dazu die Symbolleiste ANSICHT, und klicken Sie in der Gruppe SEITE EINRICHTEN auf die Schaltfläche SEITENTITEL AUSBLENDEN. In diesem Fall wird automatisch die erste Textzeile auf der Notiz zum Seitentitel.

6.2 Notizbücher, Abschnitte und Seiten farbig markieren

OneNote weist jedem neu angelegten Abschnitt in einem Notizbuch ziemlich willkürlich eine Farbe zu. Die bestimmt das Aussehen des zugehörigen Karteireiters und des Hintergrundes der rechts stehenden Seitennavigation. Auch Notizbücher haben unterschiedliche Farben, was sich aber nur im grafisch dargestellten Umschlagssymbol bemerkbar macht. Neue Seiten dagegen sind grundsätzlich weiß, lassen sich aber ebenfalls bei Bedarf einfärben.

Entweder überlassen Sie OneNote das Spiel mit den Farben oder Sie nehmen es zur einfacheren Organisation selbst in die Hand. So könnten Sie etwa alles, was zu einem bestimmten Projekt oder Themenbereich gehört, einheitlich einfärben.

6.2.1 Abschnittsfarben ändern

Immer wenn Sie einen neuen Abschnitt anlegen, erhält dieser ziemlich willkürlich eine neue Farbmarkierung. Es gibt zwar keine Möglichkeit, das zu unterbinden oder eine immer zu verwendende Farbe vorzugeben, Sie können den Farbton aber nachträglich problemlos ändern:

1. Klicken Sie, um die Farbe eines Abschnitts anzupassen, mit der rechten Maustaste auf den zugehörigen Karteireiter am oberen Rand eines Notizblatts.

2. Im daraufhin geöffneten Kontextmenü wählen Sie den letzten Eintrag mit der Bezeichnung ABSCHNITTSFARBE. Es öffnet sich ein weiteres Menü mit der Auswahl von 16 Farben und der Option KEINE. Letztere färbt den Abschnitt übrigens nicht weiß oder transparent, sondern steht für die Standard-Hintergrundfarbe von Microsoft Office, in der auch der Hintergrund der Menüleiste gehalten ist.

Sobald Sie sich mit einem Mausklick für eine Farbe entschieden haben, ändern sich nicht nur der Karteireiter und die horizontale Linie darunter, sondern auch der Hintergrund der Seitennavigation am rechten Rand verwandelt sich entsprechend.

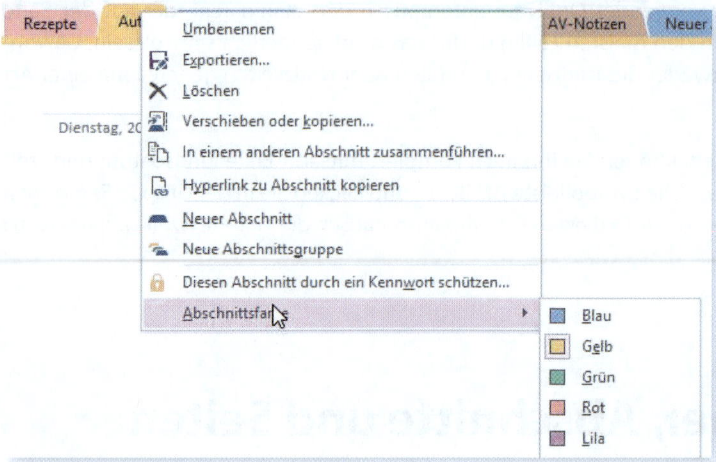

Abbildung 6.1 Die Farbe für den Karteireiter eines Abschnitts und den Hintergrund der Seitennavigation lässt sich jederzeit ändern.

6.2.2 Notizbuchfarbe einstellen

Die Färbung der einzelnen Notizbücher dient lediglich der Darstellung in der Übersicht über alle geöffneten Notizbücher, wenn Sie diese am linken Rand des OneNote-Fensters einblenden. Sie hat keine Auswirkung auf die Darstellung der Inhalte. Auch sie wird willkürlich beim Anlegen eines neuen Notizbuches vorgegeben, lässt sich aber nachträglich ändern. Das funktioniert übrigens nur mit in OneNote geöffneten Notizbüchern. Sie müssen dazu das EIGENSCHAFTEN-Dialogfeld des Notizbuchs öffnen. Dazu gibt es drei Wege:

- Klicken Sie mit der rechten Maustaste links oben auf den Namen des aktuell geöffneten Notizbuchs, und wählen Sie im Kontextmenü den Eintrag EIGENSCHAFTEN aus. Wollen Sie die Farbe eines anderen, gerade ebenfalls offenen Notizbuchs ändern, klappen Sie zuerst die Übersichtsliste mit einem Klick auf das nach unten weisende Dreieck auf und öffnen dann das Kontextmenü mit einem Rechtsklick auf den entsprechenden Notizbuchnamen.
- Haben Sie die Notizbuch- und Abschnittsnavigation am linken Rand angepinnt, klicken Sie den Namen des Notizbuchs, dessen Farbe Sie ändern möchten, mit der rechten Maustaste an und wählen im Kontextmenü den Eintrag EIGENSCHAFTEN.
- Wechseln Sie mit einem Klick auf DATEI in die Backstage-Ansicht. Sie sehen eine Übersicht aller derzeit offenen Notizbücher. Klicken Sie auf das jeweilige eingerahmte Symbol mit der Beschriftung EINSTELLUNGEN. In dem daraufhin geöffneten Dropdown-Menü können Sie den letzten Punkt, EIGENSCHAFTEN, wählen.

Alle genannten Wege führen zum mit NOTIZBUCHEIGENSCHAFTEN überschriebenen Dialogfeld, in dem Sie unter anderem den Namen oder Speicherort des jeweiligen Notizbuchs festlegen können. Im rechten Bereich befindet sich ein ausklappbares Farbfeld, über das Sie die Darstellung aus 16 Farbtönen auswählen können. Ein Klick auf OK führt den Farbwechsel durch.

6.2.3 Seitenfarben anpassen

Im Gegensatz zu neu angelegten Notizbüchern oder Abschnitten weist OneNote einer neuen Seite keine zufällige Farbe zu, sondern verwendet immer einen weißen Hintergrund. Auch der lässt sich jederzeit anpassen:

1. Öffnen Sie die Symbolleiste ANSICHT.
2. In der Gruppe SEITE EINRICHTEN klicken Sie auf die Schaltfläche SEITENFARBE.
3. Es öffnet sich eine Palette mit einem Angebot von 16 Pastelltönen. Wählen Sie die gewünschte Tönung. Die Option KEINE FARBE meint in diesem Fall tatsächlich Weiß.

Die Farbänderung gilt nur für die aktuell bearbeitete Seite. Sobald Sie eine neue Seite hinzufügen, erhält diese wieder einen weißen Hintergrund. Um dafür zu sorgen, dass jede neu angelegte Seite farbig hinterlegt ist, nutzen Sie die Seitenformatvorlagen von OneNote. Wie das genau funktioniert, lesen Sie in Abschnitt 6.4.

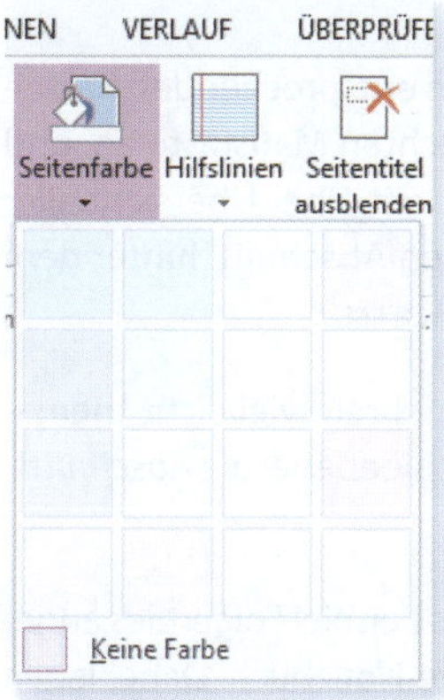

Abbildung 6.2 Um den Hintergrund einer Notizbuchseite einzufärben, stehen 16 Pastelltöne zur Wahl.

6.3 Ordnung in Abschnitte und Seiten bringen

Mit Farbmarkierungen allein dürfte es in wilden Abschnitts- und Blattsammlungen in der Regel nicht getan sein. Manches sollte in eine andere Reihenfolge gebracht werden, einmal definierte Aufteilungen wollen hinterfragt und geändert werden, und vieles muss schlichtweg entsorgt werden. OneNote ermöglicht das beliebige Umordnen, das Zusammenführen von Abschnitten, das Einziehen neuer Ordnungsstrukturen und Gliederungsebenen und selbstverständlich das Löschen von Seiten oder ganzer Abschnitte.

6.3.1 Abschnitte umsortieren und in Gruppen organisieren

Die Karteireiter neu angelegter Abschnitte werden grundsätzlich rechts an die bereits bestehenden angehängt. In der Notizbuch-Navigationsleiste landen sie unterhalb der vorhandenen. Möchten Sie eine andere Reihenfolge, können Sie die Abschnitte nach Belieben per Drag&Drop umsortieren:

- Klicken Sie den Karteireiter eines Abschnitts, den Sie verschieben möchten, mit der linken Maustaste an, und halten Sie diese gedrückt. Sobald Sie die Maus in den Bereich zwischen zwei Karteireitern bewegen, taucht ein kleines Dreieck darüber auf. Das zeigt an, wo der verschobene Abschnitt landet, wenn Sie die Maustaste loslassen. Sind im aktuellen Notizbuch mehr Abschnitte vorhanden, als Karteireiter auf dem Bildschirm Platz haben, wird das durch einen weißen Reiter am Ende mit drei Punkten und einem Dreieck angezeigt. Ein Klick darauf öffnet eine Liste der gerade nicht angezeigten Abschnitte. Auch von oder nach hier funktioniert das Verschieben mit der Maus.
- Ganz ähnlich verschiebt man in der Notizbuch-Navigationsleiste. Hier können Sie allerdings einen Abschnitt auch in ein anderes geöffnetes Notizbuch befördern. Nachdem Sie mit gedrückter linker Maustaste einen Abschnitt »aufgehoben« haben, zeigt eine horizontale Linie an, an welchen Stellen Sie ihn einfügen können.
- Die dritte Variante führt über das Kontextmenü eines Abschnitts. Klicken Sie den entsprechenden Karteireiter oder die Abschnittsbezeichnung in der Notizbuch-Navigation mit der rechten Maustaste an, und wählen Sie VERSCHIEBEN ODER KOPIEREN. Es öffnet sich das bekannte Auswahlfenster mit einer Übersicht aller geöffneten Notizbücher und der enthaltenen Abschnitte. Markieren Sie hier den Abschnitt, hinter dem der verschobene Abschnitt eingefügt werden soll, und klicken Sie dann auf VERSCHIEBEN.

Sind die Abschnitte eines Notizbuchs zu zahlreich geworden oder möchten Sie mehrere vielleicht thematisch zusammengehörende zusammenfassen, bietet OneNote eine weitere Hierarchieebene: die *Abschnittsgruppen*.

Um den Sinn und die Funktionsweise von Abschnittsgruppen zu verdeutlichen, sei als Beispiel Folgendes angenommen: Sie organisieren all Ihre Kontakte mit vielen Zusatzinfos in einem OneNote-Notizbuch. Dabei legen Sie für jeden Anfangsbuchstaben einen eigenen Abschnitt an, was zunächst recht sinnvoll und übersichtlich erscheint. In der Praxis erweist es sich aber als recht umständlich, mit 26 einzelnen Karteireitern zu hantieren, zumal der Platz normalerweise gar nicht ausreicht, um alle gleichzeitig anzuzeigen. Viel besser ist es, mehrere Abschnitte zu einer Gruppe zusammenzufassen, etwa: »A–E«, »F–J« und so weiter. Anstelle aller Abschnitte werden dann in der Tabzeile nur noch die Abschnittsgruppen angezeigt. Öffnen Sie eine davon, erscheinen die nur darin enthaltenen Abschnitte als Karteireiter – so, als wäre die Abschnittsgruppe ein eigenes Notizbuch.

Haben Sie die Notizbuch-Navigationsleiste am linken Rand eingeblendet, werden Abschnittsgruppen als neue Ordnerebene angezeigt. Sie lassen sich im Wesentlichen auch wie normale Abschnitte behandeln. Das heißt, Sie können zum Beispiel zu einer Abschnittsgruppe verlinken, diese verschieben, löschen oder kopieren.

Entweder Sie legen von vornherein eine (noch leere) Abschnittsgruppe an, weil Sie wissen, dass Sie die kommenden Daten entsprechend organisieren möchten. Oder Sie fassen nachträglich ausgewählte vorhandene Abschnitte zu einer neuen Gruppe zusammen.

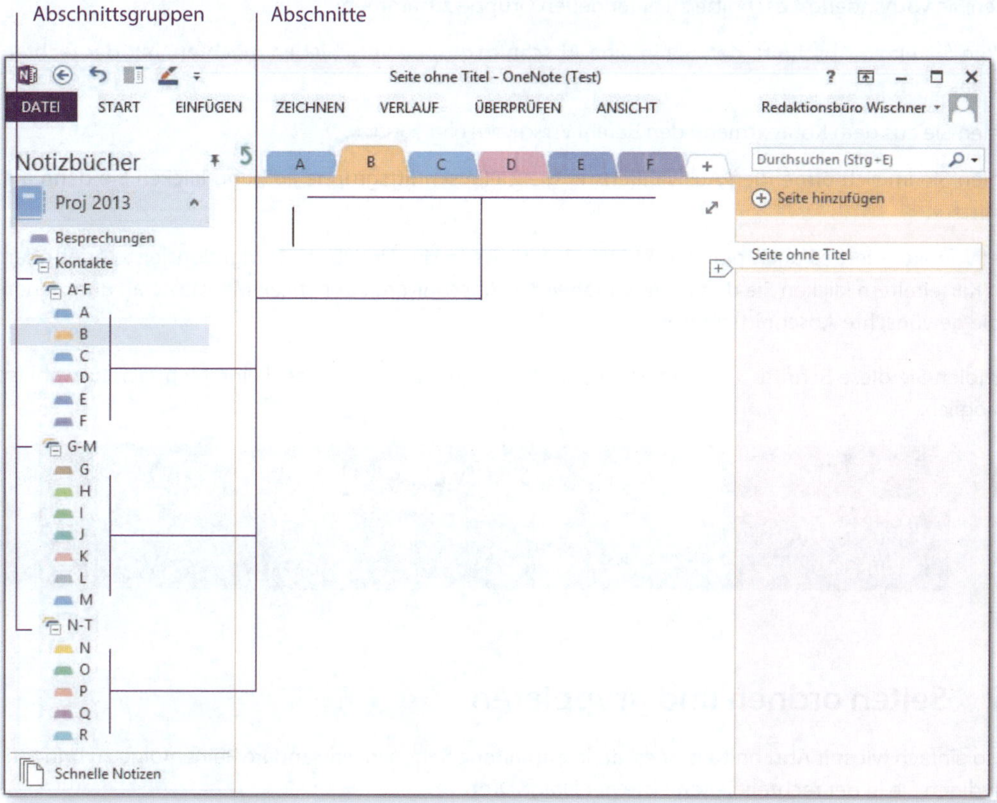

Abbildung 6.3 Abschnittsgruppen funktionieren wie Ordner und bringen auf Wunsch weitere Hierarchiestufen in die Struktur.

So legen Sie eine neue, leere Abschnittsgruppe an:

1. Klicken Sie mit der rechten Maustaste auf den Karteireiter eines vorhandenen Abschnitts oder in den freien Bereich rechts neben dem Pluszeichen in der Tabzeile. Ersteres öffnet ein umfangreicheres Kontextmenü, Letzteres ein kleines mit nur zwei Einträgen.
2. Wählen Sie in beiden Fällen den Befehl Neue Abschnittsgruppe. Je nach vorhandenem Platz wird die neue Gruppe in der Karteireiter-Leiste oder in einem Ausklappmenü angezeigt.
3. Überschreiben Sie den vorläufigen Namen »Neue Abschnittsgruppe« mit einer Bezeichnung Ihrer Wahl.

Abschnittsgruppen tauchen zusammen mit herkömmlichen Abschnitten in der Leiste mit den Karteireitern auf, allerdings als normaler Text mit einem vorangestellten Symbol, das drei verschiedenfarbige Reiter darstellt. Öffnen Sie die Gruppe per Mausklick, ändert die Karteireiter-Zeile ihren Inhalt und zeigt nur noch die Abschnitte der geöffneten Gruppe an. Zudem steht ganz links ein Symbol mit einem blauen gebogenen Pfeil. Ein Klick darauf bringt Sie wieder eine Ebene nach oben und schließt die Abschnittsgruppe.

So fassen Sie vorhandene Abschnitte zu einer neuen Gruppe zusammen:

1. Klicken Sie einen Abschnitt, den Sie in eine Abschnittsgruppe verschieben möchten, mit der rechten Maustaste an.
2. Wählen Sie aus dem Kontextmenü den Befehl VERSCHIEBEN ODER KOPIEREN.
3. Wählen Sie im sich öffnenden Auswahlfenster die Zielabschnittsgruppe aus, und klicken Sie dann auf VERSCHIEBEN.

Alternativ funktioniert es auch per Drag&Drop. Wahlweise in der Notizbuch-Navigationsleiste oder oben bei den Karteireitern klicken Sie den zu verschiebenden Abschnitt mit der linken Maustaste an und ziehen ihn in die gewünschte Abschnittsgruppe.

Wiederholen Sie diese Schritte, um weitere Abschnitte einzeln zu verschieben; eine Mehrfachauswahl ist nicht möglich.

Sie können ohne Weiteres mehrere Abschnittsgruppen verschachteln, also innerhalb einer Gruppe eine weitere anlegen, darin noch eine und so weiter. Das kann allerdings schnell zu Lasten der Übersichtlichkeit gehen und zwingt praktisch zur Nutzung der Notizbuch-Navigationsleiste.

6.3.2 Seiten ordnen und gruppieren

Genauso einfach wie mit Abschnitten ist es, darin enthaltene Seiten in eine andere Reihenfolge zu bringen. Das erledigen Sie in der rechten Seitenleiste per Drag&Drop.

Klicken Sie einen zu verschiebenden Seitentitel mit der linken Maustaste an, halten Sie diese fest, und ziehen Sie die Seite nach oben oder unten. Dabei zeigt eine horizontale Linie an, wo die Seite landet, wenn Sie die Maustaste loslassen. Anders als bei Abschnitten ist beim Verschieben von Seiten eine Mehrfachauswahl erlaubt: Klicken Sie die zu verschiebenden Seitentitel an, während Sie die `Strg`-Taste gedrückt halten. Alle selektierten Titel werden grau hinterlegt und lassen sich gemeinsam an eine neue Position bewegen.

Sie können verhindern, dass eine neu angelegte Seite unten angehängt wird, und stattdessen gleich die Position bestimmen: Anstatt oben in der Seitennavigation auf SEITE HINZUFÜGEN zu klicken, bewegen Sie den Mauszeiger auf die horizontale Trennlinie zwischen zwei Seiten. Links neben der Seitenliste erscheint ein Fünfeck mit einem Pluszeichen darin. Klicken Sie mit der linken Maustaste auf dieses Symbol, wird an dieser Stelle eine neue leere Seite eingefügt.

Auch bei Seiten kennt OneNote zusätzliche Gliederungsstufen als Ordnungshilfe. Anders als bei Abschnittsgruppen (siehe Abschnitt 6.3.1) sind allerdings nur zwei zusätzliche Stufen möglich. OneNote verwendet den Begriff der »Unterseiten«, um eine tiefere Gliederungsebene zu kennzeichnen. Funktionell unterscheiden sich untergeordnete Seiten nicht von übergeordneten Seiten. Die Gliederung ist vor allem eine optische Strukturhilfe. Immerhin lassen sich alle Seiten einer Stufe aus- oder einblenden, ganz ähnlich wie die gegliederten Punktlisten oder Aufzählungen, die in Abschnitt 3.6.2 beschrieben sind. So bestimmen Sie die Gliederungsebene einer Seite:

- Um eine Seite eine Ebene tiefer zu setzen (zur Unterseite zu erklären), klicken Sie ihren Titel in der Seitenleiste mit der rechten Maustaste an und wählen aus dem Kontextmenü den Befehl ALS UNTERSEITE VERWENDEN. Viel schneller geht es allerdings direkt mit der Maus: Verschieben Sie den betreffenden Seitentitel einfach mit gedrückter linker Maustaste nach rechts.
- Um eine Seite noch eine Ebene tiefer zu bringen, schieben Sie die Seite einfach noch weiter nach rechts oder wiederholen den Befehl aus dem Kontextmenü.
- Zurück geht es genauso: Um eine Unterseite wieder eine Ebene höher einzustufen, wählen Sie aus dem Kontextmenü den Befehl UNTERSEITE HÖHER STUFEN oder schieben den Titel mit gedrückter linker Maustaste nach links.

Existieren zu einer Seite eine oder mehrere Unterseiten, erkennen Sie das zum einen an der eingerückten Darstellung in der Seitenleiste. Gleichzeitig finden Sie rechts neben dem Titel übergeordneter Seiten nun ein »Dach«-Symbol mit der Spitze nach oben. Ein Klick darauf blendet die Titel aller untergeordneten Seiten aus und das Symbol kehrt sich um. Ein weiterer Klick klappt die Liste wieder aus.

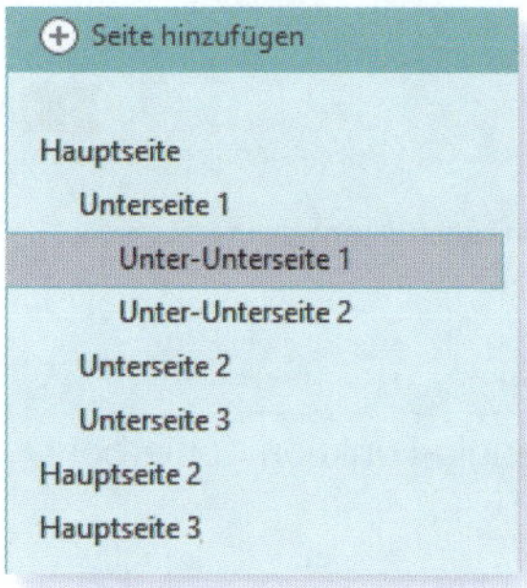

Abbildung 6.4 Auch Seiten innerhalb eines Abschnitts lassen sich in bis zu zwei Hierarchiestufen strukturieren.

6.3.3 Inhalte kopieren und umverteilen

Eine der wichtigsten Ordnungsmaßnahmen dürfte das Kopieren und Verschieben von Inhalten auf andere Seiten, in andere Abschnitte oder sogar in ein anderes Notizbuch sein. Natürlich lässt sich das mit der Windows-üblichen Methode lösen: Elemente auf einer Notizbuchseite markieren (gegebenenfalls mehrere durch Drücken der [Strg]-Taste oder Aufziehen eines Auswahlrechtecks mit der Maus), per [Strg]+[X] in die Zwischenablage verschieben und am Zielort mit [Strg]+[V] wieder einfügen. Für einzelne Textabschnitte oder Bilder ist das auch die sinnvollste Vorgehensweise. Aber was tun Sie, wenn es um das Umorganisieren kompletter Seiten oder ganzer Abschnitte geht? Hierfür bietet OneNote wesentlich komfortablere Möglichkeiten.

Das Verschieben von Abschnitten und Seiten per Drag&Drop oder Kontextmenü wurde bereits in Abschnitt 6.3.1 beschrieben. Auf dieselbe Art können Sie auch Kopien erzeugen. Wenn Sie Drag&Drop benutzen, drücken und halten Sie dabei einfach die [Strg]-Taste. Falls Sie über das Kontextmenü gehen, schließen Sie den Vorgang nach Auswahl des Zielabschnitts mit einem Klick auf KOPIEREN anstatt VERSCHIEBEN ab.

Möchten Sie dagegen die Notizseiten aus zwei unterschiedlichen Abschnitten in einen einzigen zusammenführen, geht das noch einfacher:

1. Klicken Sie den Karteireiter des Abschnitts (oder dessen Bezeichnung in der Notizbuch-Navigationsleiste), dessen Seiten komplett in einen anderen Abschnitt überführt werden sollen, mit der rechten Maustaste an.
2. Wählen Sie aus dem Kontextmenü In einem anderen Abschnitt zusammenführen.
3. Es öffnet sich das Zielauswahlfenster, wo Sie den Abschnitt markieren, in den Sie die Seiten übertragen wollen. Klicken Sie dann auf Zusammenführen.
4. Nun erscheint eine Sicherheitsabfrage, die das Vorhaben wiederholt und Sie darauf hinweist, dass diese Aktion nicht rückgängig gemacht werden kann. Sind Sie einverstanden, bestätigen Sie mit Abschnitte zusammenführen.
5. Eine weiteres Dialogfeld informiert über den Erfolg der Aktion und bietet an, den ursprünglichen Abschnitt zu Löschen (das entspricht also einem Verschieben) oder nicht (wenn Sie auf Nein klicken, entspricht das dem Kopieren).

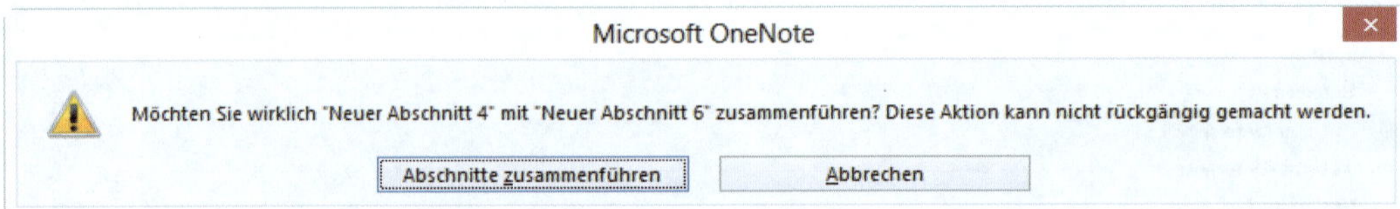

Abbildung 6.5 Vorsicht beim Zusammenführen von Abschnitten: Die Rückgängig-Funktion ist hierbei wirkungslos.

Im Zielabschnitt wurden nun alle Seiten des ursprünglichen Abschnitts an die Seitenliste des neuen angehängt.

6.3.4 Unerwünschtes löschen

Die meisten Aufräumaktionen haben vor allem etwas mit Ausmisten zu tun. Im Falle von OneNote bedeutet das, nicht mehr benötigte Notizelemente, Seiten, Abschnitte oder ganze Notizbücher zu löschen.

»Wozu? Die paar Texte und Bilder essen kein Brot, Plattenplatz ist genug vorhanden, und vielleicht brauche ich das eine oder andere ja noch mal«, werden Sie sich vielleicht sagen. Das ist natürlich richtig. Und gerade, wenn Sie denken, die eine oder andere Information vielleicht wirklich noch einmal zu benötigen, ergibt es keinen Sinn, sie zu löschen. Im Sinne der Übersichtlichkeit ist es aber vielleicht keine schlechte Idee, dafür ein eigenes Notizbuch anzulegen und mit den hier vorgestellten Methoden vorerst nicht benötigte Abschnitte und Seiten dort hineinzuschieben.

Was wirklich überflüssig geworden ist, sollten Sie aber löschen. Ein paar gute Argumente dafür:

- Der Speicherplatz auf der lokalen Platte oder dem Netzwerkordner mag ausreichend sein für alles, was sich im Laufe der Zeit in OneNote so ansammelt. Liegen Notizbücher dagegen auf SkyDrive, sollte man schon auf die dort herrschende Beschränkung von 7 Gbyte achten (25 Gbyte sind es bei allen, die sich seinerzeit im Rahmen der Kontenumstellung diese Bonuskapazität haben gutschreiben lassen). Das gilt umso mehr, wenn auch umfangreichere Dateien oder zum Beispiel Sprachaufzeichnungen in den Notizen enthalten sind.

- Viel wesentlicher ist jedoch: Je mehr Daten OneNote regelmäßig synchronisieren muss, umso langsamer wird das Ganze. Auf dem lokalen Laufwerk ist es vielleicht noch vernachlässigbar, aber schon eine 100-Mbit-LAN-Verbindung ist ein spürbarer Flaschenhals – ganz zu schweigen von WLAN unter nicht optimalen Funkbedingungen. Richtig deutlich wird der Bremseffekt beim Synchronisieren mit dem Internet über eine Standard-DSL-Leitung.

Aus diesen Punkten ergibt sich auch eine Ergänzung zum vorherigen Ratschlag, vorerst nicht benötigte Seiten und Abschnitte in ein Ramsch-Notizbuch zu bringen: Legen Sie dieses auf der lokalen Platte an, um keine zusätzlichen Synchronisationsbremsen zu schaffen.

Und wie löscht man nun Seitengruppen, Seiten oder einzelne Abschnitte? Ganz einfach:

- Um eine Seite zu löschen, klicken Sie den entsprechenden Titel in der Seitennavigation mit der rechten Maustaste an und wählen LÖSCHEN aus dem Kontextmenü.
- Um mehrere Seiten auf einmal zu entsorgen, markieren Sie diese zunächst mit der linken Maustaste, während Sie `Strg` gedrückt halten, und wählen danach den Löschbefehl aus dem Kontextmenü.
- Das versehentliche Löschen von Seiten machen Sie ganz einfach mit der RÜCKGÄNGIG-Funktion (aus der Symbolleiste für den Schnellzugriff ganz oben links oder mit der Tastenkombination `Strg`+`Z`) ungeschehen.
- Das Löschen eines einzelnen Abschnitts (mehrere auf einmal löschen geht nicht) erfolgt analog: Nach einem Rechtsklick auf den Karteireiter oder den Abschnittsnamen in der Notizbuch-Navigationsleiste wählen Sie LÖSCHEN aus dem Kontextmenü.

Versehentlich gelöschte Abschnitte lassen sich im Gegensatz zu Seiten nicht über die Rückgängig-Funktion reanimieren. Da beides beim Löschen aber zunächst im Papierkorb landet und dort für 60 Tage verbleibt, können Sie den Abschnitt von dort wieder zurückholen. Mehr hierzu folgt in Kapitel 7, Sicherheitsfunktionen von OneNote.

Es ist in der Oberfläche von OneNote tatsächlich nicht vorgesehen, ein komplettes Notizbuch zu löschen. Wenn Sie das wirklich möchten, navigieren Sie im Explorer zum Speicherort des jeweiligen Notizbuchs (oder per Browser zum entsprechenden SkyDrive-Ordner, wenn das Notizbuch dort liegt), und löschen Sie den gesamten Ordner, der den Namen des Notizbuchs trägt.

6.4 Seitenformatvorlagen nutzen

Bis jetzt ging es in diesem Kapitel vorrangig um die Ordnung und Gliederung von Seiten und Abschnitten. Als Instrument für die strukturierte Organisation von Informationen kann aber auch die Gestaltung der Notizseiten selbst dienen.

In manchen Fällen werden Sie sich vielleicht immer wieder ähnlich strukturierte Notizen machen und möchten durch eine entsprechend einheitliche Gestaltung einzelne Informationen auf einen Blick wiederfinden. Beispiele sind etwa das Protokollieren von Meetings, die Erfassung wöchentlicher Aufgabenlisten oder Rezeptsammlungen mit wiederkehrenden Daten wie Zutaten oder Zubereitungszeit.

Das Mittel der Wahl sind in OneNote die Seitenformatvorlagen. Dahinter steckt nichts anderes als vorgestaltete Seiten mit allen möglichen Elementen, die der OneNote-Editor auch für das Verfassen von Notizen erlaubt, also zum Beispiel Texte, Bilder und Grafiken, Tabellen oder Punktlisten. Dazu lässt sich noch der Hintergrund der Seite durch Einfärben (siehe Abschnitt 6.2.3) oder durch Festlegen einer Hintergrundgrafik gestalten. Für den authentischen Notizbuch-Look können Sie auch Karos oder Linien einblenden oder die Blattgröße auf ein beliebiges Format begrenzen.

Es gibt keine Möglichkeit in OneNote, bestimmte Elemente vor unbeabsichtigtem (oder auch absichtlichem) Ändern oder Löschen zu schützen. So können Sie zwar Feldbezeichnungen oder Beschriftungen in einer Vorlage einsetzen, echte Formulare, die zum Beispiel nur das Beschreiben bestimmter Bereiche zulassen, sind jedoch nicht realisierbar.

OneNote bietet eine Reihe vorgefertigter Designs, die sich durch ein Online-Angebot ergänzen lassen. Sie können aber auch selbst gestalterisch tätig werden und eigene Formatvorlagen definieren.

6.4.1 Bestehende Seitenvorlagen verwenden

In OneNote 2010 befand sich die Funktion zum Anlegen einer neuen Seite mit einer bestimmten Vorlage noch direkt über der Seitennavigation. In der aktuellen Version ist der zugehörige Befehl umgezogen:

1. In der Symbolleiste EINFÜGEN finden Sie im Abschnitt Seiten die Schaltfläche Seitenvorlagen. Ein Klick auf das kleine Dreieck unter der Beschriftung öffnet eine Auswahl der zuletzt verwendeten Vorlagen, aus der Sie eine per Mausklick auswählen.

2. Ist keine passende Vorlage dabei oder haben Sie bisher noch keine Vorlage ausgewählt, klicken Sie etwas höher direkt auf das blaue Seitensymbol der Schaltfläche Seitenvorlagen. Daraufhin wird rechts ein neuer Bereich an das OneNote-Fenster geheftet, der mit »Vorlagen« überschrieben ist.

3. Hier sind die Bezeichnungen von fünf Vorlagengruppen aufgeführt: »Studium«, »Diverse Seitenformate«, »Business«, »Dekorativ« und »Aufgabenlisten« (plus »Eigene Vorlagen«, sofern Sie schon welche angelegt haben). Klicken Sie auf eine davon, klappt eine Liste der enthaltenen Vorlagen auf. Wählen Sie mit der Maus eine passende aus. Daraufhin wird sofort eine neue Seite im aktuellen Abschnitt mit der gewünschten Vorlage angelegt.

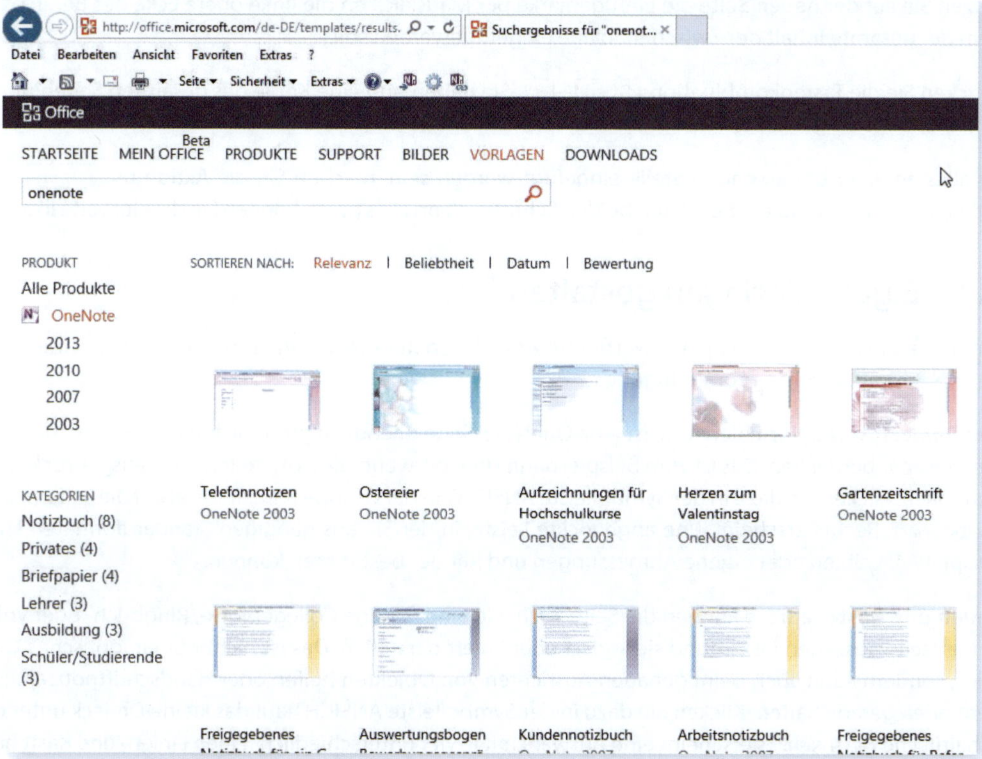

Abbildung 6.6 Eine Auswahl mehr oder weniger kreativer OneNote-Seitenvorlagen bietet Microsoft zum kostenlosen Download an.

> Die Auswahl der vorgefertigten Vorlagen in OneNote ist recht begrenzt. Mehr finden Sie über den Link VORLAGEN IN OFFICE.COM. Er öffnet eine entsprechende Microsoft-Webseite im Standardbrowser, wo Sie nach passenden Vorlagen suchen und diese kostenlos herunterladen können.

Es ist übrigens nicht vorgesehen, einer bestehenden Seite nachträglich eine Vorlage überzustülpen. Stattdessen müssen Sie zunächst eine neue Seite in einem bestimmten Design anlegen und dann die Inhalte der vorhandenen Seite per Zwischenablage übertragen. Das geht folgendermaßen aber recht flott:

1. Achten Sie darauf, dass auf der vorhandenen Seite die Einfügemarke in keinem Notizcontainer steht und kein Element markiert ist. Klicken Sie am besten mit der linken Maustaste irgendwo auf den Seitenhintergrund.

2. Drücken Sie dann die Tastenkombination `Strg`+`A`, um alle Elemente der Seite außer dem Seitentitel zu markieren.

3. Legen Sie nun gemäß der vorherigen Anleitung eine neue Seite mit der gewünschten Formatvorlage an.

4. Setzen Sie auf der neuen Seite die Einfügemarke per Mausklick an die linke obere Ecke des Bereichs, in dem der gesamte Inhalt der Zwischenablage eingefügt werden soll.

5. Drücken Sie die Tastenkombination [Strg]+[V]. Sie haben nun eine Kopie des gesamten Seiteninhalts auf einer Seite im gewählten Design.

Sollte alles an einer unpassenden Stelle eingefügt worden sein, machen Sie die Aktion mit [Strg]+[Z] rückgängig und wiederholen die letzten beiden Schritte. Wenn alles passt, können Sie die alte Seite löschen.

6.4.2 Eigene Vorlagen gestalten

Möchten Sie eine eigene Vorlage entwerfen und für die spätere Nutzung speichern, stehen Ihnen eine Reihe von Designelementen zur Verfügung:

- **Das Papierformat:** Normalerweise ist eine OneNote-Seite unendlich groß. Sie können den verfügbaren Bereich aber begrenzen. Das ist zum Beispiel dann sinnvoll, wenn die Notizseiten auch ausgedruckt werden sollen. Klicken Sie dazu in der Symbolleiste ANSICHT in der Gruppe SEITE EINRICHTEN auf die Schaltfläche PAPIERFORMAT. Rechts erscheint eine angedockte Leiste, in der Sie aus gängigen Standardformaten (zum Beispiel A4) wählen oder eigene Abmessungen und Ränder bestimmen können.

- **Linien und Kästchen:** Sie können die Seite auch wie eine richtige Collegeblock-, Ringbuch- oder Vokabelheftseite aussehen lassen und sie kariert oder liniert darstellen. Das ist nicht nur ein optisches Gimmick, sondern kann auch beim genauen Ausrichten von Objekten helfen oder Handschriftnotizen einigermaßen gerade halten. Klicken Sie dazu in der Symbolleiste ANSICHT auf das kleine Dreieck unter der Schaltfläche HILFSLINIEN. Es erscheint eine Auswahl mit je vier unterschiedlich feinen Linien- und Kästchenrastern, aus denen Sie eines auswählen. Die Option SEITEN IMMER MIT HILFSLINIEN ERSTELLEN erklärt sich selbst, ist hier aber auch nicht interessant, weil wir das Raster als Bestandteil einer Seitenvorlage festlegen und diese sich auch automatisch auf neue Seiten anwenden lässt (siehe nächster Abschnitt). Sobald Sie ein Raster aktiviert haben, können Sie nochmals die Auswahl öffnen und unter LINIENFARBE LINEAL einen anderen Farbton für die Hilfslinien bestimmen.

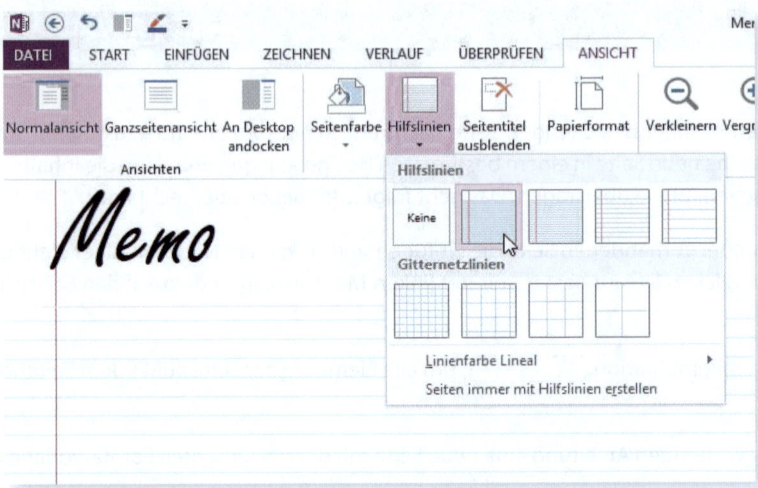

Abbildung 6.7 Eine karierte oder linierte Seite unterstreicht den Notizbuchcharakter.

- **Die Seitenfarbe:** Wer will, legt eine bestimmte Grundfarbe für den Seitenhintergrund fest. Wie das genau geht, steht in Abschnitt 6.2.3.
- **Eine Hintergrundgrafik:** Schmuckelement, Firmenlogo oder als Markierung für bestimmte Eingabepositionen – Grafiken als Hintergrund sind flexible Gestaltungselemente. Über die Symbolleiste EINFÜGEN und die Schaltflächen BILDER, ONLINEGRAFIKEN, GESCANNTES BILD oder BILDSCHIRMAUSSCHNITT importieren Sie die gewünschte Grafik (mehr dazu lesen Sie in Abschnitt 3.4). Die OneNote-Zeichnungselemente (geometrische Formen, Freihandlinien) funktionieren allerdings nicht. Das Bild darf sich zudem nicht in einem Notizcontainer befinden. Stellen Sie die Position und Größe der Grafik so ein wie gewünscht, und klicken Sie dann mit der rechten Maustaste darauf. Im Kontextmenü wählen Sie den Befehl BILD ALS HINTERGRUND FESTLEGEN aus. Danach lässt es sich mit der Maus nicht mehr markieren oder verändern, bis Sie erneut den Kontextbefehl verwenden. Es lassen sich übrigens auch mehrere Bilder auf einer Seite einbinden und als Hintergrund definieren.
- **Text und Bilder:** Natürlich können Sie ansonsten alles auf der Seite unterbringen, was Sie auch in Notizen verwenden, wie in Kapitel 3, Notizen in OneNote eingeben, beschrieben ist: also zum Beispiel Tabellen (sehr gut, um Felder zu simulieren, also Solleingaben zu markieren), Überschriften, Gliederungen, nummerierte Listen, leere Zeilen mit Kategorie-Markierungen oder Bilder oder Zeichnungselemente.

Haben Sie die Seite nach Ihren Vorstellungen gestaltet, speichern Sie sie als Vorlage:

1. Falls der Vorlagen-Bereich am rechten Rand nicht eingeblendet ist, klicken Sie in der Symbolleiste EINFÜGEN auf SEITENVORLAGEN.
2. Im Vorlagen-Bereich klicken Sie ganz unten auf AKTUELLE SEITE ALS VORLAGE SPEICHERN.
3. Es öffnet sich ein Dialogfeld, in dem Sie der Vorlage einen Namen geben. Hier lässt sich auch die Option anwählen, im aktuellen Abschnitt neu angelegten Seiten automatisch diese Vorlage zuzuweisen. Das können Sie aber auch nachträglich einstellen (siehe Abschnitt 6.4.3).
4. Klicken Sie abschließend auf SPEICHERN. Ihre Vorlage steht ab sofort im Vorlagen-Bereich unter dem Abschnitt »Meine Vorlagen« zur Verfügung.

6.4.3 Eine Vorlage automatisch verwenden

Falls Sie häufig auf neuen Seiten eine bestimmte Vorlage verwenden möchten (zum Beispiel in einem Notizbuchabschnitt mit Besprechungsprotokollen oder einem Rezeptbuch), müssen Sie diese nicht jedes Mal von Neuem zuweisen. Legen Sie ein Design fest, das OneNote automatisch beim Anlegen einer neuen Seite verwendet:

1. Falls der Vorlagen-Bereich am rechten Rand nicht eingeblendet ist, klicken Sie in der Symbolleiste EINFÜGEN auf SEITENVORLAGEN.
2. Im unteren Bereich finden Sie eine ausklappbare Liste mit allen zur Verfügung stehenden Vorlagen nach dem Muster <*Vorlagenname*>-<*Vorlagenkategorie*>. Auch Ihre selbst definierten Vorlagen finden sich in der Aufstellung. Wählen Sie hier die passende aus. Ab sofort wird jede neue Seite automatisch in diesem Design erscheinen.
3. Um die Automatik wieder abzuschalten, gehen Sie genauso vor und wählen aus der Vorlagenliste den obersten Eintrag mit der Bezeichnung KEINE STANDARDVORLAGE.

OneNote merkt sich diese Einstellung nur für den aktuellen Abschnitt. Für andere Abschnitte im selben Notizbuch oder in anderen Notizbüchern können Sie jeweils eigene Standard-Seitenvorlagen festlegen.

Kurz notiert

- Farbige Notizbücher, Abschnitte und Seiten erleichtern die Organisation.
- Die Reihenfolge von Abschnitten und Seiten lässt sich ändern.
- Abschnittsgruppen und Unterseiten sorgen für mehr Struktur.
- Seitenformatvorlagen geben Notizzetteln einen individuellen Look.

7

Sicherheitsfunktionen von OneNote

- *Abschnitte mit einem Kennwort schützen*
- *Backup und Wiederherstellung*
- *Versehentlich Gelöschtes zurückholen*
- *Auf frühere Seitenversionen zugreifen*

So lange Sie OneNote für nicht besonders schützenswerte Notizen wie die Telefonnummer des Pizzadienstes oder persönliche Wunschlisten beim Internetshopping einsetzen, müssen Sie sich vielleicht nicht allzu viel Gedanken um das Thema Sicherheit machen – obwohl auch der Verlust solcher Daten natürlich ärgerlich sein kann.

In vielen Fällen jedoch, besonders beim beruflichen Einsatz, aber auch bei der privaten Projektplanung, wird OneNote im Laufe der Zeit der wichtigste, wahrscheinlich sogar einzige Sammelort für extrem wertvolle Daten.

Dass sich OneNote zudem im Gegensatz zu den meisten anderen Programmen selbstständig um das Speichern neuer oder geänderter Inhalte kümmert, fördert nicht gerade das Bewusstsein, wie fragil Computerdaten sind. Der Ausfall einer Festplatte oder SSD kommt in der Regel ohne Vorwarnung. Eine wichtige Datei ist ganz schnell mit einem versehentlichen Klick gelöscht – die komplette Amnesie von OneNote ist eine Katastrophe.

Und abseits vom Verlust wichtiger Daten gibt es noch ein anderes sicherheitsrelevantes Thema: den Zugriff Unbefugter auf Vertrauliches und Geheimes.

OneNote bietet eine ganze Reihe von Features, die vor Datenklau oder Totalverlust schützen helfen. Diese sind Thema dieses Kapitels.

7.1 Kennwortschutz und Verschlüsselung

Vertrauliche Daten lassen sich in OneNote verschlüsseln und mit einem Kennwort sichern. Das ist vor allem dann wichtig, wenn Sie die Teamfunktionen nutzen (siehe Kapitel 8, Teilen und Teamwork), um ganze Notizbücher anderen freizugeben, aber bestimmte Bereiche unsichtbar halten wollen. Auch dann, wenn andere Personen Zugriff auf Ihren Rechner haben, möchten Sie vielleicht vertrauliche Daten vor neugierigen Blicken schützen.

Bevor Sie erfahren, wie Sie Notizbuchbereiche verschlüsseln und mit einem Kennwort schützen, sind hier einige wichtige Anmerkungen und Besonderheiten:

- Nur komplette Abschnitte lassen sich mit einem Kennwort sichern, nicht aber Abschnittsgruppen, einzelne Seiten, bestimmte Elemente einer Seite oder ganze Notizbücher.
- Das Entsperren geschützter Abschnitte funktioniert nur mit der Windows-Desktop-Version von OneNote auf Standard-PCs oder Tablet-PCs. Die Browser-Ausgabe, die kostenlose *OneNote-App* für Windows 8 (vormals *OneNote MX*) und die Mobil-Apps von OneNote für iOS und Android können das nicht. Letztere zeigen in der aktuellen Version nicht einmal die Existenz geschützter Abschnitte an.
- Es gibt keine Möglichkeit, ein vergessenes Kennwort zu entschlüsseln, zurückzusetzen oder zu entfernen, auch nicht durch den Microsoft-Support. Schreiben Sie also wichtige Kennwörter gegebenenfalls auf, und verwahren Sie sie an einem sicheren Ort, oder nutzen Sie ein Passwort-Manager-Tool wie zum Beispiel das kostenlose *KeePass* (*www.keepass.info*).
- Bei der Vergabe von Kennwörtern wird nach Groß- und Kleinschreibung unterschieden. Stellen Sie sicher, dass die [⇩]-Taste vor der Eingabe ausgeschaltet ist.

- Weder die Stichwortsuche noch die Auflistung aller Notizen mit einer Kategorien-Markierung berücksichtigen kennwortgeschützte Abschnitte. Sie müssen diese gegebenenfalls vor einer Suche zunächst entsperren.
- Geschützte Seiten bleiben nach der Kennworteingabe für 10 Minuten entsperrt. In dieser Zeit könnten Unbefugte also die entsprechenden Inhalte sehen, wenn sie an Ihren Rechner gelangen. Diese Einstellung lässt sich jedoch ändern. Mehr dazu gleich.

7.1.1 Einen Abschnitt mit einem Kennwort schützen

Um einen Abschnitt zu verschlüsseln und mit einem Kennwort zu sichern, gehen Sie folgendermaßen vor:

1. Klicken Sie mit der rechten Maustaste auf den Karteireiter eines Abschnitts (nicht einer Abschnittsgruppe) oder auf seinen Titel in der Notizbuch-Navigationsleiste, falls diese geöffnet ist.
2. Wählen Sie aus dem Kontextmenü den Befehl DIESEN ABSCHNITT DURCH EIN KENNWORT SCHÜTZEN.
3. Am rechten Rand des OneNote-Fensters wird eine neue Leiste geöffnet, die mit »Kennwortschutz« überschrieben ist. Klicken Sie hier auf die oberste Schaltfläche, KENNWORT FESTLEGEN.
4. Es öffnet sich ein Dialogfeld, in das Sie das Kennwort, das Sie sich ausgedacht haben, zweimal eingeben müssen. Achten Sie darauf, dass auf Ihrer Tastatur die [⇩]-Taste ausgeschaltet ist.
5. Bestätigen Sie mit einem Klick auf OK.

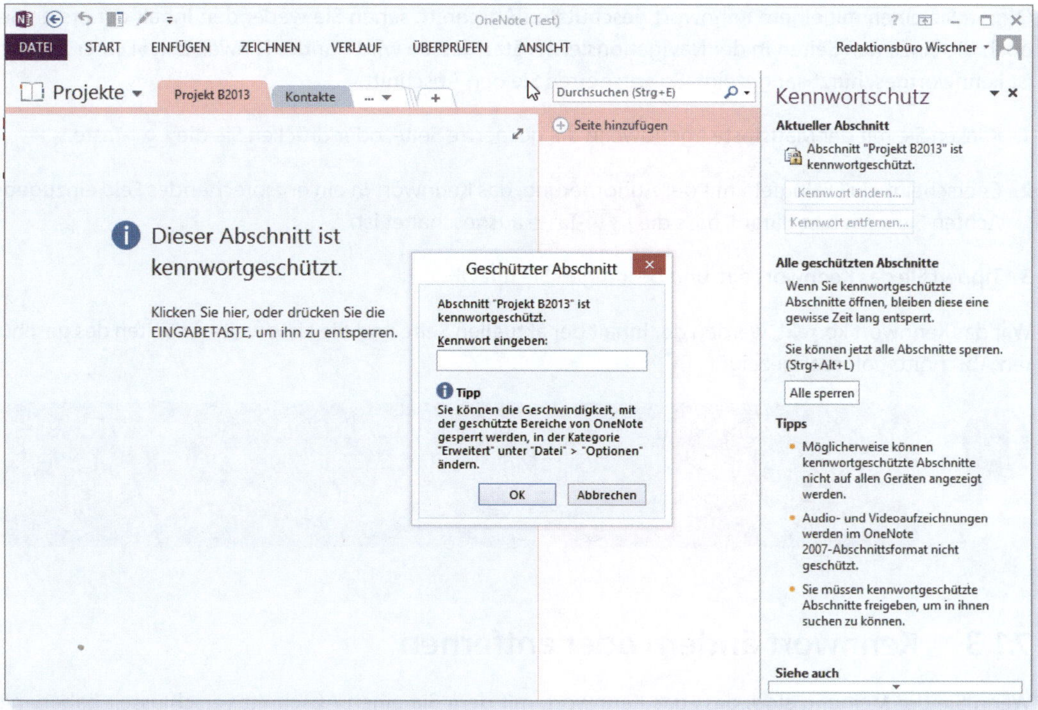

Abbildung 7.1 Durch die Verschlüsselung mit Kennwortschutz lassen sich komplette Abschnitte vor unbefugtem Zugriff schützen.

Sollten vom geschützten Abschnitt automatisch generierte Backups existieren (siehe Abschnitt 7.2), erhalten Sie einen entsprechenden Hinweis. Sie stehen vor der Wahl, durch einen Klick auf die entsprechende Schaltfläche das zugehörige Backup entweder zu löschen oder (vorerst ohne Kennwortschutz) zu behalten. Letzteres bedeutet, dass Unbefugte mit Zugriff auf Ihren Rechner oder den Ort, an dem das Backup gespeichert ist, die unverschlüsselte Version im Backupordner einsehen könnten. Sobald ein neues Backup durchgeführt wird, ist diese Gefahr allerdings gebannt – künftige Sicherungen des gesperrten Abschnitts werden ebenfalls verschlüsselt.

Unmittelbar nach dem Schützen eines Abschnitts ist dieser noch sichtbar, also entsperrt. Die Sperre wird erst nach Ablauf von 10 Minuten (einstellbar, siehe Abschnitt 7.1.4) ohne Eingabe auf der Seite aktiv und der Inhalt des Abschnitts unsichtbar. Oder Sie klicken in der noch offenen Kennwortschutz-Liste auf die Schaltfläche ALLE SPERREN beziehungsweise nutzen die Tastenkombination [Strg]+[Alt]+[L]. Dann gilt die Sperre sofort und der Inhalt der Seite wird versteckt. Das ist zum Beispiel dann sinnvoll, wenn Sie Ihren Arbeitsplatz kurz verlassen.

> Wollen Sie mehrere Abschnitte verschlüsseln und sperren, müssen Sie diese Vorgehensweise für jeden Abschnitt einzeln wiederholen.

7.1.2 Geschützte Abschnitte entsperren

Öffnen Sie einen mit einem Kennwort geschützten Abschnitt, sehen Sie weder den Inhalt der ersten Seite noch die einzelnen Seiten in der Navigationsleiste. Stattdessen wird nur der Hinweistext »Dieser Abschnitt ist kennwortgeschützt« angezeigt. So entsperren Sie den Abschnitt:

1. Klicken Sie mit der Maustaste irgendwo in die gesperrte Seite, oder drücken Sie die [⇩]-Taste.
2. Es erscheint ein Dialogfeld mit der Aufforderung, das Kennwort in ein entsprechendes Feld einzugeben. Achten Sie auch hier darauf, dass die [↵]-Taste ausgeschaltet ist.
3. Tippen Sie das Kennwort ein, und bestätigen Sie mit OK.

War das Kennwort korrekt, werden der Inhalt der aktuellen Seite und die Liste weiterer Seiten des geschützten Abschnitts sofort angezeigt.

> Es gibt zwar keine offizielle Begrenzung der Anzahl falscher Kennworteingaben. Jedoch baut OneNote ab dem dritten Fehlversuch eine in der Folge immer länger dauernde Verzögerung als Hindernis für allzu hartnäckige oder gar automatisierte Knackversuche ein und zeigt dies durch eine Fortschrittsleiste an.

7.1.3 Kennwort ändern oder entfernen

Wenn Sie der Meinung sind, dass das Kennwort, mit dem Sie einen Abschnitt verschlüsselt haben, nicht mehr sicher ist, können Sie es jederzeit ändern. Alternativ lässt sich der Kennwortschutz für einen Abschnitt auch permanent entfernen.

1. Zunächst entsperren Sie den betreffenden Abschnitt durch die Eingabe des Kennworts gemäß Abschnitt 7.1.2.

2. Klicken Sie dann mit der rechten Maustaste auf den Karteireiter des Abschnitts, und wählen Sie den Befehl DIESEN ABSCHNITT DURCH EIN KENNWORT SCHÜTZEN. Dadurch öffnet sich der Kennwortschutz-Bereich am rechten Rand des OneNote-Fensters.

3. Klicken Sie hier auf die Schaltfläche KENNWORT ENTFERNEN, um den Schutz des Abschnitts permanent aufzuheben. Sie werden zuvor noch einmal um die Eingabe des aktuellen Kennworts gebeten und bestätigen dann mit OK.

4. Um das bestehende Kennwort dagegen zu ändern, klicken Sie auf KENNWORT ÄNDERN. Ein Dialogfeld verlangt danach die Eingabe des alten und zweimal des neu vergebenen Kennworts. Bestätigen Sie mit OK.

Je nach Umfang des geschützten Abschnitts kann es nach der Änderung des Kennworts ein paar Sekunden dauern, bis die Seite neu verschlüsselt ist. Das wird Ihnen durch einen Fortschrittsbalken angezeigt.

Wenn Sie ein Backup eines kennwortgeschützten Abschnitts zurückspielen (siehe Abschnitt 7.2.3), gilt in der Sicherungskopie das Passwort, das in diesem Abschnitt zum Zeitpunkt der Sicherung gültig war. Mit anderen Worten: Eine Passwortänderung wirkt sich nur auf den aktuellen Abschnitt, nicht aber auf bereits bestehende Sicherungskopien aus!

7.1.4 Optionen für die automatische Sperrung

Nachdem Sie einen Abschnitt ordnungsgemäß durch Eingabe des Kennworts entsperrt oder eben erst verschlüsselt haben, bleibt sein Inhalt standardmäßig für 10 Minuten sichtbar. Diese Zeitspanne gilt ab der letzten Änderung, verlängert sich also immer wieder, wenn Sie eine Seite des betreffenden Abschnitts bearbeiten.

Das ist im Prinzip eine sinnvolle Einstellung, weil sie verhindert, dass Sie bei kurzen Arbeitspausen dauernd von einer Kennwortabfrage belästigt werden.

Arbeiten Sie allerdings gemeinsam mit anderen an einem geteilten Notizbuch (siehe Kapitel 8, Teilen und Teamwork) oder haben andere Personen Zugriff auf Ihren Rechner, möchten Sie vielleicht diese Zeitspanne verkürzen. Oder das Gegenteil ist der Fall: Sie wollen vielleicht eine Verlängerung der Frist oder gar keine automatische Sperrung, bis Sie einen anderen Abschnitt öffnen. Dies lässt sich folgendermaßen einstellen:

1. Öffnen Sie die Backstage-Ansicht von OneNote durch einen Klick auf die Registerkarte DATEI im Menüband.

2. Wählen Sie OPTIONEN, und klicken Sie auf die Kategorie ERWEITERT.

Im unteren Drittel der zahlreichen Einstellmöglichkeiten gibt es einen Abschnitt, der mit »Kennwörter« überschrieben ist. Ganz rechts wählen Sie die Zeitspanne, bis eine automatische Sperrung aktiv wird. Die Auswahl reicht von einer Minute bis zu einem Tag. Zum vollständigen Deaktivieren dieser Funktion entfernen Sie das Häkchen vor dem zugehörigen Eintrag.

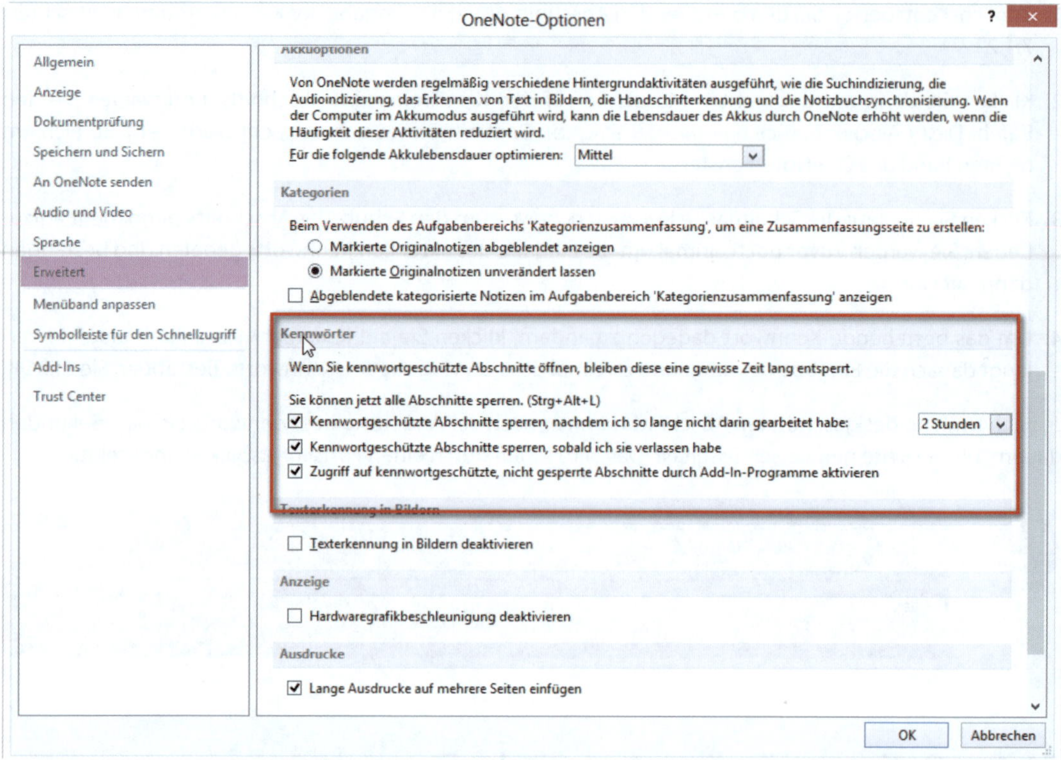

Abbildung 7.2 Die Zeit bis zur automatischen Sperrung nach der letzten Bearbeitung lässt sich in den OneNote-Optionen einstellen.

Alternativ oder zusätzlich können Sie dafür sorgen, dass ein verschlüsselter Abschnitt sofort gesperrt wird, sobald Sie zu einem anderen navigieren. Aktivieren Sie dazu das Kontrollkästchen KENNWORTGESCHÜTZTE ABSCHNITTE SPERREN, SOBALD ICH SIE VERLASSEN HABE.

Bestätigen Sie die Einstellung mvit OK; sie greift sofort.

7.2 Backup und Wiederherstellung

OneNote speichert nicht nur alle neu eingegebenen oder geänderten Inhalte von Notizbüchern automatisch, sondern legt zusätzlich auch in regelmäßigen Abständen Sicherheitskopien an. Das ist auch gut so. Es muss nicht gleich der Super-GAU eines Totalausfalls der Festplatte oder SSD sein (obwohl das durchaus vorkommt). Schon ein versehentliches Löschen oder eine durch Viren oder Systemfehler bedingte Beschädigung der Datenstruktur kann mühevoll gesammelte und nicht ohne Weiteres rekonstruierbare Informationssammlungen ganz unvermittelt ins Nirwana befördern.

Auch die vermeintliche Sicherheit der Speicherung auf SkyDrive ist nicht grenzenlos. Verlorene Zugangsdaten, irrtümlich gesperrte Windows-Live-Accounts (soll es auch schon gegeben haben) oder längere Probleme mit dem Internetzugang verwehren im schlimmsten Fall den Zugriff auf wichtige Notizen. Ein halbwegs aktuelles Backup (und das schließt auf SkyDrive gespeicherte OneNote-Daten mit ein) macht den Unterschied zwischen Ärgernis und Katastrophe aus.

7.2.1 Backup-Optionen einstellen

Standardmäßig sichert OneNote die Notizbuchinhalte automatisch einmal pro Woche in einen voreingestellten Ordner unterhalb des eigenen Benutzerverzeichnisses auf der Systemfestplatte.

Letzteres ist vor allem dann ziemlich unsinnig, wenn Sie auch den lokalen Standardspeicherort für die Notizbuch-Daten nicht geändert haben. Denn so würde bei einem Ausfall der Festplatte gleich alles verloren gehen – die aktuellen Notizbuchinhalte *und* deren Sicherungskopie. Es ist also ratsam, zumindest den Backup-Speicherort zu ändern. Als Ziel empfiehlt sich etwa eine andere Festplatte, ein ständig angeschlossenes USB-Laufwerk oder ein jederzeit zugänglicher Netzwerkordner, auf dem Sie Schreibrechte haben.

> Wenn in Ihrem Rechner laut Explorer eine oder mehrere Festplatte(n) mit einem anderen Laufwerksbuchstaben als C existieren, Sie sich aber nicht sicher sind, ob es sich dabei um physische Platten oder nur um zusätzliche Partitionen des Systemlaufwerks handelt, können Sie das mit Windows-Bordmitteln (von Windows XP bis Windows 8) so herausfinden: Drücken Sie ⊞+R, tippen Sie in das Eingabefeld »diskmgmt.msc« (ohne Anführungszeichen), und klicken Sie dann auf OK.
>
> Dadurch öffnet sich die Windows-Datenträgerverwaltung. Im unteren Bereich des Fensters sind alle physischen Laufwerke und die darauf enthaltenen Partitionen nebst Laufwerksbuchstaben aufgelistet.

In der Grundeinstellung ist zudem festgelegt, dass OneNote zwei Sicherungskopien anlegt, also bei jeder Sicherung die vorletzte Version überschreibt, die letzte Sicherung aber noch behält. Dieses »Großvater-Vater-Sohn-Prinzip« bietet in der Regel genug Sicherheit. Falls Ihnen das aber dennoch zu wenig ist oder Sie die Backup-Häufigkeit erhöhen möchten, finden Sie auch dafür Einstellmöglichkeiten. Um die Backup-Optionen anzupassen, öffnen Sie zunächst die Backstage-Ansicht durch einen Klick auf DATEI, wählen den Menüpunkt OPTIONEN und öffnen dann die Kategorie SPEICHERN UND SICHERN. Daraufhin erscheinen im rechten Bereich eine Reihe von Optionen, unterteilt in vier Abschnitte. Interessant sind hier die beiden oberen: »Speichern« und »Sicherung«.

- Um künftig ein anderes Sicherungsziel als das standardmäßig eingestellte zu verwenden, markieren Sie im oberen Abschnitt »Speichern« den zweiten Eintrag namens »Sicherungsordner« und klicken dann auf ÄNDERN. Es öffnet sich das Standarddialogfeld zur Dateiauswahl von Windows. Navigieren Sie hier zum neuen Ziellaufwerk und -ordner für Ihre OneNote-Backups, und bestätigen Sie mit AUSWÄHLEN.

- Im zweiten Abschnitt namens »Sicherung« wählen Sie die gewünschte Backup-Häufigkeit. Sie finden die zugehörige Einstellung neben Mein Notizbuch automatisch sichern alle. Ändern Sie die Grundeinstellung nach Belieben. Die angebotenen Werte reichen von einer Minute bis zu sechs Wochen. Falls Sie das Häkchen vor diesem Eintrag entfernen, deaktivieren Sie die Backup-Funktion komplett, was nur in Ausnahmefällen sinnvoll ist (Schutz vor Fremdzugriff auf Backup-Dateien).
- Zwei Zeilen tiefer lässt sich die Zahl der Backup-Versionen ändern, die OneNote vorhält, bis die jeweils ältere überschrieben wird. Die Standardeinstellung »2« können Sie auf jeden beliebigen Wert bis 99.999 ändern.

Nachdem Sie alle Änderungen mit OK bestätigt haben, sind die neuen Einstellungen gültig. Sie treten beim nächsten regulären Backup in Kraft.

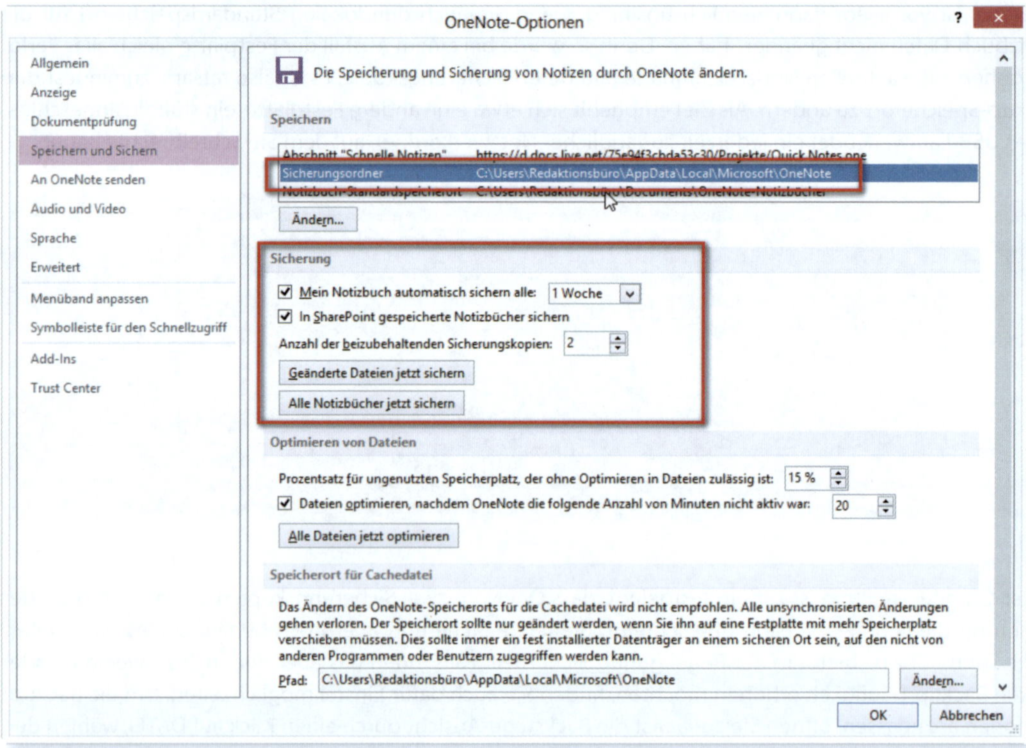

Abbildung 7.3 Im Sicherung-Bereich der OneNote-Optionen legen Sie das Speicherziel und weitere Backup-Einstellungen fest. Auch ein sofortiges Backup außerhalb des Zeitplans lässt sich hier starten.

7.2.2 Ein sofortiges Backup veranlassen

Manchmal ist es sinnvoll, nicht bis zum nächsten regulären Backup-Zyklus zu warten, um eine Sicherung zu starten: etwa dann, wenn Sie viele Daten eingegeben oder bearbeitet haben, oder nach einer Änderung des Backup-Ziels. Sie können OneNote zu jeder Zeit zu einer außerplanmäßigen Sicherung veranlassen. Die zuständigen Funktionen finden Sie ebenfalls in der Backstage-Ansicht (Klick auf DATEI und Auswahl von Optionen) unter Speichern und Sichern im Abschnitt »Sicherung«:

- Um eine sofortige Sicherung aller seit dem letzten Backup geänderten Notizbücher, Abschnitte und Seiten zu veranlassen, klicken Sie auf GEÄNDERTE DATEIEN JETZT SICHERN.
- Das Komplett-Backup aller (geöffneten) Notizbücher startet ein Klick auf ALLE NOTIZBÜCHER JETZT SICHERN. Das ist insbesondere dann interessant, wenn Sie das Ziellaufwerk und/oder den Zielordner für Backups geändert haben (siehe Abschnitt 7.2.1).

> Möchten Sie – zum Beispiel, um ganz sicherzugehen – ein zusätzliches Backup aller offenen Notizbücher (etwa auf einem USB-Stick) anlegen, machen Sie das so: Ändern Sie in den Backup-Optionen den Speicherort für Sicherungen auf das neue Zielmedium, zum Beispiel den USB-Stick (siehe Abschnitt 7.2.1). Starten Sie dann ein Komplett-Backup, und ändern Sie anschließend das Backup-Ziel wieder zurück auf die ursprüngliche Einstellung.

7.2.3 Daten aus einem Backup wiederherstellen

Jetzt ist es also passiert: Wichtige Daten sind weg, und Sie müssen auf eine Sicherungskopie zurückgreifen. Zunächst einmal sollten Sie aber prüfen, was genau verschwunden ist und ob es nicht einen anderen Weg gibt, an eine möglicherweise noch aktuellere Version der Inhalte zu kommen. Wenn Sie nämlich zum Beispiel nur einzelne Elemente einer Seite (Textabschnitte, Bilder) oder vielleicht auch ganze Seiten unabsichtlich gelöscht haben, probieren Sie erst einmal die Rückgängig-Funktion (der gebogene Linkspfeil in der Symbolleiste für den Schnellzugriff oder die Tastenkombination `Strg` + `Z`) aus. Wenn das nicht hilft, sehen Sie sich einmal den Papierkorb an, oder prüfen Sie, ob OneNote vielleicht noch die letzten Versionen der betreffenden Seite gespeichert hat (siehe Abschnitt 7.3).

Wenn der Schaden allerdings größer ist, vielleicht durch eine Windows-Neuinstallation nebst Formatierung, müssen Sie wohl auf eine der automatisch angelegten Sicherheitskopien zurückgreifen. Die liegt, wenn Sie sich an die Empfehlung aus Abschnitt 7.2.1 gehalten haben, unversehrt auf einem anderen Laufwerk, Netzwerkordner oder externen Datenträger.

Das Restaurieren aus Sicherungskopien erfolgt abschnittsweise und erfordert ein wenig Handarbeit:

1. Wechseln Sie durch einen Klick auf DATEI in die Backstage-Ansicht.
2. Rechts oben im Fenster klicken Sie auf die Schaltfläche SICHERUNGEN ÖFFNEN.
3. Das folgende Dateiauswahlfenster zeigt den Inhalt des aktuell eingestellten Sicherungsordners und alle gespeicherten Notizbücher als Ordner. Sollte die gesuchte Sicherung an einem anderen Ort liegen, navigieren Sie zunächst dort hin.
4. Öffnen Sie den Ordner des Notizbuchs, aus dem Sie Abschnitte wiederherstellen wollen, durch einen Doppelklick.
5. Wählen Sie nun den zu restaurierenden Abschnitt aus. Mit gedrückter `Strg`-Taste ist auch eine Mehrfachauswahl möglich. Bestätigen Sie die Auswahl mit einem Klick auf ÖFFNEN.

6. Zurück in OneNote sehen Sie nun ganz unten in der Notizbuchnavigation (entweder ist diese dauerhaft angepinnt oder Sie öffnen Sie durch einen Klick auf den aktuellen Notizbuchnamen) oberhalb der SCHNELLEN NOTIZEN einen neuen Bereich namens GEÖFFNETE ABSCHNITTE. Klicken Sie ihn an. Dieser spezielle Bereich verhält sich im Wesentlichen wie ein normales Notizbuch, allerdings mit einer wichtigen Einschränkung: Alle Inhalte sind schreibgeschützt, da sie ja die Backup-Version zeigen, die nicht verändert werden sollte.

7. Sie können nun die einzelnen Abschnitte per Rechtsklick auf den jeweiligen Karteireiter, durch die Auswahl von VERSCHIEBEN ODER KOPIEREN und durch die folgende Angabe des Zielnotizbuchs an den gewünschten Ort kopieren. Soll ein komplettes gelöschtes Notizbuch wiederhergestellt werden (das heißt, es gibt im Moment noch gar kein Ziel für die Kopie), legen Sie zuvor ein neues, leeres Notizbuch an.

8. Nach der Zielauswahl klicken Sie auf KOPIEREN. Sie werden bemerken, dass die Schaltfläche VERSCHIEBEN nicht anwählbar ist, was am Schreibschutz der Backup-Version liegt. Die Kopie wird sich wieder ganz normal bearbeiten lassen.

Wiederholen Sie die letzten beiden Schritte für alle Abschnitte, die Sie wiederherstellen möchten.

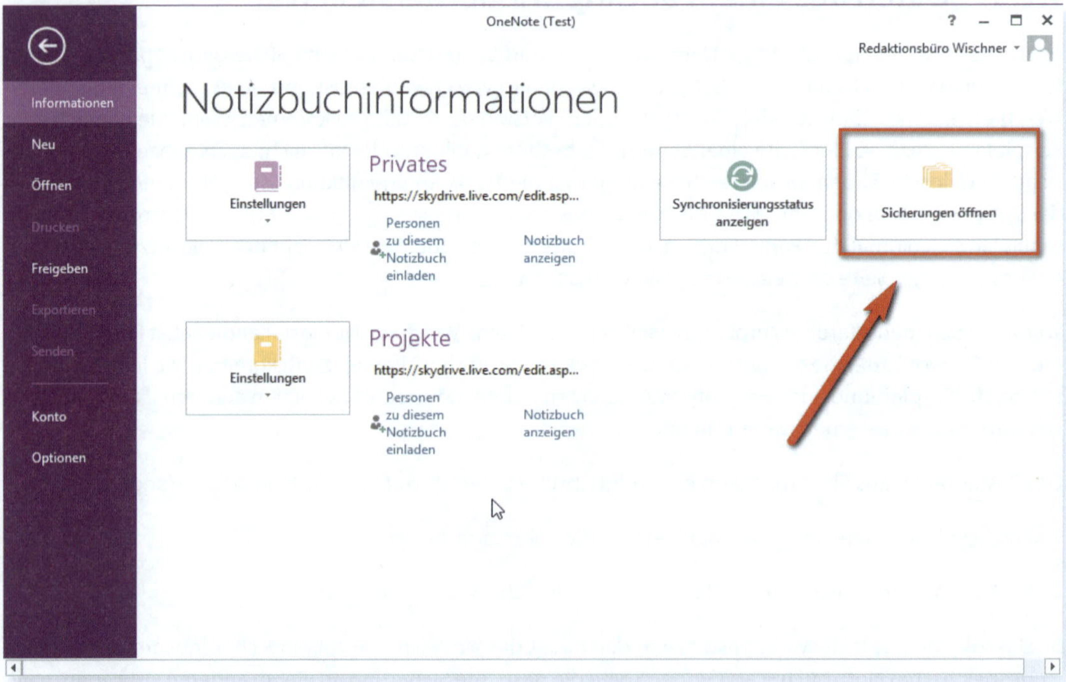

Abbildung 7.4 In der Backstage-Ansicht finden Sie die Schaltfläche zur Wiederherstellung von gesicherten Abschnitten.

Abschließend können Sie die einzelnen Abschnitte noch umbenennen, da sie außer ihrer ursprünglichen Bezeichnung auch noch das Sicherungsdatum und eine eventuelle Versionsnummer im Namen tragen.

Es ist leider nicht vorgesehen, ein komplettes Notizbuch auf einmal aus einer Sicherungskopie wiederherzustellen. Wenn Ihnen der zuvor beschriebene (und in jedem Fall empfehlenswerte) Weg zu umständlich erscheint, können Sie Folgendes versuchen:

1. Öffnen Sie den Sicherungsordner im Explorer, und kopieren Sie das komplette Verzeichnis mit dem Namen des wiederherzustellenden Notizbuchs in den Ordner, in dem sich das Original vorher befand oder in dem Sie es künftig speichern möchten.

2. In OneNote wechseln Sie in die Backstage-Ansicht (Registerkarte DATEI) und wählen aus dem linken Menü den Befehl ÖFFNEN.

3. Im Bereich »Von anderen Orten aus öffnen« klicken Sie doppelt auf COMPUTER und navigieren zu dem Speicherort, an den Sie zuvor den Sicherungsordner kopiert haben.

4. Klicken Sie den Ordnernamen an, und bestätigen Sie zweimal (!) mit ÖFFNEN.

5. Sie erhalten die Meldung, dass am angegebenen Ort kein Notizbuch gefunden wurde. Gemeint ist damit nur, dass die separate Datei mit dem Inhaltsverzeichnis fehlt, denn diese gehört nicht zu Sicherungskopien. Das Angebot, die Datei dennoch als Notizbuch zu öffnen, nehmen Sie mit einem Klick auf JA an. OneNote legt dann ein neues Inhaltsverzeichnis anhand der enthaltenen Abschnitte an.

Jetzt sollte das komplette Notizbuch wiederhergestellt sein. Allerdings birgt diese Methode einige Nachteile:

- Da OneNote ein neues Inhaltsverzeichnis des Notizbuchs anlegen musste, stehen die Abschnitte möglicherweise nicht mehr in der ursprünglichen Reihenfolge, und Sie müssen sie wieder von Hand sortieren.
- Existieren aufgrund der Backup-Einstellungen mehrere Sicherungskopien der einzelnen Abschnitte, haben Sie nun alle Fassungen im Notizbuch. Das können Sie nur verhindern, indem Sie zuvor entweder nur ausgewählte Abschnittsdateien, die zu einem Sicherungssatz gehören, aus dem Backup-Ordner kopieren oder alle Versionen bis auf eine zuvor löschen. Der Aufwand dürfte der zuvor beschriebenen regulären Wiederherstellungsmethode praktisch gleichkommen.
- Die Bezeichnungen der Abschnitte enthalten das jeweilige Sicherungsdatum und gegebenenfalls eine Versionsnummer. Wenn Sie das stört, müssen Sie alle Abschnitte einzeln umbenennen.

Unterm Strich ist die von OneNote vorgesehene Methode zur Wiederherstellung sauberer und nur unwesentlich aufwendiger.

7.2.4 Backup per Paketdatei

OneNote bietet die Möglichkeit, Notizbuch-Inhalte in eine einzelne Datei zusammenzufassen und zu exportieren. Eine solche Datei wird OneNote-Paket oder ONEPKG genannt. Diese Funktion ist eigentlich dazu gedacht, ein komplettes OneNote-Notizbuch mit allen enthaltenen Abschnitten und Seiten kompakt in eine Datei zu verpacken, um diese weiterzugeben oder auf einen anderen Rechner zu kopieren, auf dem auch OneNote installiert ist. Aber sie lässt sich durchaus auch als Backup zweckentfremden, wenn Sie die Paketdatei an einem sicheren Ort speichern, zum Beispiel auf einer externen Festplatte, einem USB-Stick, in einem Cloud-Speicher wie SkyDrive oder Dropbox oder auf eine CD oder DVD brennen. So geht's:

1. Öffnen Sie das zu exportierende Notizbuch, und wechseln Sie dann in die Backstage-Ansicht (auf DATEI klicken).
2. Wählen Sie aus dem linken Menü EXPORTIEREN.
3. Wählen Sie jetzt im linken Abschnitt mit der Überschrift »Aktuelles Element exportieren« die Option NOTIZBUCH aus. Nur so steht das Paketformat für den Export zur Verfügung
4. Im rechten Bereich unter »Format auswählen« klicken Sie auf ONENOTE-PAKET (ONEPKG-DATEI).
5. Klicken Sie dann auf die Schaltfläche EXPORTIEREN, und wählen Sie im folgenden Dialogfeld zur Dateiauswahl das Speicherziel und einen Namen aus.
6. Schließen Sie mit einem Klick auf SPEICHERN ab.

Das Öffnen einer Paketdatei auf demselben oder einem anderen Computer funktioniert genau so wie bei einem herkömmlichen Notizbuch, also entweder über DATEI / ÖFFNEN / COMPUTER und Auswahl der Paketdatei oder per Doppelklick auf die Datei im Explorer.

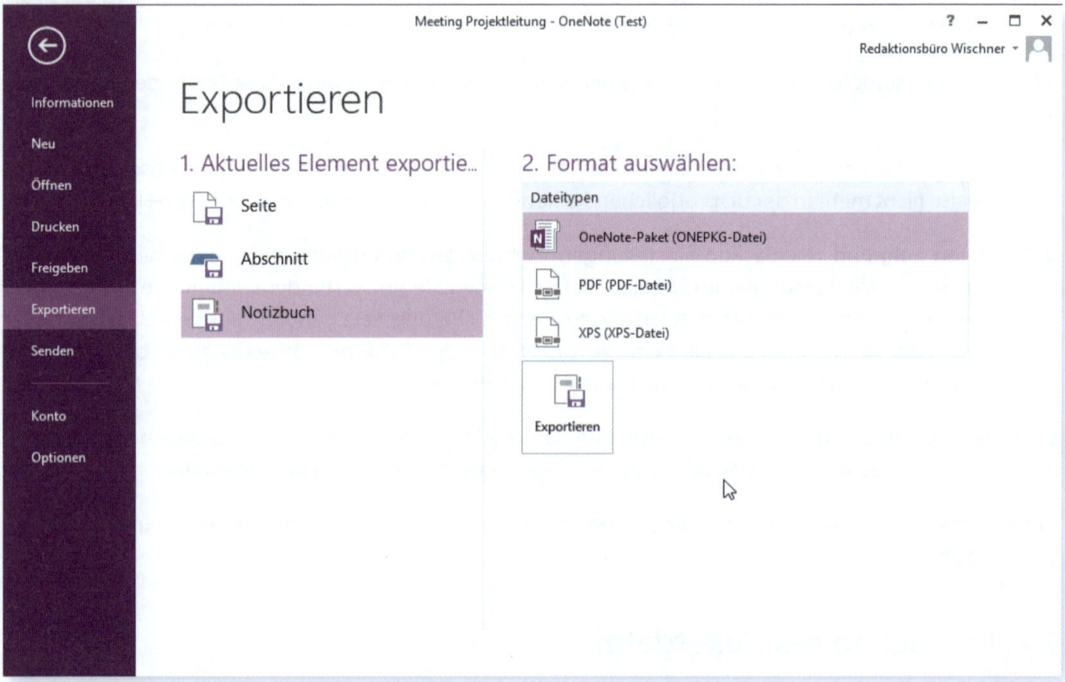

Abbildung 7.5 Ein als OneNote-Paket exportiertes Notizbuch komprimiert dessen Inhalte in eine einzelne Datei.

Der Vorteil dieser Methode der Sicherung ist die unkomplizierte Handhabung. Außerdem bietet sie eine gute Möglichkeit zur Archivierung aktuell nicht mehr benötigter Notizbücher. Nachteilig ist außer der Tatsache, dass Sie eine asynchrone, eventuell nicht mehr aktuelle Kopie haben, vor allem das Fehlen jeder Automatik. Sie müssen selbst an ein Backup per Paketdatei denken und dieses manuell durchführen.

7.3 Papierkörbe und Versionsverwaltung

Dass Sie sich bei OneNote nicht um das Speichern von hinzugefügten, geänderten oder gelöschten Inhalten zu kümmern brauchen, ist eine sehr komfortable Sache. Sie hat aber einen kleinen Haken: Auch ungewollte Änderungen oder Entwürfe werden automatisch gespeichert und überschreiben frühere Versionen.

Manche Irrtümer beim Bearbeiten lassen sich zwar mit der Rückgängig-Funktion (zum Beispiel per [Strg]+[Z]) leicht korrigieren. Aber spätestens dann, wenn Sie OneNote beendet haben, geht die Liste der umkehrbaren Schritte verloren – nach dem nächsten Laden funktioniert die Rückgängig-Methode nicht mehr.

Die Programmierer haben daher in OneNote zwei weitere Sicherheitsnetze gegen unbeabsichtigte Änderungen eingebaut:

- Zum einen landen gelöschte Notizbuchseiten oder -abschnitte zunächst in einem normalerweise unsichtbaren Bereich – den Papierkörben (jedes Notizbuch hat einen eigenen). Dort bleiben sie 60 Tage lang erhalten, außer Sie entsorgen den Inhalt explizit und endgültig. Sie können eine Löschung bis dahin problemlos rückgängig machen, indem Sie die weggeworfenen Seiten oder Abschnitte einfach wieder aus dem Papierkorb herausnehmen.
- Zusätzlich verfügt OneNote über eine Versionsverwaltung für Notizseiten. Diese ist in erster Linie dazu gedacht, Änderungen anderer Bearbeiter (siehe die Teamwork-Funktionen in Kapitel 8) nachvollziehbar und gegebenenfalls revidierbar zu machen. Sie können die Versionsverwaltung aber auch für sich selbst nutzen, um eine Dokumentation vorgenommener Änderungen anzulegen und vielleicht zu einer früheren Fassung zurückzukehren.

7.3.1 Gelöschte Inhalte aus dem Papierkorb holen

Sobald Sie einen Abschnitt oder einzelne Seiten löschen (siehe Abschnitt 6.3.4), verschiebt OneNote den Inhalt in den unsichtbaren Papierkorb des jeweiligen Notizbuchs, wo er 60 Tage lagert, bevor die Daten endgültig entsorgt werden. Sie können das Leeren eines Notizbuch-Papierkorbs jedoch auch manuell früher veranlassen, zum Beispiel aus Datenschutzgründen.

So öffnen Sie den zum Notizbuch gehörenden Papierkorb:

1. Klicken Sie links oben den Namen des aktuellen Notizbuchs oder in der Notizbuchnavigation ein beliebiges Buch mit der rechten Maustaste an, und wählen Sie aus dem Kontextmenü den Befehl Notizbuch-Papierkorb. Alternativ finden Sie den Befehl auch als Schaltfläche in der Symbolleiste VERLAUF.

Der Bildschirminhalt ändert sich und zeigt nunmehr den Inhalt des Papierkorbes so, als wäre er ein eigenes Notizbuch. An der gewohnten Stelle unterhalb Menüs und Symbolleisten stehen die Karteireiter aller komplett gelöschten Abschnitte. Klicken Sie einen davon an, zeigt die rechte Navigationsleiste erwartungsgemäß alle ehemals in diesem Abschnitt enthaltenen Seiten. Dazu gibt es einen weiteren Karteireiter namens Gelöschte Seiten. Er enthält alle Einzelseiten, die Sie aus ansonsten noch vorhandenen Abschnitten gelöscht hatten.

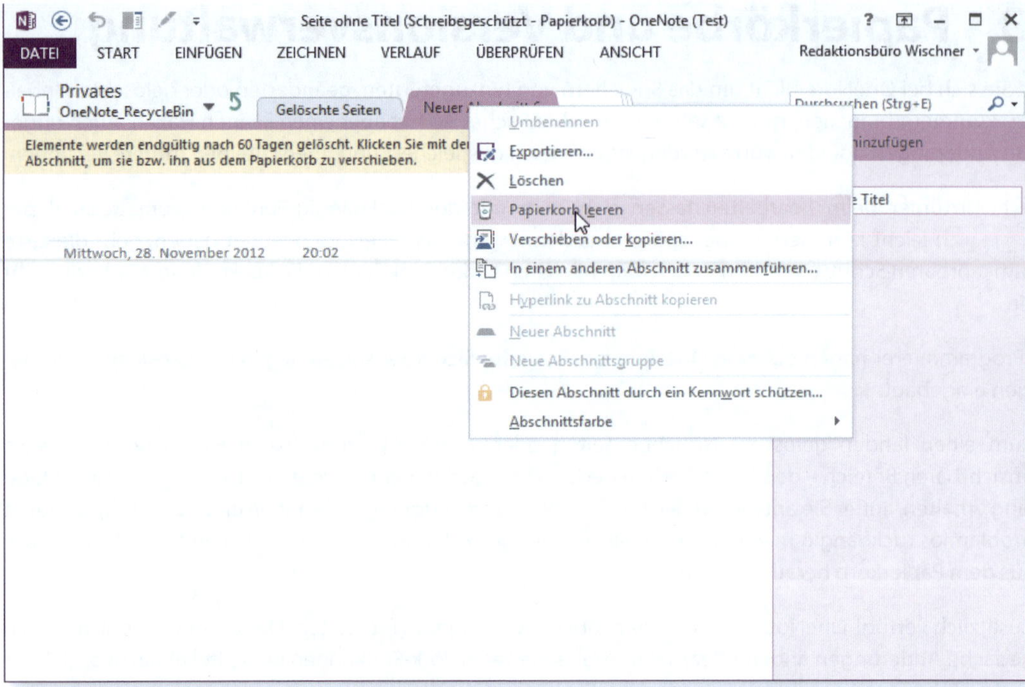

Abbildung 7.6 Der Papierkorb eines Notizbuchs hält alle gelöschten Seiten und Abschnitte 60 Tage lang vor. Bis dahin können Sie alle Inhalte zurückholen oder vorzeitig komplett vernichten.

Sie können innerhalb des Papierkorb-Notizbuchs genauso navigieren wie Sie es gewohnt sind, also zum Beispiel beliebig durch Abschnitte oder Seiten blättern. Am oberen Rand jeder Seite ist ein Hinweis eingeblendet, der Sie daran erinnern soll, dass Sie im Moment nicht mit aktuellen Notizen, sondern mit als gelöscht markierten Seiten aus dem Papierkorb arbeiten. Außerdem erinnert die Zusatzbezeichnung »OneNote_RecycleBin« unterhalb des Notizbuchnamens Sie daran, dass momentan der Papierkorbinhalt angezeigt wird. Die ist allerdings nur bei ausgeblendeter Notizbuchnavigation zu sehen.

So holen Sie gelöschte Seiten oder Abschnitte wieder zurück:

1. Klicken Sie mit der rechten Maustaste auf den Karteireiter eines Abschnitts (aber nicht auf den des Pseudo-Abschnitts GELÖSCHTE SEITEN), oder klicken Sie auf eine einzelne Seite. (Sie können auch mehrere Seiten zuvor mit gedrückter `Strg`-Taste markieren.) Wählen Sie dann im Kontextmenü den Befehl VERSCHIEBEN ODER KOPIEREN aus.

2. Im folgenden Zielauswahlfenster geben Sie das Ziel für die wiederherzustellenden Inhalte an. Im Fall von Seiten wählen Sie einen vorhandenen Abschnitt; für das Zurückholen von Abschnitten wählen Sie ein Notizbuch oder einen vorhandenen Abschnitt, hinter dem der gerettete eingefügt werden soll.

3. Klicken Sie auf VERSCHIEBEN. Das KOPIEREN ginge natürlich auch, würde die entsprechenden Inhalte aber zusätzlich im Papierkorb behalten. Das dürfte im Normalfall keinen Sinn ergeben.

4. Wenn Sie mit dem Zurückholen fertig sind, verlassen Sie den Papierkorb, indem Sie auf den grünen gebogenen Pfeil links neben den Karteireitern klicken.

Möglicherweise möchten Sie gar keine kompletten Seiten oder gar Abschnitte aus dem Papierkorb fischen, sondern nur Teilinhalte einer Seite. Sie haben zum Beispiel eine Seite gelöscht, auf der eine noch benötigte Grafik stand – den Rest der Seite brauchen Sie aber nicht. Öffnen Sie hierfür die betreffende Seite im Papierkorb, markieren Sie das jeweilige Element (zum Beispiel die Grafik), und kopieren Sie sie mit `Strg`+`C` in die Zwischenablage. Wechseln Sie dann zur Zielseite, auf der Sie die Grafik benötigen, und fügen Sie sie hier mit `Strg`+`V` wieder ein.

Weitere Einstellungen zu den Papierkörben:

- Sie können den gesamten Inhalt endgültig entsorgen. Dazu öffnen Sie das entsprechende Notizbuch und klicken in der Symbolleiste VERLAUF auf die Beschriftung (nicht das Papierkorb-Symbol) der Schaltfläche NOTIZBUCH-PAPIERKORB. Aus dem daraufhin geöffneten Dropdown-Menü wählen Sie den Befehl PAPIERKORB LEEREN aus und bestätigen die folgende Sicherheitsabfrage mit JA.
- Außerdem lässt sich für jedes Notizbuch separat die Papierkorb-Funktion abschalten. Dies bedeutet: Wenn Sie künftig Abschnitte oder Seiten aus diesem Notizbuch löschen, werden diese ohne Zwischenspeicherung im Papierkorb sofort vernichtet. Den zugehörigen Befehl VERLAUF FÜR DIESES NOTIZBUCH DEAKTIVIEREN erreichen Sie wieder über das Dropdown-Menü der Schaltfläche NOTIZBUCH-PAPIERKORB in der Symbolleiste VERLAUF. Anschließend erscheint eine Bestätigung zusammen mit dem Angebot, den Inhalt des Papierkorbs zu löschen.

> Wenn Sie dieses Angebot durch einen Klick auf JA annehmen, wird auch die Versionsverwaltung deaktiviert und alle vorhandenen Seitenversionen (siehe Abschnitt 7.3.2) werden sofort vernichtet!

7.3.2 Auf frühere Seitenversionen zugreifen

Das Retten von Seiten oder Abschnitten aus dem Papierkorb hilft natürlich nur bei Inhalten, die zuvor gelöscht wurden. Was aber, wenn Sie eine Seite stark verändert haben und beispielsweise Elemente eingefügt, verschoben, entfernt, Texte bearbeitet, Handschriftnotizen oder Zeichnungen eingefügt oder geändert haben?

Auch kein Problem, denn zusätzlich zu Backup und Papierkörben bietet OneNote eine weitere Funktion, die Ihnen den Schritt in die Vergangenheit erlaubt: die Versionsverwaltung.

In erster Linie ist diese Funktion dazu gedacht, bei der gemeinsamen Bearbeitung von Notizen mit mehreren Personen (siehe Kapitel 8, Teilen und Teamwork) alle Änderungen und deren Verfasser zu dokumentieren. Sie können sie aber auch dann sinnvoll nutzen, wenn Sie der einzige Bearbeiter sind.

> Es scheint, dass OneNote Änderungen auf ein und demselben Rechner (bzw. vom selben Bearbeiter) nur einmal pro Kalendertag in einer eigenen Version sichert. Dagegen sorgen Änderungen von jemand anderem in einem gemeinsam genutzten Notizbuch (siehe Kapitel 8) sofort für das Speichern der alten Fassung.

Die Versionsverwaltung lässt Sie auf eine ältere Fassung einer Notizbuchseite zurückgreifen. Dabei können Sie wahlweise die aktuelle Version der Seite komplett durch eine frühere ersetzen, neue und alte Versionen nebeneinander behalten oder auch nur einzelne Elemente vorheriger Ausgaben in die aktuelle Seite einbringen. So geht's:

Klicken Sie in der rechten Seitennavigation die Seite, auf deren Vorversion Sie zugreifen möchten, mit der rechten Maustaste an, und wählen Sie im Kontextmenü den untersten Eintrag namens SEITENVERSIONEN ANZEIGEN. Ist dieser Befehl nicht anwählbar (grau dargestellt), gibt es von dieser Seite nur die eine Fassung – nach dem Erstellen der Seite wurden also noch keine Änderungen vorgenommen.

Ansonsten erscheinen nun in der Seitennavigation hellgrau hinterlegt alle vorhandenen Versionen mit Änderungsdatum und dem Namen des Verfassers. Wenn Sie nicht mit geteilten Notizbüchern arbeiten, ist das natürlich immer Ihr eigener Name.

Klicken Sie auf eine ältere Seitenversion, wird deren Inhalt im Hauptfenster angezeigt. Sie können dann zum Beispiel einzelne Elemente markieren und in die Zwischenablage kopieren, um sie danach auf die aktuelle Ausgabe der Seite zu übertragen.

Am oberen Rand jeder Seitenfassung außer der aktuellsten steht ein grau hinterlegter Hinweistext, der daran erinnert, dass es sich um eine alte Fassung handelt, die früher oder später vom System gelöscht wird. Klicken Sie mit der linken Maustaste in diesen Text, öffnet sich ein Menü mit einigen Optionen zur Versionsverwaltung. Dasselbe Menü erreichen Sie auch mit einem Rechtsklick auf den Seitentitel einer älteren Fassung in der Seitennavigation.

Die Bedeutung der Menüpunkte im Einzelnen:

- VERSION WIEDERHERSTELLEN tauscht den Inhalt der aktuellen Seite komplett gegen den der gewählten älteren Version aus. Die vormals aktuelle Fassung geht aber nicht komplett verloren, sondern wird ihrerseits wieder zu einer alten Fassung und erscheint in der Versionsliste.
- VERSION LÖSCHEN verschiebt diese Fassung in den Papierkorb, von wo sie sich gegebenenfalls wieder zurückholen ließe (siehe Abschnitt 7.3.1).
- SEITE KOPIEREN NACH erlaubt Ihnen, sowohl die aktuelle als auch die gewählte ältere Fassung zu behalten. Nach Auswahl dieses Befehls geben Sie einen Zielabschnitt an.
- ALLE VERSIONEN IM ABSCHNITT LÖSCHEN entfernt alle Versionen außer der aktuellen aus dem aktuellen Abschnitt. Darunter stehen Varianten dieses Befehl mit einer erweiterten Gültigkeit für die aktuelle Abschnittsgruppe (falls vorhanden) oder das gesamte Notizbuch.
- VERLAUF FÜR DIESES NOTIZBUCH DEAKTIVIEREN entspricht dem Befehl, den Sie bei der Verwaltung der Papierkörbe in Abschnitt 7.3.1 bereits kennengelernt haben. Es gilt hier dieselbe Warnung: Nehmen Sie das anschließende Angebot an, den gesamten Notizbuchverlauf und Papierkorbinhalt zu löschen, verlieren Sie sämtliche Versionen und als gelöscht markierten Seiten!
- SEITENVERSIONEN AUSBLENDEN schließlich entfernt die Anzeige der älteren Fassungen aus der Seitennavigation.

Kurz notiert

- OneNote legt regelmäßig Backups von allen Notizbüchern an.
- Häufigkeit, Speicherort und Anzahl der Versionen sind einstellbar.
- Der Papierkorb hebt gelöschte Seiten und Abschnitte 60 Tage lang auf.
- Bei gemeinsam genutzten Notizbüchern werden Änderungen sofort in der Versionsverwaltung gespeichert.

8

Teilen und Teamwork

- *Notizen drucken und exportieren*
- *Versenden per E-Mail*
- *Notizbücher teilen und freigeben*
- *Gemeinsam an Notizen arbeiten*

Oft sind Notizen eine ganz persönliche Sache und gehen niemand anderen etwas an. Andererseits kann es sehr wohl gewünscht sein, Dritte an den Inhalten teilhaben zu lassen. Zum Beispiel möchten Sie die Aufzeichnungen, die Sie während einer Vorlesung oder Präsentation gemacht haben, an Kommilitonen oder Kollegen weitergeben, die nicht anwesend waren. Oder Sie planen zusammen mit anderen eine Reise, eine Feier oder ein komplexes Projekt und möchten gemeinsam, vielleicht sogar gleichzeitig, eine Notizseite, einen Abschnitt oder ein ganzes Notizbuch mit Inhalt füllen. OneNote erlaubt ganz unterschiedliche Formen der Zusammenarbeit. Wer etwa auch bei der Nutzung gemeinsamer Informationen lieber von allem seine eigene Kopie für sein eigenes Ordnungssystem hat, den unterstützt OneNote genauso wie den, der am liebsten mit anderen zusammen auf ein und derselben Seite arbeitet – sogar gleichzeitig.

Übrigens: Sie können jederzeit auf Ihre persönlichen Notizbücher von mehreren Rechnern aus zugreifen. Das kann Ihr Bürocomputer, ein Zweit-PC- oder Notebook zu Hause, ein Tablet-PC oder ein Smartphone sein (mehr zu den Mobil-Ausgaben von OneNote lesen Sie in Kapitel 12, OneNote auf Tablet auf Smartphone). Dank der Webversion von OneNote (siehe Kapitel 11) erreichen Sie Ihre Notizen sogar mit einem Rechner ohne Microsoft Office oder aus einem Internet-Café. Dabei machen Sie streng genommen nichts anderes, als die in diesem Kapitel beschriebenen Teamfunktionen zu nutzen – nur dass das Team lediglich aus Ihnen selbst an verschiedenen Rechnern besteht und keine Dritten mit einschließt. Sie können sogar verschiedene Identitäten verwenden, etwa einen beruflich genutzten und einen privaten SkyDrive-Account. Von daher dürfte das Thema Teamarbeit auch dann für Sie interessant sein, wenn Sie nicht planen, Ihre Notizen anderen Personen zur Einsicht oder Mitarbeit freizugeben.

Im ersten Teil dieses Kapitels erfahren Sie, wie Sie einzelne Notizseiten, Abschnitte oder sogar ganze Notizbücher in den verschiedensten Formaten vom Papier bis zur E-Mail mit Dateianhängen weitergeben können. Im zweiten Teil lernen Sie dann, wie Sie Notizen anderen zur direkten Mitarbeit, gleichzeitig oder abwechselnd, mit oder ohne installiertes OneNote freigeben.

8.1 OneNote-Seiten drucken

Es mag ja fast zu banal klingen, um es überhaupt zu erwähnen: Notizbuchseiten lassen sich natürlich auf einen Drucker ausgeben. Entgegen aller Rufe nach dem papierlosen Büro ist das gedruckte Blatt lange noch nicht tot. Ob Sie sich einen Merkzettel an die Pinnwand heften, die vorbereitete Meeting-Agenda vor der Sitzung an die Kollegen verteilen oder einfach nur einen in OneNote geschriebenen Einkaufszettel in die Tasche packen wollen – das Drucken ist in OneNote nicht komplizierter als in anderen Windows-Programmen.

Eine Besonderheit gibt es allerdings doch: Die meisten Office-Programme orientieren sich von vornherein an Seitenformaten. Eine Textverarbeitung zum Beispiel bietet als Arbeitsfläche die voreingestellte Papiergröße, DTP-Software sowieso. Viele Grafikprogramme fragen vor dem Erstellen einer Zeichnung oder Illustration nach einer Größe.

Eine Notizbuchseite in OneNote ist zunächst einmal überhaupt nicht begrenzt. Sie können sie durch Einfügen von Inhalten oder durch Betätigen der horizontalen und vertikalen Bildlaufleisten nach Belieben erweitern. Eine Ausnahme bildet nur die Verwendung von größenbegrenzten OneNote-Seitenvorlagen (siehe Abschnitt 6.4).

Da Sie sich in der Regel beim Anlegen und Füllen umfangreicher Notizbuchseiten keine Gedanken darüber machen, ob das alles auf ein DIN-A4-Blatt passt, kommt einer Funktion in OneNote eine besonders wichtige Bedeutung zu: der Druckvorschau und ihren Möglichkeiten, Inhalt und Layout der Druckseiten zu bestimmen. Bevor Sie also eine Notizbuchseite, einen Abschnitt oder eine ganze Abschnittsgruppe an den Drucker schicken, statten Sie erst der Druckvorschau einen Besuch ab:

1. Öffnen Sie in OneNote die Abschnittsgruppe, den Abschnitt oder die Seite, die für den Ausdruck vorgesehen ist.

2. Wechseln Sie dann in die Backstage-Ansicht, indem Sie auf DATEI klicken. Wählen Sie dann aus dem linken Menü den Befehl DRUCKEN.

3. Im Hauptfenster erscheinen die beiden Schaltflächen DRUCKEN und SEITENANSICHT. Klicken Sie auf SEITENANSICHT.

4. Es öffnet sich ein Fenster mit einer Druckvorschau der ersten Seite und einigen Einstellmöglichkeiten. Unterhalb der Vorschau sehen Sie die Zahl der Druckseiten, wenn die aktuellen Einstellungen beibehalten werden. Ganz unten links befinden sich Schaltflächen zum Vor- und Zurückblättern. Überprüfen Sie damit das Layout aller Seiten.

5. Im rechten Bereich legen Sie den Druckbereich (Abschnittsgruppe, Abschnitt oder die aktuelle Notizseite), das Papierformat (zum Beispiel A4), Hoch- oder Querformat, die Form der Fußzeile für jedes Blatt und die Seitennummerierung fest. Es empfiehlt sich, die Option INHALT AN PAPIERBREITE ANPASSEN zu aktivieren, wenn Sie kein mehrseitiges Klebepuzzle ausdrucken wollen.

6. Klicken Sie auf SCHLIESSEN, wenn Sie noch etwas am Seiteninhalt ändern möchten, oder auf DRUCKEN, um den Ausdruck zu starten.

7. Als Nächstes öffnet sich das DRUCKEN-Dialogfeld, das auch der Druckbefehl anderer Windows-Anwendungen auf den Schirm holt. Hier wählen Sie den zu verwendenden Drucker aus und können je nach Modell und Treiber noch weitere Einstellungen vornehmen, bevor Sie die Ausgabe mit einem Klick auf DRUCKEN starten.

> Der Begriff »Seite« meint in der Druckvorschau (zum Beispiel bei der Auswahl des Druckbereichs) die OneNote-Notizseite. Bei den Blätterfunktionen oder später im eigentlichen DRUCKEN-Dialogfeld (auch hier gibt es eine Auswahl des Seitenbereichs) dagegen bezieht sie sich auf die Blätter beim Ausdruck. Eine (OneNote-)Seite wird also durchaus auf mehrere (Druck-)Seiten verteilt.

Natürlich können Sie auf die Druckvorschau verzichten. Wenn Sie wissen, dass die Ausrichtung, Skalierung und Aufteilung passen, klicken Sie in Schritt 2 der vorstehenden Anleitung auf DRUCKEN anstatt auf SEITENANSICHT. Sie landen dann direkt im DRUCKEN-Dialogfeld.

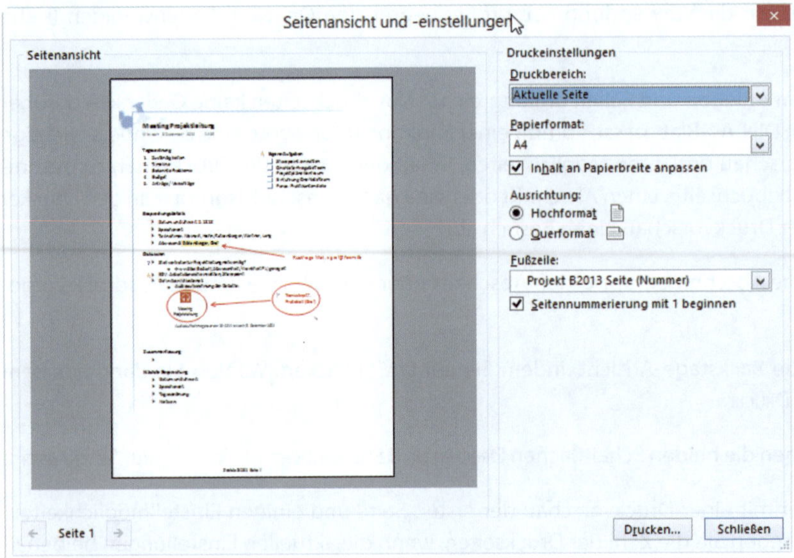

Abbildung 8.1 Die Druckvorschau hilft, OneNote-Seiten vor dem Ausdruck an das Papierformat anzupassen.

8.2 Export im PDF-, XPS-, Word- oder Webformat

Der Ausdruck von Notizen mag in bestimmten Fällen eine sinnvolle Methode sein, um OneNote-Inhalte an andere Personen zur Ansicht weiterzugeben. Meist ist eine elektronische Verteilung jedoch angebrachter. OneNote erlaubt die Umwandlung von Seiten, von Abschnitten und (mit Einschränkungen) auch von ganzen Notizbüchern in einige gängige Formate. Die dabei erzeugten Dateien lassen sich zum Beispiel per E-Mail versenden, auf einer Webseite oder einem FTP-Server zum Download bereitstellen oder auf andere Rechner, Tablet-PCs oder sogar E-Book-Reader übertragen.

1. Öffnen Sie in OneNote das Notizbuch, den Abschnitt oder die zu exportierende Notizseite.
2. Wechseln Sie mit einem Klick auf DATEI zur Backstage-Ansicht.
3. Klicken Sie auf EXPORTIEREN.
4. Aus der linken Liste wählen Sie das Element, das Sie exportieren möchten, also SEITE, ABSCHNITT oder NOTIZBUCH.
5. Im rechten Bereich bestimmen Sie das Exportformat, zum Beispiel PDF (PDF-DATEI). Welche Formate dort angeboten werden, hängt von der zuvor getroffenen Elementauswahl ab. Die möglichen Formate sind beim Export ganzer Notizbücher eingeschränkt.
6. Klicken Sie auf die Schaltfläche EXPORTIEREN, wählen Sie den Zielordner und Dateinamen aus, und starten Sie die Ausgabe mit einem Klick auf SPEICHERN.

Im Folgenden betrachten wir diese Export-Formate:

- PDF/XPS
- DOC/DOCX
- MHT

8.2.1 PDF/XPS (Notizbuch, Abschnitt, Seite)

Das PDF-Format hat sich längst als Standardformat für seitenbasierte Inhalte durchgesetzt. Es zeichnet sich vor allen dadurch aus, dass es das Originallayout des jeweiligen Dokuments vollständig abbildet. Die Notizseite in der PDF-Datei sieht also exakt so aus wie in OneNote – auch dann, wenn die Grenzen einer üblichen Druckseite, etwa im A4-Format, weit überschritten sind. PDF-Dateien lassen sich mit einer Reihe von kostenlosen Programmen (Adobe Reader, Foxit PDF u. a.) anzeigen. Windows 8 enthält inzwischen auch einen eigenen PDF-Reader.

Das XPS-Format entspricht vom Zweck her dem PDF-Format, ist aber eine Eigenentwicklung von Microsoft. Es ist zwar bei Weitem nicht so verbreitet wie PDF, dafür enthält jedes Windows seit Vista standardmäßig ein XPS-Anzeigeprogramm.

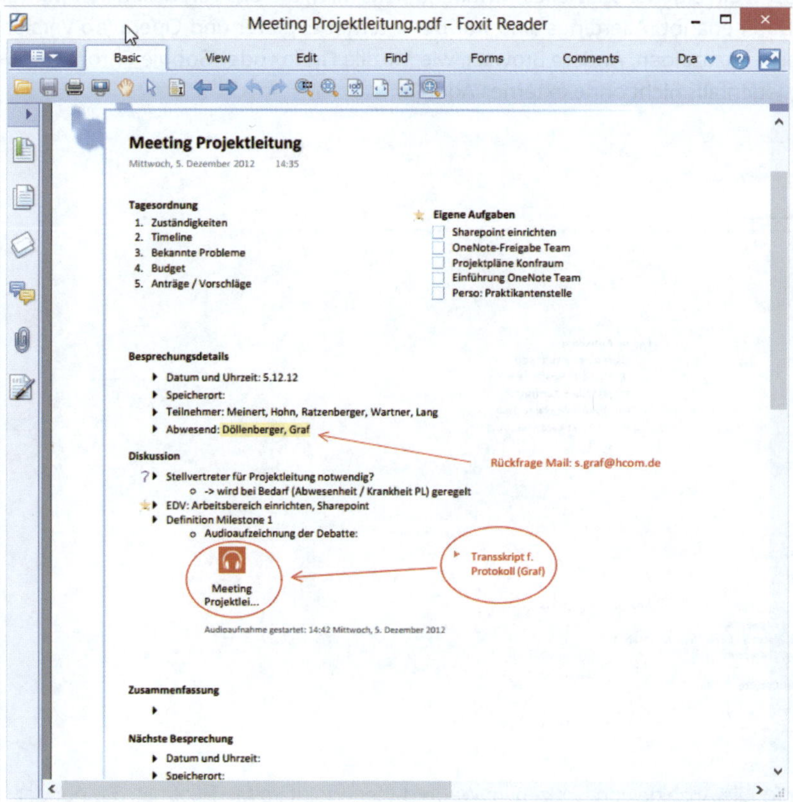

Abbildung 8.2 Im PDF-Format exportierte Notizen lassen sich mit jedem PDF-Reader im Originaldesign ansehen.

8.2.2 DOC/DOCX (Abschnitt, Seite)

Nicht nur zur Weitergabe an andere, sondern auch zur eigenen Weiterverarbeitung von Notizen per Textverarbeitung dient der direkte Export in das Dateiformat von Microsoft Word. Dabei haben Sie die Wahl zwischen einer Kompatibilität für Word-Versionen ab 2007 (DOCX) oder der Unterstützung älterer Office-Ausgaben von 97 bis 2003 (DOC). Wenn Sie eine Notizseite oder einen Abschnitt als Word-Datei weitergeben möchten und sich nicht sicher sind, welche Word-Version der Empfänger einsetzt, wählen Sie das ältere DOC-Format. In beiden Fällen wird die Word-Version zwar weitgehend wie die originale OneNote-Notiz aussehen. Es gibt aber auch deutliche Layoutabweichungen und Fehler. Das betrifft vor allem Elemente, die in Word plötzlich unter- anstatt nebeneinander stehen, und Grafikelemente, die falsch positioniert werden. Nutzen Sie dieses Format also vor allem für textlastige OneNote-Seiten.

8.2.3 MHT-Format (Abschnitt, Seite)

OneNote erlaubt auch die Ausgabe von Seiten oder Abschnitten im HTML-Format zur Anzeige in einem Webbrowser – allerdings mit einer Einschränkung: Normalerweise werden in HTML-Seiten verwendete Objekte, wie zum Beispiel Grafiken, von externen Quellen geladen und sind nicht im HTML-Code der Seite eingebettet. Es wäre sehr aufwendig, eine OneNote-Notizseite entsprechend zu zerlegen und aufzubereiten. Daher verwendet Microsoft ein eigenes spezielles Format namens MHT, das das Verpacken kompletter Webseiten in eine einzige Datei erlaubt. Allerdings sind nur der Internet Explorer und Opera (ab Version 8.54) in der Lage, MHT-Dateien anzuzeigen. Andere Browser, wie Mozilla Firefox oder Google Chrome, können damit nichts anfangen, jedenfalls nicht ohne externes Add-On.

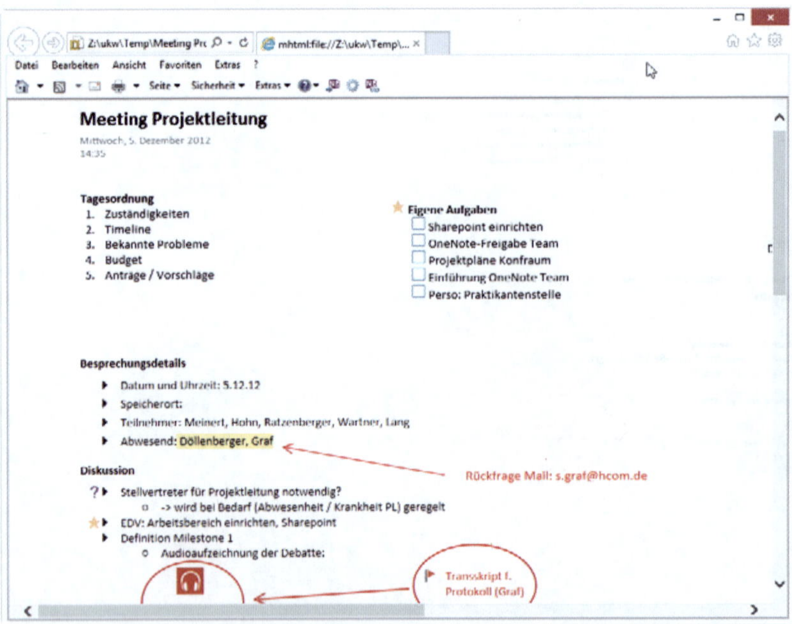

Abbildung 8.3 Der Export für die Anzeige von Notizen im Webbrowser erfolgt im MHT-Format, das nur der Internet Explorer anzeigen kann.

8.3 OneNote-Notizen per E-Mail versenden

Die in den meisten Fällen nützlichste Methode, anderen Personen Aufzeichnungen aus einem OneNote-Notizbuch zukommen zu lassen, ist der Versand per E-Mail. So verteilen Sie zum Beispiel das während einem Meeting aufgezeichnete Protokoll noch im Konferenzraum an die Kollegen. Oder die Verwandten finden die anschaulich bebilderte Geburtstags- oder Hochzeitsgeschenkwunschliste nebst Links zu den passenden Internetangeboten in ihrem Postfach.

Im Prinzip ist so sogar eine Art Teamarbeit möglich: Der Empfänger der Notiz kann darin eigene Anmerkungen einfügen und sie wieder zurückschicken. Das klappt zumindest dann, wenn die Inhalte der Notiz direkter Bestandteil des Nachrichtentexts und nicht etwa als Datei angehängt sind. Hier ist dann auch der kleine Haken: Die E-Mail-Funktionen in OneNote setzen Microsoft Outlook als E-Mail-Client voraus. Zwar können auch Nutzer eines anderen Mailprogramms (wie zum Beispiel Mozilla Thunderbird) Notizen versenden – allerdings mit Einschränkungen. Im Folgenden werden beide Varianten beschrieben.

8.3.1 Notizen mit Outlook versenden

Die enge Verknüpfung zwischen Outlook und OneNote macht das Verschicken von einzelnen Notizseiten per Mail sehr einfach:

1. Öffnen Sie in OneNote die Seite mit den Inhalten, die Sie per Mail versenden möchten.
2. In der Symbolleiste START klicken Sie auf SEITE PER E-MAIL SENDEN.

Outlook wird automatisch gestartet oder in den Vordergrund gebracht, und es wird eine neue Nachricht angelegt. Das Adressfeld ist noch leer, die Betreffzeile enthält den Seitentitel der OneNote-Notiz. Ist in Outlook das Senden im HTML-Format aktiviert, enthält der Nachrichtentext eine ziemlich originalgetreue Kopie der OneNote-Seite. Ansonsten weicht das Layout stark ab und es werden nur Textelemente dargestellt. Eingebettete Excel-Tabellen, Visio-Diagramme oder in der ursprünglichen Notiz enthaltene Dateien (auch Audio- oder Videoaufzeichnungen) landen als Anhänge in der E-Mail. Diese Automatik lässt sich allerdings abschalten (dazu gleich mehr).

Geben Sie noch die Empfängeradresse ein, bearbeiten Sie die Betreffzeile, oder ergänzen Sie den Nachrichtentext nach Belieben, und verschicken Sie die E-Mail.

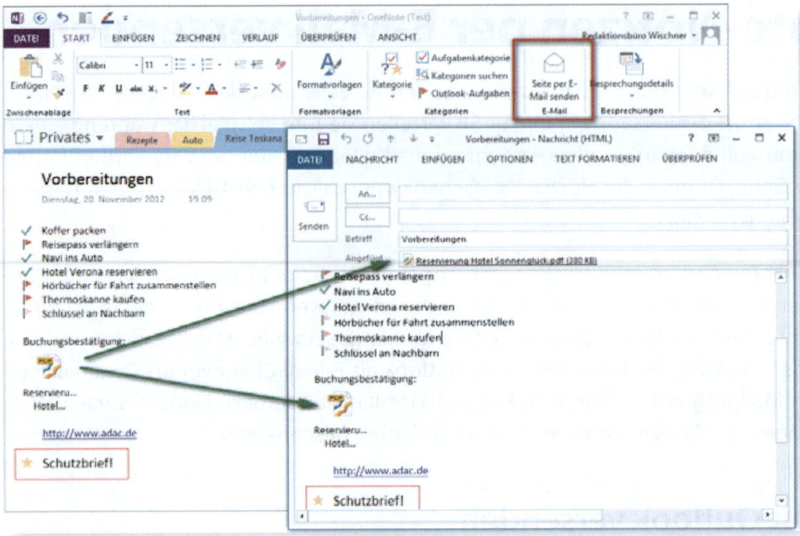

Abbildung 8.4 Mit Outlook als E-Mail-Programm lassen sich Notizseiten im Original-Layout inklusive Dateianhängen versenden.

Wenn Sie möchten, können Sie auch dafür sorgen, dass zusätzlich eine Kopie der Seite im OneNote-eigenen Format (Dateiendung .ONE) an die Mail angehängt wird. Nutzt der Empfänger ebenfalls OneNote, kann er den Inhalt damit direkt ansehen oder bearbeiten. Das geht so:

1. Öffnen Sie die Backstage-Ansicht mit einem Klick auf DATEI, und wählen Sie den Befehl OPTIONEN.
2. Wechseln Sie in die Kategorie ERWEITERT, und lokalisieren Sie im rechten Bereich den Abschnitt »Aus OneNote gesendete E-Mail-Nachrichten«.
3. Um grundsätzlich jeder per Outlook gesendeten Notizseite auch eine Fassung im OneNote-Format als Datei anzuhängen, aktivieren Sie das Kontrollkästchen KOPIE DER NOTIZEN ALS ONENOTE-DATEI ANFÜGEN.
4. Ob innerhalb der Notizseite eingebettete Dateien ebenfalls als E-Mail-Anhang verschickt werden sollen, steuern Sie mit dem zweiten Kontrollkästchen. Standardmäßig ist diese Funktion eingeschaltet.
5. Die letzte Einstellung bestimmt, ob der Nachricht ein zusätzlicher Text (Signatur) hinzugefügt werden soll, und wenn ja, welcher. Voreingestellt ist »Erstellt mit Microsoft OneNote 2013«. Passen Sie den Text nach Wunsch an, oder schalten Sie diese Funktion ganz ab.

> Textelemente bleiben normalerweise auch in der E-Mail-Nachricht in der ursprünglichen Form und lassen sich bearbeiten. Befinden sich in OneNote allerdings Grafikelemente innerhalb oder in der Nähe des jeweiligen Notizcontainers, werden sie zusammen mit dem Text zu einem Grafikelement zusammengefasst. Es lässt sich in der E-Mail nur noch in Größe und Position ändern. Enthaltener Text kann aber nicht mehr bearbeitet werden. Sie vermeiden das, indem Sie die Notiz in OneNote vor dem Senden umstrukturieren, also etwa Grafik und Text räumlich voneinander entfernen.

Nun könnte es sein, dass der Empfänger weder HTML-Mails lesen kann (zum Beispiel, weil sein Mailprogramm entsprechend eingestellt ist) noch OneNote auf seinem Rechner installiert hat. Dann würde mit den vorstehenden Methoden nicht viel Verwertbares in seinem Postfach landen. Wenn Sie sich nicht sicher sind, können Sie OneNote veranlassen, eine Nachricht zu schicken, in der die Originalnotiz zwar nicht im Textbereich steht, aber als ONE-Datei (also im OneNote-Format) und gleichzeitig als MHT-Datei zur Anzeige im Internet Explorer (siehe Abschnitt 8.2) angehängt wird. In der Originalnotiz eingebettete Dateien, Audio- oder Videonotizen landen ebenfalls als Anhang in der Mail. Das geht so:

1. Öffnen Sie in OneNote die zu sendende Notizseite.
2. Wechseln Sie mit einem Klick auf DATEI zur Backstage-Ansicht.
3. Klicken Sie auf den Befehl Senden.
4. Im rechten Bereich klicken Sie nun auf Als Anlage senden. Outlook öffnet sich mit einer neuen Nachricht, die bereits alle Dateianhänge enthält. Ergänzen Sie die Adresse sowie den E-Mail-Text, und schicken Sie sie ab.

8.3.2 Notizen mit einem anderem Mailprogramm senden

Die vorstehenden komfortablen Methoden zum Versand einer OneNote-Notizseite setzen allesamt voraus, dass Sie Microsoft Outlook als E-Mail-Programm verwenden. Nutzen Sie dagegen einen anderen Client, wie zum Beispiel Mozilla Thunderbird oder einen Webmailer, können Sie dennoch OneNote-Seiten verschicken – nur ein bisschen umständlicher. Exportieren Sie zunächst die OneNote-Notizseite, einen Abschnitt oder ein ganzes Notizbuch in eine Datei (OneNote-Format, PDF, Word etc.) so, wie in Abschnitt 8.2 beschrieben wurde. Diese Datei speichern Sie an einem beliebigen Ort und fügen sie dann Ihrer E-Mail als Anhang bei.

Das Anhängen von Notizen im OneNote-Format (ONE- oder ONEPKG-Datei) an eine E-Mail setzt voraus, dass der Empfänger OneNote installiert hat. Nur dann kann er diese Dateien öffnen. Sind Sie sich nicht sicher, ob das der Fall ist, verwenden Sie ein anderes Format (zum Beispiel PDF oder MHT, siehe Abschnitt 8.2), oder – falls das betreffende Notizbuch auf SkyDrive gespeichert ist – senden Sie ihm einen Link dorthin, damit er den Inhalt per Web-App öffnen kann (siehe Abschnitt 8.4.3).

8.4 Gemeinsam an Notizen arbeiten

Mit Sicherheit eine der mächtigsten Fähigkeiten von OneNote ist die Möglichkeit, mit mehreren Personen gemeinsam an Notizen zu arbeiten – und das sogar fast in Echtzeit: Änderungen, die ein anderer an einer Notizseite vornimmt, sind für alle Beteiligten nach kurzer Zeit zu sehen. Dabei ist jederzeit nachvollziehbar, wer etwas hinzugefügt oder verändert hat, denn OneNote kennzeichnet die entsprechenden Elemente mit den Initialen des jeweiligen Bearbeiters. Natürlich muss es nicht gleichzeitig sein. In der Praxis wird es häufiger vorkommen, dass Notizen, Ergänzungen, Anmerkungen oder Änderungen zeitversetzt und wechselseitig erfolgen. Das geht ganz genauso.

Dabei benötigt OneNote keine komplizierte Benutzerverwaltung und Rechtevergabe. Sie können – je nachdem, wo das Notizbuch gespeichert ist – auch mal schnell eben einen Kollegen einladen, Notizen zu sichten und zu kommentieren oder mit einem Freund ein kleines Brainstorming für die Organisation der nächsten Gartenparty starten. Das geht ganz ohne vorhergehende Einrichtung eines Benutzer-Accounts und sogar dann, wenn die Beteiligten gar kein OneNote installiert haben.

8.4.1 Ein geteiltes Notizbuch anlegen

Diese Überschrift ist genau genommen Unsinn. Denn OneNote macht per se gar keinen Unterschied zwischen einem geteilten oder teilbaren Notizbuch und einem solchen, das Sie nur für sich selbst nutzen wollen. Spätestens dann, wenn Sie mit einem anderen Rechner (oder Tablet, Smartphone usw.) auf Ihre Aufzeichnungen zugreifen möchten, kommt ja auch schon eine Form des Teilens und der Freigabe zum Einsatz. Sie können auch – wie Sie im nächsten Abschnitt sehen werden – jederzeit ein für den Privatgebrauch vorgesehenes Notizbuch nachträglich anderen zur Einsicht oder zur Mitarbeit bereitstellen.

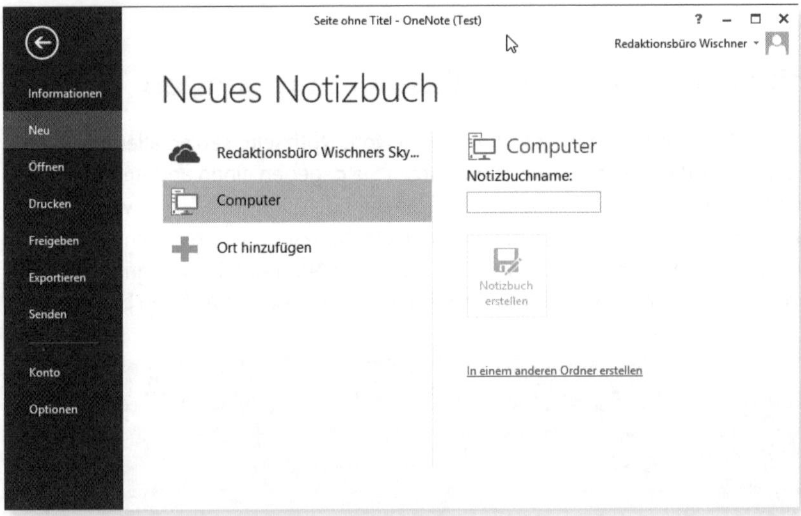

Abbildung 8.5 Beim Anlegen eines neuen Notizbuchs bestimmen Sie durch die Wahl des Speicherorts, ob und wie Sie es künftig anderen freigeben können.

Dennoch machen Sie sich es ein wenig leichter, wenn Sie schon beim Anlegen eines neuen Notizbuchs einschätzen, ob Sie auch künftig ausschließlich selbst und vielleicht auch nur von gerade genutzten PC aus Zugriff brauchen. Davon abhängig ist nämlich der sinnvollste Speicherort für das neue Notizbuch. Wenn Sie in der Backstage-Ansicht mit dem Befehl NEU ein neues Notizbuch anlegen, stellt OneNote Sie vor die Wahl: entweder SKYDRIVE oder COMPUTER. Sind Sie bereits angemeldet und eingeloggt, steht Ihr SkyDrive-Speicher direkt zur Auswahl, ansonsten geht es über ORT HINZUFÜGEN. Hier finden Sie auch den Zugang zu einem SharePoint-Server. Die Option COMPUTER unterscheidet zunächst nicht zwischen einer lokalen Festplatte oder einem Netzlaufwerk. Von da her gibt es eigentlich vier Auswahlmöglichkeiten. Eine kurze Entscheidungshilfe:

- **SkyDrive** bietet die größte Flexibilität für den Zugriff auf das Notizbuch. Sie können es alleine verwenden oder mit anderen teilen. Letztere müssen weder am selben Netzwerk (nur dem Internet) angeschlossen sein wie Sie noch selber unbedingt OneNote installiert haben. Zudem ist eine Speicherung auf SkyDrive derzeit die einzige Möglichkeit, auf das Notizbuch auch mit der kostenlosen OneNote-App von Windows 8 (siehe Kapitel 10) oder einem Smartphone oder Tablet-PC zuzugreifen (Ausnahme: Tablet-PCs mit Windows 8 oder Windows RT). Die Nachteile dieses Verfahrens sind ein vielleicht nicht so gutes Gefühl, möglicherweise sicherheitsempfindliche Daten in die Hände eines Consumer-Cloud-Anbieters (in diesem Fall Microsoft) zu geben und eine im Vergleich zum lokalen Netz meist spürbar langsamere Synchronisation beim gleichzeitigen Zugriff. Außerdem ist – vor allem bei Nutzung eines kostenlosen SkyDrive-Zugangs – der durch die Notizbücher verbrauchte Speicherplatz unter Umständen ein einschränkender Faktor.

- **Netzwerklaufwerk:** Die Nutzung eines Netzwerklaufwerks ist die bequemste Art, die Notizen bei Bedarf mit anderen zu bearbeiten oder ihnen zur Einsicht zu geben, zudem sie potenziell sehr sicher ist. Letzteres hängt von der Konfiguration des Netzwerks oder SharePoint-Servers ab und liegt in Unternehmen meist in der Verantwortung der Administratoren. Die Nachteile: Alle Teilnehmer, auch Ihr eventuell genutztes Zweitgerät, müssen mit dem Netzwerk verbunden sein (per LAN, WLAN oder auch per VPN). Zudem bleiben Android, iOS, die OneNote-Webapp und die Windows-8-OneNote-App außen vor. Um das Notizbuch in einem Netzwerklaufwerk zu erstellen, wählen Sie beim Anlegen COMPUTER und klicken auf den Link IN EINEM ANDERN ORDNER ERSTELLEN. Navigieren Sie dann zu einem Netzwerkordner, der Ihnen (und/oder anderen) die nötigen Zugriffsrechte gewährt.

- **SharePoint:** OneNote-Notizbücher lassen sich auch in einer SharePoint-Bibliothek ablegen und dort synchronisieren – natürlich nur, wenn das Unternehmen einen entsprechenden Server betreibt. Das ist ein wenig wie eine Mischung aus Netzlaufwerk und SkyDrive-Freigabe. Einerseits gibt es eine ausgefeilte Benutzer- und Rechteverwaltung. Andererseits eignet sich eine SharePoint-Seite auch für den Zugriff via Internet, ohne physisch mit dem LAN verbunden zu sein.

- **Lokales Laufwerk:** Das Speichern auf der lokalen Platte hat durchaus seine Vorteile. So haben Sie die beste Kontrolle über Ihre Daten und vielleicht dank flotter Platte oder gar SSD den schnellsten Zugriff. Das Freigeben für andere oder Ihr Zweitgerät (mit denselben Einschränkungen wie bei der Speicherung im LAN) ist zur Not auch möglich. Letzteres funktioniert aber nur, wenn Ihr Rechner auch läuft, was schon der erste Nachteil ist. Außerdem sind Sie für die Datensicherheit (Stichwort: Plattenausfall, Backup) in der Regel selbst verantwortlich. Ein Notizbuch auf der lokalen Platt legen Sie an, indem Sie nach der Wahl von NEU in der Backstage-Ansicht die Schaltfläche COMPUTER wählen, dann einen Notizbuchnamen eingeben und auf NOTIZBUCH ERSTELLEN klicken. Es wird dann am Standardspeicherort angelegt. Das ist ein Unterordner Ihres persönlichen Dokumente-Ordners, bei Windows 7 und 8 also meist *C:\Users\<Benutzername>\Documents\OneNote-Notizbücher*.

Sie können den Standardspeicherort, den OneNote beim Anlegen und der Wahl von COMPUTER verwendet, auch ändern – auf Wunsch auch zu einem Netzwerk-Ordner. Damit sparen Sie sich künftig beim Erzeugen weiterer Notizbücher den Weg über IN EINEM ANDERN ORDNER ERSTELLEN.

1. Klicken Sie in der Backstage-Ansicht auf OPTIONEN, dann auf SPEICHERN UND SICHERN.
2. Markieren im oberen Bereich (der mit »Speichern« überschrieben ist) den dritten Eintrag (NOTIZBUCH-STANDARDSPEICHERORT).
3. Klicken Sie auf die Schaltfläche ÄNDERN.
4. Navigieren Sie im folgenden Dialogfeld zur Dateiauswahl zum neuen Standardspeicherordner, und bestätigen Sie mit AUSWÄHLEN.

Ab sofort reicht es, beim Anlegen eines neuen Notizbuchs als Speicherort COMPUTER zu wählen, einen Notizbuch-Namen einzutragen und dann gleich auf NOTIZBUCH ERSTELLEN zu klicken. Das neue Notizbuch wird in einem eigenen Unterordner innerhalb des zuvor festgelegten Standardordners eingerichtet.

8.4.2 Ein vorhandenes Notizbuch freigeben

Es ist nicht zwingend notwendig, dass Sie schon beim Anlegen eines Notizbuchs planen, es später auch anderen Personen zur Einsicht oder Mitarbeit freizugeben. Dies ist auch nachträglich jederzeit möglich. Dabei spielt es auch zunächst keine Rolle, wo Sie die Notizbuchdateien gespeichert haben – auf der lokalen Festplatte, einem LAN-Verzeichnis oder auf SkyDrive. Nur die Vorgehensweise zur Freigabe hängt vom momentanen und – falls erforderlich – einem eventuell neuen Speicherort ab.

Ein lokales Notizbuch per LAN freigeben

Wenn Sie das Notizbuch auf einer lokalen Festplatte gespeichert haben, zum Beispiel im von OneNote vorgeschlagenen Standardspeicherort, gibt es zwei Möglichkeiten, es anderen Nutzern im lokalen Netzwerk zur Verfügung zu stellen. Voraussetzung ist natürlich immer, dass Ihr Rechner auch mit dem LAN verbunden ist.

Diese Methode kommt auch dann infrage, wenn Sie zwar nicht Dritten den Zugang zu Ihren Notizen gewähren möchten, aber mit mehreren Rechnern innerhalb des LANs selbst darauf zugreifen wollen – vielleicht mit einem zusätzlichen Notebook oder Windows-8-Tablet-PC per WLAN.

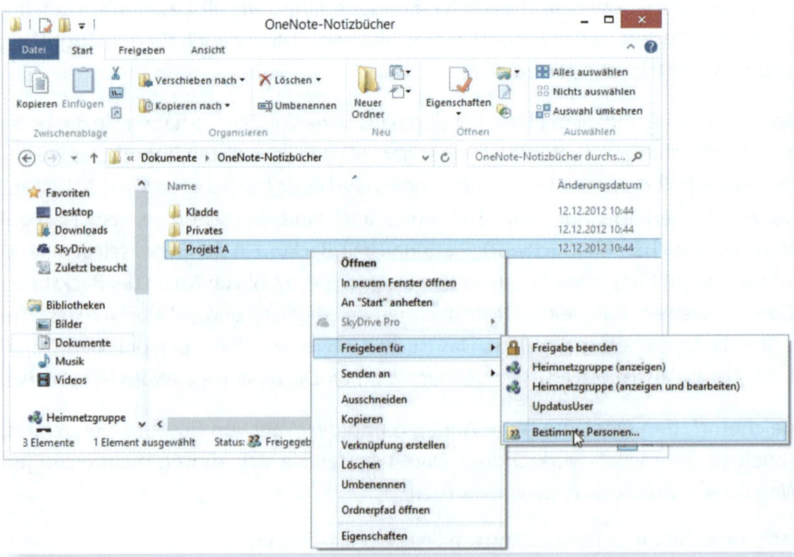

Abbildung 8.6 Lokal gespeicherte OneNote-Notizbücher lassen sich dank der Windows-Netzwerkfunktionen per Explorer freigeben.

Die erste Möglichkeit ist das Freigeben Ihres lokalen Verzeichnisses mit Windows-Bordmitteln. Unter Windows 7 und 8 etwa wechseln Sie im Explorer zum entsprechenden Ordner, klicken mit der rechten Maustaste auf den Ordnernamen, der dem des Notizbuchs entspricht, und wählen im Kontextmenü FREIGEBEN FÜR.

Dann wählen Sie Heimnetzgruppe oder bestimmte Personen. Das weitere Vorgehen entnehmen Sie der Windows-Dokumentation. Diese Variante hat vor allem den Nachteil, dass Ihr PC eingeschaltet sein muss, solange andere am gemeinsamen Notizbuch arbeiten.

Die zweite Variante ist die sinnvollere, wenn Ihr Netzwerk über einen oder mehrere Server (oder NAS-Laufwerke) verfügt. Dort ist ein Bereich (Laufwerk, Ordner) erforderlich, in dem alle beteiligten Personen Zugriffsrechte besitzen. Gegebenenfalls müsste ein Administrator das vorbereiten. Verschieben Sie Ihr Notizbuch an diesen Speicherort. Das geht ganz einfach mit OneNote-Bordmitteln:

1. Öffnen Sie das betreffende Notizbuch in OneNote.
2. Klicken Sie den Notizbuchnamen links oben oder in der Notizbuchnavigation (falls geöffnet) mit der rechten Maustaste an. Alternativ funktioniert auch ein Linksklick auf das farbige Notizbuchsymbol mit der Beschriftung Einstellungen in der Backstage-Ansicht. Wählen Sie im Dropdown-Menü den Eintrag Eigenschaften aus.
3. Im folgenden Dialogfeld mit den Details zum gewählten Notizbuch klicken Sie rechts auf die Schaltfläche Speicherort ändern.
4. Es öffnet sich das Dialogfeld zur Dateiauswahl. Navigieren Sie zum gewünschten Speicherort im Netzwerk, und schließen Sie den Vorgang mit einem Klick auf Auswählen ab.

Jetzt wird das gesamte Notizbuch zum neuen Speicherort im Netzwerk übertragen. Ein Fortschrittsbalken zeigt den Verlauf an.

Abschließend müssen Sie nur noch den Mitbenutzern mitteilen, wo sie das freigegebene Notizbuch finden – also den Speicherort auf dem Server oder den Freigabenamen auf Ihrer lokalen Platte. Jeder, der den Ort kennt und über die entsprechenden Zugriffsrechte im Netzwerk verfügt, kann von dort aus das Notizbuch in OneNote öffnen. Alternativ lässt sich das Notizbuch auch per Windows Explorer durch einen Doppelklick auf die spezielle Datei mit der Bezeichnung Notizbuch öffnen im jeweiligen Ordner laden.

Ein bereits im LAN gespeichertes Notizbuch freigeben

Das ist der einfachste aller Fälle. In der Regel ist nämlich keine besondere Maßnahme vonnöten, wenn das Notizbuch bereits in einem lokalen Netzwerk an einem Ort (freigegebenes Laufwerk, Ordner, Share) liegt, auf den die vorgesehenen Mitbenutzer zugreifen könnten. Gegebenenfalls müssen Sie nur dafür sorgen, dass die anderen Personen diesen Zugriff erhalten – zum Beispiel durch Rücksprache mit dem verantwortlichen Systemadministrator. Die Art der jeweiligen Zugriffsberechtigung bestimmt auch gleich die Rechte im Notizbuch: Wer nur Leserechte auf den Speicherort hat, der kann auch im Notizbuch keine Änderungen vornehmen. Dafür braucht man Schreibrechte.

Ein möglicher Sonderfall: Das Notizbuch liegt zwar auf einem LAN-Server (oder einer Windows-Freigabe), aber in einem Bereich, auf den Dritte eben keinen Zugriff bekommen sollen, zum Beispiel in Ihrem abgetrennten persönlichen Benutzerverzeichnis. In dem Fall ist es am besten, das Notizbuch an einen anderen neutralen Ort zu verschieben, der für den Zugriff aller Beteiligten eingerichtet ist. Die Vorgehensweise ist dabei exakt dieselbe wie im ersten Fall (ein lokales Notizbuch per LAN freigeben).

Um ein Notizbuch in einem (freigegebenen) lokalen Verzeichnis oder einem Netzwerk gemeinsam zu nutzen, ist die Office-Version von OneNote (ab Version 2010) bei allen Beteiligten unbedingt erforderlich. Die Windows-8-App (siehe Kapitel 10) reicht nicht. Erfolgt die Speicherung und Freigabe dagegen per SharePoint oder SkyDrive, reicht ein Webbrowser.

Ein lokales oder LAN-Notizbuch per SkyDrive oder SharePoint freigeben

Sollen andere Personen oder Sie selbst per Zweitrechner (Notebook, Tablet, Smartphone usw.) auch dann Zugriff auf ein Notizbuch haben, wenn Sie nicht im selben Netzwerk oder vielleicht gar nicht per LAN verbunden sind, ist Microsofts Cloud-Speicher SkyDrive der Ort der Wahl. Sowohl lokal als auch an einem Speicherort im lokalen Netzwerk abgelegte Notizbücher müssen hierfür zuerst auf SkyDrive oder in ein geeignetes SharePoint-Web verschoben werden. An dieser Stelle sei angenommen, dass Sie bereits über einen Windows-Live-Account und damit über ein SkyDrive-Verzeichnis verfügen. Für lokal gespeicherte Notizbücher nimmt OneNote an, dass sie nicht freigegeben sind (obwohl das technisch möglich wäre), und bietet eine bequeme Methode an, sie zu einem Ordner auf SkyDrive oder in SharePoint zu verschieben:

1. Öffnen Sie das betreffende Notizbuch in OneNote.
2. Klicken Sie dessen Namen links oben oder in der Notizbuchnavigation mit der rechten Maustaste an, und wählen Sie im Kontextmenü den Befehl DIESES NOTIZBUCH FREIGEBEN aus. Alternativ wechseln Sie in die Backstage-Ansicht und klicken dort auf den Menüpunkt FREIGEBEN.
3. Im rechten Bereich, der mit »Notizbuch freigeben« überschrieben ist, steht darunter der Notizbuchname und ein gelb hinterlegter Hinweis, dass eine Speicherung auf SkyDrive oder SharePoint notwendig ist. Der Rest des Fensters ist vertikal zweigeteilt. Links wählen Sie einen Speicherort aus. Sind Sie schon in SkyDrive oder einem SharePoint-Web angemeldet, klicken Sie auf den entsprechenden Eintrag. Andernfalls wählen Sie ORT HINZUFÜGEN und dann OFFICE 365 SHAREPOINT oder SKYDRIVE und melden sich an.
4. Haben Sie einen Speicherort ausgewählt, finden Sie rechts ein Feld mit dem aktuellen Notizbuchnamen, den Sie an dieser Stelle ändern können, wenn Sie möchten.
5. Klicken Sie dann auf NOTIZBUCH VERSCHIEBEN.

Abbildung 8.7 Verschieben Sie ein lokal gespeichertes Notizbuch bei Bedarf ganz einfach in Ihren SkyDrive-Online-Speicher.

Das komplette Notizbuch wird nun an den gewählten Ort verschoben und anschließend neu synchronisiert, was ein Fortschrittsbalken anzeigt. Abschließend erscheint automatisch ein Fenster mit der Möglichkeit, andere Personen zu diesem Notizbuch einzuladen (siehe Abschnitt 8.4.3).

Wollen Sie dagegen ein Notizbuch von einem Speicherort in einem lokalen Netzwerk zu SkyDrive umziehen lassen, ist etwas Handarbeit vonnöten. Wenn Sie hier auf den Kontextmenübefehl FREIGEBEN ODER VERSCHIEBEN klicken, erhalten Sie im folgenden Fenster zwar einen Link mit der Bezeichnung DIESES NOTIZBUCH NACH SKYDRIVE ODER SHAREPOINT KOPIEREN. Der führt aber nur zu einer Webseite von Microsoft mit einer Anleitung zum manuellen Verschieben. Das geht so:

Teilen Sie allen eventuellen Mitbenutzern den anstehenden Umzug mit. Idealerweise stellen diese alle Änderungen am vorhandenen Notizbuch bis zum Abschluss des Vorgangs ein.

1. Legen Sie am neuen Speicherort ein neues, leeres Notizbuch an.
2. Öffnen Sie sowohl das alte als auch das neue, noch leere Notizbuch in OneNote 2013.
3. Blenden Sie der Übersichtlichkeit halber die Notizbuchnavigation ein (falls sie nicht ohnehin schon offen ist). Klicken Sie dazu auf den Notizbuchnamen links oben und dann auf das Pinnadel-Symbol in der rechten oberen Ecke der Notizbuchliste.
4. Ziehen Sie nun mit der Maus Abschnitt für Abschnitt vom alten in das neue Notizbuch.
5. Leiten Sie eine manuelle Synchronisation mit `Strg` + `9` ein.

Überprüfen Sie, ob alles im neuen Notizbuch vorhanden ist. Für die alte, nunmehr leere Ausgabe haben Sie mehrere Möglichkeiten:

- Benennen Sie das alte Notizbuch derart um, dass der Name schon darauf hinweist, dass es sich um eine veraltete Version handelt.
- Löschen Sie das alte Notizbuch, indem Sie zum Beispiel per Explorer den entsprechenden Ordner vom Netzlaufwerk entfernen.
- Die beste Variante: Legen Sie im alten Notizbuch einen Abschnitt und eine einzelne Seite an. Auf der erklären Sie den Umzug und bringen vielleicht sogar einen Link zum neuen Notizbuch unter. Das ist vor allem für Kollegen oder andere Mitarbeiter hilfreich, die zum Beispiel im Urlaub waren und die Benachrichtigung über den Umzug nicht mitbekommen haben.

8.4.3 Andere Personen einladen

Damit andere Personen auf ein Notizbuch zugreifen können, das per LAN oder im lokalen Verzeichnis freigegeben ist, müssen sie nur den genauen Speicherort kennen. Von dort können sie es einfach öffnen. Bei einem auf SkyDrive liegenden Notizbuch dagegen braucht man einen speziellen Link. OneNote hilft dabei, andere Personen zur Mitarbeit einzuladen, indem es die benötigten Informationen in einer E-Mail verschickt:

1. Öffnen Sie dazu die Backstage-Ansicht mit einem Klick auf DATEI.
2. Unter den jeweiligen Namen der Notizbuchinformationen steht der Speicherort und darunter zwei Links. Der linke davon lautet PERSONEN ZU DIESEM NOTIZBUCH EINLADEN, wenn es sich um ein teilbares (also an einem entsprechenden Ort gespeichertes) Notizbuch handelt. Klicken Sie ihn an.

Der Inhalt des nun erscheinenden Fensters und die weiteren Möglichkeiten hängen davon ab, ob es sich um ein Notizbuch in einem lokalen/LAN-Verzeichnis oder um ein auf SkyDrive bzw. in SharePoint gespeichertes Notizbuch handelt:

- **Lokal/LAN:** Es erscheint eine Bestätigung mit einer Wiederholung des Speicherorts und dem Hinweis, dass es reicht, wenn Mit-Bearbeiter des Notizbuchs diesen kennen und entsprechende Zugriffsrechte (netzwerkseitig) besitzen. Wenn Sie darunter auf den Link ANDERE PERSONEN PER E-MAIL ÜBER DAS NOTIZBUCH INFORMIEREN klicken, öffnet sich das Standard-E-Mail-Programm, zum Beispiel Outlook, mit einem vorbereiteten Text, der auch den Link zur jeweiligen Netzwerkressource enthält. Im Normalfall reicht es dem Empfänger, diesen anzuklicken, um das Notizbuch in seinem OneNote zu öffnen.
- **SkyDrive/SharePoint:** Hier zeigt das Fenster mit der Überschrift »Notizbuch freigeben« einige andere Optionen. Interessant sind hier die beiden oberen: Die erste Schaltfläche mit der Bezeichnung PERSONEN EINLADEN ist automatisch gewählt. Im rechten Bereich des Fensters geben Sie eine oder mehrere E-Mail-Adressen ein und bestimmen rechts daneben, ob die eingeladenen Personen nur lesend auf das Notizbuch zugreifen dürfen oder dieses auch bearbeiten. Im Textfeld darunter können Sie noch eine persönliche Mitteilung schreiben. Klicken Sie dann auf FREIGEBEN, wird eine entsprechende E-Mail verschickt, und zwar nicht mithilfe Ihres Standard-E-Mail-Programms, sondern von Ihrem Windows-Live-Account mit der dort gültigen Absenderadresse. Der Empfänger erhält neben Ihrer Mitteilung auch einen Link zu Ihrem Notizbuch. In diesem Link ist auch die Zugriffsberechtigung (lesend oder schreibend) enthalten –

es gibt also zwei verschiedene Links. Ein Klick darauf öffnet das Notizbuch zunächst in der Web-Ausgabe von OneNote (siehe Kapitel 11, Die Webversion von OneNote). Besitzt der Empfänger Microsoft Office, kann er das Notizbuch dann vom Browser aus auch in seinem Windows-OneNote öffnen.

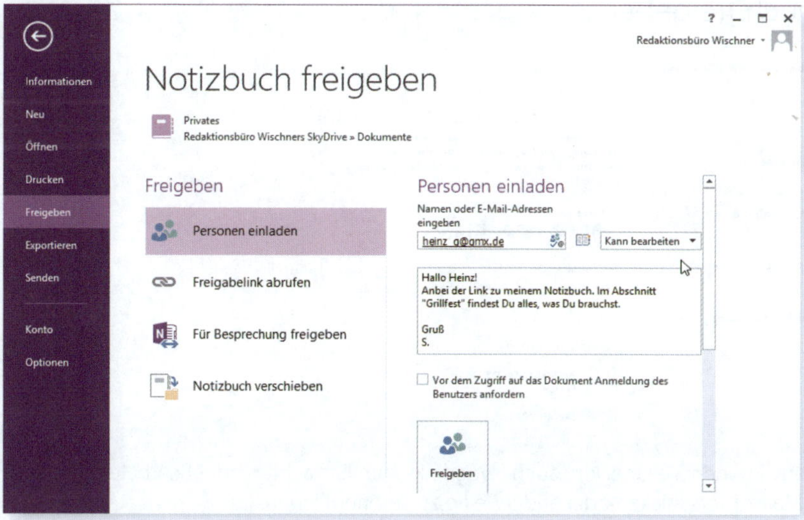

Abbildung 8.8 Laden Sie weitere Personen zur Mitarbeit an einem Notizbuch ein, bekommen diese eine Mail mit einem automatisch generierten Link, der zunächst zur Webversion von OneNote führt.

Für den Lesezugriff auf das Notizbuch benötigt der Besitzer des Links keinen Windows-Live-Account (außer Sie haben vor dem Freigeben die Option Vor dem Zugriff auf das Dokument Anmeldung des Benutzers anfordern aktiviert). Für das Bearbeiten braucht er ihn dagegen schon.

Die zweite Option in diesem Fenster, Freigabelink abrufen, führt zu einer alternativen Möglichkeit, anderen Personen den Zugang zum Notizbuch zu ermöglichen. Sie erzeugt den ansonsten in der Einladungsmail enthaltenen Link (der auch die Zugriffsrechte bestimmt) zur freien Verwendung beziehungsweise Verteilung.

Ein Freigabelink zum Lesen oder Bearbeiten eignet sich auch sehr gut, um ihn entweder auf einer eigenen Webseite oder einer Seite im Intranet zu veröffentlichen, per Twitter, Facebook oder einem anderen sozialen Netzwerk einem bestimmten Personenkreis zukommen zu lassen oder mit Ihrem eigenen Mailprogramm zu verschicken.

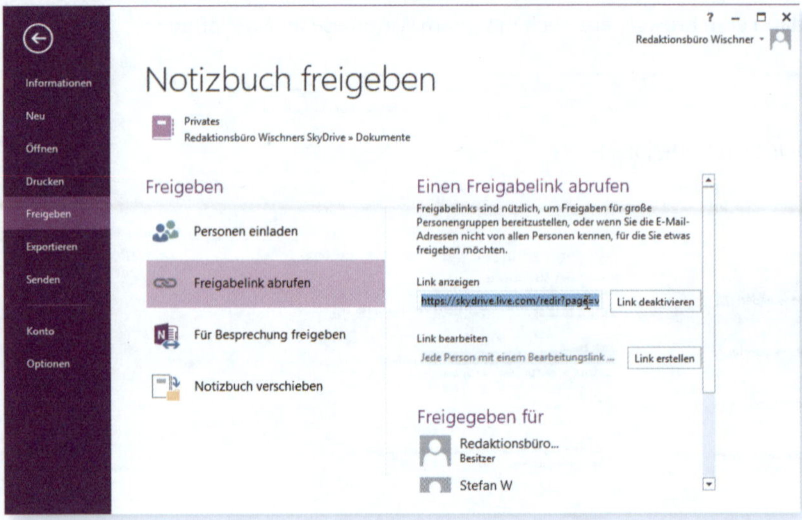

Abbildung 8.9 Alternativ können Sie OneNote auch Hyperlinks zum Betrachten oder Bearbeiten generieren lassen, um sie in einer E-Mail zu verschicken oder anderweitig zu veröffentlichen.

Klicken Sie im rechten Bereich des Fensters auf die Schaltfläche LINK ERSTELLEN neben LINK ANZEIGEN (nur Lesezugriff) oder LINK BEARBEITEN (Lese- und Schreibzugriff). Im jeweiligen Feld erscheint nun der entsprechende Link, den Sie mit Strg + C zur weiteren Verarbeitung oder Verbreitung in die Zwischenablage kopieren.

Die Schaltfläche LINK ERSTELLEN ändert sich daraufhin in LINK DEAKTIVIEREN. Ein Klick darauf macht den jeweiligen Link ungültig. Dadurch können Sie allen Besitzern dieses Links auf einen Schlag das Zugriffsrecht wieder entziehen.

8.4.4 Gemeinsam an Notizen arbeiten

Die nötigen Schreibrechte vorausgesetzt, unterscheidet sich die Arbeit an einem freigegebenen Notizbuch nicht von der an persönlichen Notizen. In der Grundeinstellung von OneNote ist festgelegt, dass Änderungen an den Notizbüchern (nahezu) sofort synchronisiert werden und damit für alle Teilnehmer sichtbar werden. Wenn Sie das aus irgendeinem Grund nicht möchten, können Sie dieses Verhalten ändern – allerdings nicht für jedes Notizbuch individuell, sondern nur grundsätzlich für alle:

1. Öffnen Sie die Backstage-Ansicht durch einen Klick auf DATEI, und klicken Sie dann rechts oben auf die Schaltfläche SYNCHRONISIERUNGSSTATUS ANZEIGEN. Alternativ finden Sie den gleichbedeutenden Befehl NOTIZBUCH-SYNCHRONISIERUNGSSTATUS im Kontextmenü nach einem Rechtsklick auf den Notizbuchnamen in der normalen Notizbuchansicht links oben oder in der Notizbuchnavigationsleiste.

2. Das folgende Fenster listet alle geöffneten Notizbücher auf und zeigt deren Aktualität neben dem Zeitpunkt der letzten Synchronisation. Möchten Sie die automatische Synchronisation abschalten, ändern Sie im oberen Bereich des Fensters die Einstellung BEI ÄNDERUNG AUTOMATISCH SYNCHRONISIEREN in MANUELL SYNCHRONISIEREN.

3. Die neben jedem Notizbuch stehende Schaltfläche JETZT SYNCHRONISIEREN gleicht dann per Klick die Notizbücher einzeln ab. Alle gemeinsam bringen Sie mit der Schaltfläche ALLE SYNCHRONISIEREN auf den gleichen Stand.

Sollte während der Arbeit an einem freigegebenen Notizbuch die Internet- oder Netzwerkverbindung verloren gehen (weil Sie den WLAN-Bereich verlassen, im Flugzeug sitzen usw.), ist das kein Beinbruch. OneNote hält das Notizbuch in einem lokalen Pufferspeicher, und Sie können daran normal weiterarbeiten. Sie sehen nur die Änderungen anderer während dieser Zeit nicht. Sobald wieder eine Netzverbindung besteht, wird Ihr Notizbuch wieder synchronisiert. Je nach zuvor beschriebener Einstellung geschieht das vollautomatisch oder manuell.

Sie können ohne Umweg über das Fenster mit dem Notizbuch-Synchronisierungsstatus jederzeit einen Abgleich des gerade bearbeiteten Notizbuchs per Hand einleiten. Am schnellsten geht das mit der Tastenkombination [⇧] + [F9]. Während die Synchronisation läuft, wird dies mit einem kleinen weißen Doppelpfeil in einem grünen Kreis auf dem Notizbuchsymbol links oben oder in der Notizbuch-Navigation angezeigt.

Wie lange eine Synchronisation im Einzelnen dauert, hängt von drei Faktoren ab:

1. **von der Art und dem Umfang des Inhalts:** Wenn ein Bearbeiter große Grafiken oder gar Dateien in eine Notizseite einbringt, dauert es natürlich länger, diese an alle Teilnehmer zu übertragen, als wenn nur ein paar Zeilen Text hinzukommen.

2. **von lokal gepufferten Inhalten:** Öffnet ein neuer Mitbearbeiter ein umfangreiches freigegebenes Notizbuch zum ersten Mal, müssen zunächst sämtliche Inhalte auf seinen lokalen Rechner übertragen werden und landen dort in einer lokalen Kopie (Cache). Das kann natürlich – je nach Umfang und Netzanbindung – eine Weile dauern. Künftig werden aber normalerweise nur noch die Änderungen abgeglichen, was wesentlich flotter geht.

3. **von der Netzanbindung:** Natürlich spielen auch Art und Tempo der Verbindung zum Notizbuch eine Rolle. In einem schnellen lokalen Netzwerk werden Sie den Synchronisierungsvorgang meistens überhaupt nicht bemerken. Eine schlechte WLAN- oder langsame Internet-Verbindung kann den Abgleich dagegen merklich bremsen.

8.4.5 Änderungen nachverfolgen

Sobald mehrere Personen in einem Notizbuch munter Inhalte hinzufügen, ändern, löschen und verschieben, geht schnell der Überblick verloren. OneNote bietet daher einige clevere Mechanismen, um Änderungen den jeweiligen Urhebern zuzuordnen, auf neue Inhalte besonders hinzuweisen und gegebenenfalls unerwünschte Bearbeitungsschritte zurückzunehmen. Alle finden Sie in der Symbolleiste VERLAUF. Sie haben folgende Bedeutung und Funktion:

- SEITENVERSIONEN: Jedes Mal, wenn jemand in einem gemeinsam bearbeiteten Notizbuch eine Änderung vornimmt, wird die vorherige Fassung der Seite gespeichert. Mehr zum Umgang mit unterschiedlichen Seitenversionen finden Sie in Abschnitt 7.3.2.

- AUTOREN AUSBLENDEN: Standardmäßig werden die Initialen des Urhebers eines Elements oder von dessen letzter Änderung rechts neben dem jeweiligen Notizcontainer angezeigt. Mit dieser Schaltfläche schalten Sie die Anzeige aller Verfasser ein oder aus.

- Nach Autor suchen: Ein Klick auf diese Schaltfläche blendet rechts ein Fenster mit Suchergebnissen ein. Darin sind alle bisherigen Bearbeiter aufgeführt. Ein Klick auf das V-förmige Symbol rechts neben einem Namen öffnet eine Liste mit allen Seiten, in denen der jeweilige Autor etwas verfasst oder geändert hat. Diese wiederum lassen sich durch Anklicken direkt öffnen. In den beiden darüber stehenden Feldern können Sie die Sortierung wählen (nach Änderungsdatum oder nach Autoren) und den Suchbereich festlegen (Dieses Notizbuch, Dieser Abschnitt, Diese Abschnittsgruppe oder Alle Notizbücher).

- Letzte Änderungen: Funktioniert genauso wie die Autorensuche, verwendet als Kriterium aber das Datum der letzten Änderung. Sie können aus dem Ausklappmenü, das nach dem Klick auf diese Schaltfläche erscheint, den Zeitrahmen wählen – etwa Heute, Letzte 14 Tage oder Letzte 3 Monate. Auch hierbei öffnet sich rechts ein Suchergebnisbereich mit Optionen zur Sortierung der Anzeige und zum Einschränken. Lassen Sie sich nicht davon irritieren, dass viele Textelemente gelb hinterlegt werden. Dies liegt daran, dass OneNote so grundsätzlich Fundstellen nach einer Suche markiert – und auch die Anzeige geänderter Seiten ist das Ergebnis eines Suchlaufs.

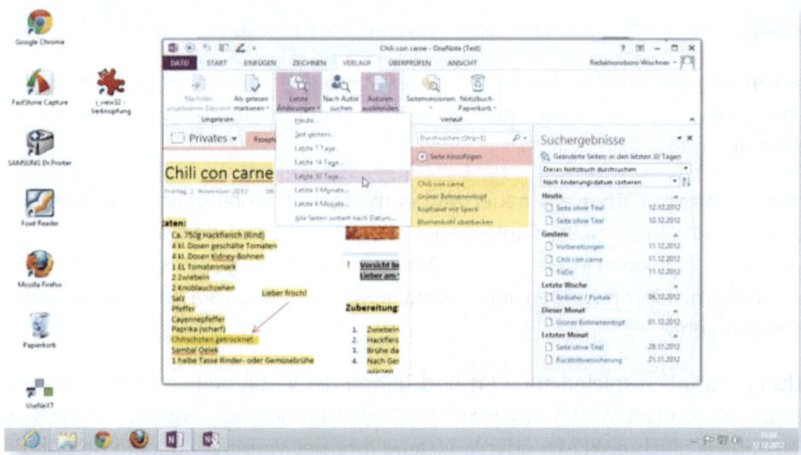

Abbildung 8.10 Gemeinsam bearbeitete Notizbücher lassen sich nach diversen Kriterien durchsuchen und filtern, zum Beispiel nach einem Zeitrahmen der letzten Änderung oder nach den jeweiligen Autoren.

- Nächstes ungelesenes Element: Wenn jemand anderes seit dem letzten Mal, als Sie ein freigegebenes Notizbuch geöffnet hatten, etwas hinzugefügt hat, markiert OneNote die entsprechenden Seiten als ungelesen. Die Titelbezeichnungen in der Seitennavigation und Abschnittsnamen in den Karteireitern werden fett dargestellt, ähnlich wie in E-Mail-Programmen oder diversen Internetforen. Mit dieser Schaltfläche wechseln Sie durch alle Seiten mit solchen Markierungen.

- Als gelesen markieren: OneNote merkt sich nicht selbstständig, ob Sie eine als ungelesen markierte Seite geöffnet haben. Die Seite behält diesen Status, bis Sie auf die Schaltfläche Als gelesen markieren klicken und im Dropdown-Menü noch einmal denselben Befehl wählen. Schneller geht es mit der Tastenkombination `Strg` + `Q`. Mit demselben Tastenkürzel oder einem weiteren Klick auf die Schaltfläche und Auswahl von Als ungelesen markieren können Sie eine Seite auch wieder als ungelesen kennzeichnen – etwa, weil Sie sich für später explizit nochmals auf den Inhalt hinweisen wollen. Im selben Dropdown-Menü finden Sie auch den Befehl Notizbuch als gelesen markieren, der die Ungelesen-Kennzeichnung von allen Seiten auf einmal entfernt. Der letzte Eintrag in diesem Menü (Ungelesene Änderungen in diesem Notizbuch anzeigen) schaltet den Markierungsmechanismus für das aktuelle Notizbuch komplett ab.

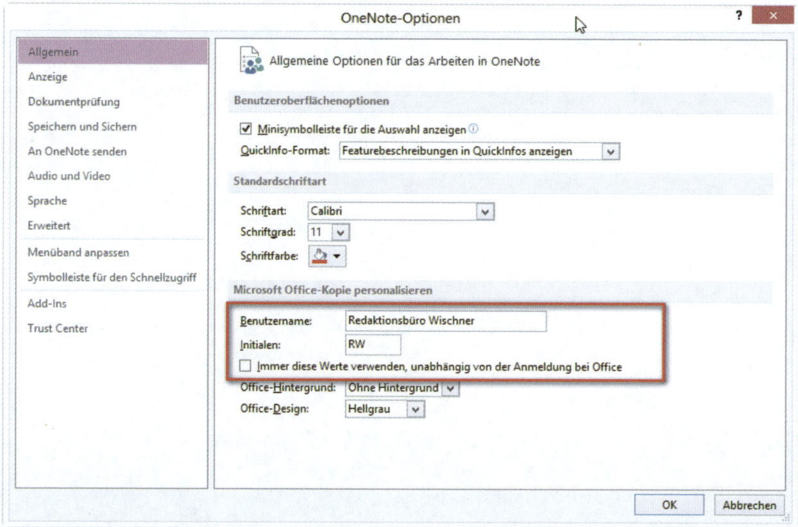

Abbildung 8.11 Ihren Anzeigenamen und die Initialen für die Markierung von Verfassern stellen Sie in den OneNote-Optionen ein.

Der Verfasser eines Elements wird in OneNote mit seinem Windows-Live-Account-Namen angegeben, wenn er die Webversion von OneNote oder die Windows-8-App verwendet hat. Wurden die Notizen dagegen mit dem Desktop-OneNote von Microsoft Office vorgenommen, identifiziert er sich über den dort hinterlegten Namen bzw. seine Initialen. Diese Angaben lassen sich in der Backstage-Ansicht unter Optionen/Allgemein im Abschnitt Microsoft-Office-Kopie personalisieren ändern.

Kurz notiert

- Sie können OneNote-Inhalte auf Papier, per E-Mail oder als Datei weitergeben.
- Alle Notizbücher lassen sich zur gemeinsamen Bearbeitung freigeben.
- Auch Teammitglieder ohne eigenes OneNote können mitmachen.
- Änderungen aller Mitbearbeiter lassen sich jederzeit nachverfolgen.

9

Anpassen und individualisieren

- *Symbolleisten und Menüs anpassen*
- *Anpassungen sichern und an einen anderen Rechner übertragen*
- *Alle Einstellungen und Optionen von OneNote*

Wie Sie Ihren Notizen eine persönliche Note verleihen, etwa durch das Einbinden von Hintergrundgrafiken oder die Verwendung von Seitenformatvorlagen, haben Sie in Kapitel 6, Strukturieren und aufräumen, erfahren. Jetzt geht es darum, wie Sie das Programm selbst an Ihre persönlichen Vorlieben und Ihre bevorzugte Arbeitsweise anpassen. Sie können zum Beispiel die Symbolleisten in den Menübändern (Ribbons) ändern, eigene Menüs hinzufügen oder häufig verwendete Befehle in einer individuell zusammengestellten Symbolleiste für den Schnellzugriff bereithalten.

Zudem verstecken sich in den verschiedenen Einstellbereichen, die Sie über die Backstage-Ansicht aufrufen können, eine Menge Stellschrauben und Schalter, deren Bedeutung und Anwendung Sie in diesem Kapitel kennenlernen.

9.1 Symbolleisten und Menüs anpassen

Das mit Office 2007 eingeführte neue Bedienkonzept mit in unterschiedlichen Menübändern thematisch zusammengefassten Befehlen und Funktionen ist auch in Office 2013 und damit im aktuellen OneNote vorhanden. Nach wie vor findet diese radikale Abkehr von den klassischen Windows-Menüs und Dialogfeldern nicht nur Freunde. Das liegt vor allem daran, dass kein Menüband alle persönlich häufig genutzten Befehle vereint und man sich manchmal durch mehrere Symbolleisten auf der Suche nach der gewünschten Funktion klicken muss. Dabei gibt es zwei Möglichkeiten, die Bedienung an die eigenen Vorlieben recht einfach anzupassen:

- Zusätzlich zu den Menübändern hat Microsoft mit Office 2007 die *Symbolleiste für den Schnellzugriff* eingeführt. Sie ist praktisch immer sichtbar, egal welches Menüband gerade offen ist, und hält häufig gebrauchte Funktionen bereit. Diese Leiste lässt sich sehr einfach mit genau den Befehlen bestücken, die Sie häufig nutzen.
- Die gesamte Struktur aus Menüs, Menübändern, darin enthaltenen Befehlsgruppen und Befehlen lässt sich ebenfalls individualisieren. Nichts steht dem Rauswerfen ungenutzter Befehle, dem Umgruppieren, dem Umbenennen oder gar dem Zusammenstellen ganz individueller Menübänder entgegen.

Im Folgenden lernen Sie, wie Sie mit wenigen Mausklicks die OneNote-Oberfläche von unnötigem Ballast befreien und an Ihre ganz persönliche Arbeitsweise anpassen.

9.1.1 Die Symbolleiste für den Schnellzugriff bestücken

Am oberen Rand der Benutzeroberfläche, gleich rechts neben dem violetten OneNote-Logo, sehen Sie die Symbolleiste für den Schnellzugriff. Diese enthält Befehle, die Sie häufig benötigen, und zeigt ihren Inhalt völlig unabhängig davon, welche (Menüband-)Symbolleiste gerade aktiv ist oder ob das Menüband eingeklappt ist.

> Es gibt eine Ausnahme: In der Vollbildanzeige, also bei eingeschalteter Option MENÜBAND AUTOMATISCH AUSBLENDEN (siehe Kapitel 2, Benutzeroberfläche und erste Schritte), verschwindet auch die Symbolleiste für den Schnellzugriff.

Standardmäßig enthält die Symbolleiste nur vier Schaltflächen:

- ZURÜCK: Rückkehr zur zuvor angezeigten Notizbuchseite
- RÜCKGÄNGIG: Zurücknehmen des letzten Bearbeitungsschritts, wie Strg + Z
- AN DESKTOP ANDOCKEN: OneNote in den Dock-Modus versetzen, um zum Beispiel verknüpfte Notizen zu erzeugen (siehe Abschnitt 4.6)
- SYMBOLLEISTE FÜR DEN SCHNELLZUGRIFF ANPASSEN: Hinzufügen oder Entfernen von Befehlen zu dieser Symbolleiste

Zunächst einmal können Sie die Symbolleiste zwischen der Befehlsleiste (DATEI, START, EINFÜGEN usw.) und den Abschnittskarteireitern platzieren, anstatt sie am oberen Rand anzuzeigen. Dies hat Vorteile, aber auch einen Nachteil:

- Sie gewinnen so etwas Platz in der Breite, können also mehr Symbole hinzufügen (wie das geht, dazu folgt gleich mehr).
- Die Mauswege von der Notizseite zu den Schnellzugriffssymbolen werden etwas kürzer.
- Auf einem Tablet-PC tun Sie sich vielleicht etwas leichter, die Symbole mit dem Finger zu treffen, wenn sie nicht ganz am Bildschirmrand und damit am Gehäuserahmen kleben.
- Ein kleiner Nachteil ist allerdings, dass die unterhalb des Menübands platzierten Symbole von einer bei Bedarf aufgeklappten (Menüband-)Symbolleiste kurzzeitig verdeckt werden. Haben Sie dagegen das Menüband ständig eingeblendet, ist das nicht der Fall. Die Symbolleiste befindet sich dann unterhalb.

So verschieben Sie die Symbolleiste für den Schnellzugriff:

1. Klicken Sie auf das letzte darin enthaltene Symbol (ein Dreieck mit der Spitze nach unten und ein darüber liegender Querbalken).
2. Wählen Sie im Dropdown-Menü den Befehl UNTER DEM MENÜBAND ANZEIGEN aus. Die Symbolleiste wird daraufhin sofort neu positioniert.
3. Um die Symbolleiste für den Schnellzugriff wieder an den oberen Fensterrand zu bringen, gehen Sie genauso vor. Die Bezeichnung des Befehls im Kontextmenü lautet jetzt ÜBER DEM MENÜBAND ANZEIGEN.

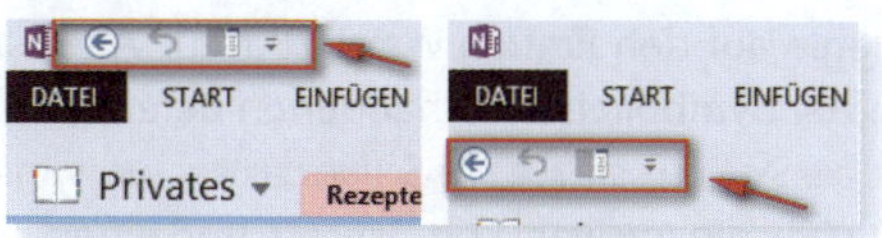

Abbildung 9.1 Die Symbolleiste für den Schnellzugriff lässt sich statt am oberen Rand (Abb. links) auch unter dem Menüband (Abb. rechts) platzieren.

Befehle hinzufügen und entfernen

Mit den drei standardmäßig in der Symbolleiste für den Schnellzugriff enthaltenen Befehlen dürften Sie vermutlich nicht auskommen. Das müssen Sie auch nicht, denn Sie können hier quasi jeden in OneNote vorhandenen Befehl einbauen. Nicht benötigte Befehle lassen sich zudem problemlos entfernen:

1. Klicken Sie auf das ganz rechte Symbol. (Es zeigt ein Dreieck mit der Spitze nach unten und einen darüber liegenden Querbalken.)

2. Nun klappt eine Liste mit einer Auswahl von gängigen Befehlen aus. Zudem sind hier auch die Befehle aufgelistet, zu denen bereits Symbole in der Leiste vorhanden sind. Sie sind mit einem vorangestellten Häkchen markiert.

3. Um einen Befehl aus der Liste (zum Beispiel DRUCKEN oder SEITENANSICHT) als Symbol hinzuzufügen, klicken Sie ihn an, woraufhin er ebenfalls mit einem Häkchen gekennzeichnet wird.

4. Genauso entfernen Sie einen nicht mehr benötigten Befehl. Nach einem Mausklick verschwindet das Häkchen vor dem Eintrag, und das Symbol wird aus der Leiste entfernt.

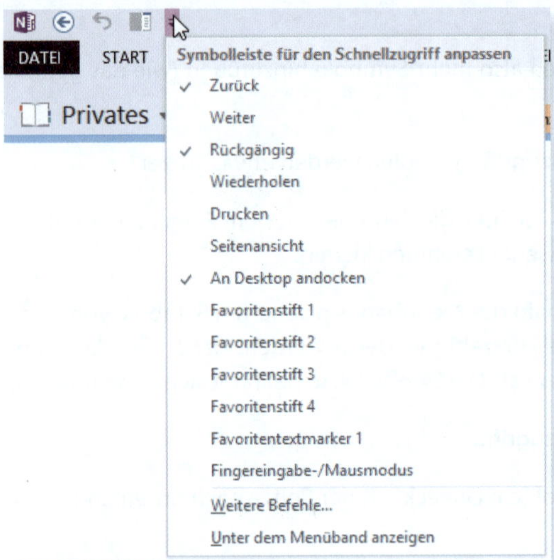

Abbildung 9.2 Die Auswahlliste zur Bestückung der Symbolleiste für den Schnellzugriff ist praktisch, bietet aber nur wenige Befehle.

Diese Schnellauswahl ist zwar praktisch, aber doch sehr mager bestückt. Wie versprochen, können Sie aber die Symbolleiste quasi um beliebige Befehle erweitern:

1. Klicken Sie dazu in der Auswahlliste der Schnellstartbefehle auf den Eintrag WEITERE BEFEHLE. Alternativ können Sie auch mit der rechten Maustaste auf einen in der Symbolleiste vorhandenen Befehl klicken und im zugehörigen Kontextmenü den Eintrag PASSEN SIE DIE SYMBOLLEISTE FÜR DEN SCHNELLZUGRIFF AN wählen. Der dritte Weg führt über die Backstage-Ansicht (Menü DATEI), die Auswahl von OPTIONEN und einen Klick auf SYMBOLLEISTE FÜR DEN SCHNELLZUGRIFF.

2. Daraufhin öffnet sich ein Fenster, das im Wesentlichen aus zwei Listen besteht. In der rechten Liste finden Sie alle Befehle, die derzeit in der Symbolleiste für den Schnellzugriff angezeigt werden – anfangs also drei. Links sind alle OneNote-Befehle alphabetisch aufgelistet, die sich einer Schnellzugriff-Schaltfläche zuweisen lassen.

3. Erweitern Sie bei Bedarf zunächst die linke Liste, die anfangs eine (recht große) Auswahl gängiger Befehle enthält. Klicken Sie dazu oben auf das Listenfeld unter BEFEHLE AUSWÄHLEN. Es bietet eine Reihe von Anzeige-

filtern, wie zum Beispiel NICHT IM MENÜBAND ENTHALTENE BEFEHLE, Befehle aus bestimmten Menübändern (wie START oder ANSICHT) und auch den Eintrag ALLE BEFEHLE. Wählen Sie den gewünschten Filter aus.

4. Um der Symbolleiste für den Schnellzugriff einen Befehl hinzuzufügen, markieren Sie ihn in der linken Liste und klicken dann auf die Schaltfläche HINZUFÜGEN>> zwischen den beiden Listen. Noch schneller geht es mit einem Doppelklick auf einen Eintrag in der linken Liste.
5. Genauso entfernen Sie einen Befehl auch wieder: Markieren Sie ihn in der rechten Liste, und klicken Sie dann auf die Schaltfläche <<ENTFERNEN. Auch hier funktioniert ein Doppelklick auf einen Eintrag rechts.
6. Die beiden Schaltflächen mit den beiden Dreiecken ganz rechts dienen dazu, die Symbole in der Symbolleiste für den Schnellzugriff zu sortieren. Markieren Sie einen Befehl, und klicken Sie dann auf das Dreieck mit der Spitze nach unten, um ihn eine Stufe nach unten zu bewegen, oder auf das andere Dreieck, um ihn nach oben zu schieben.
7. Mit einem Klick auf OK übernehmen Sie die Änderungen.

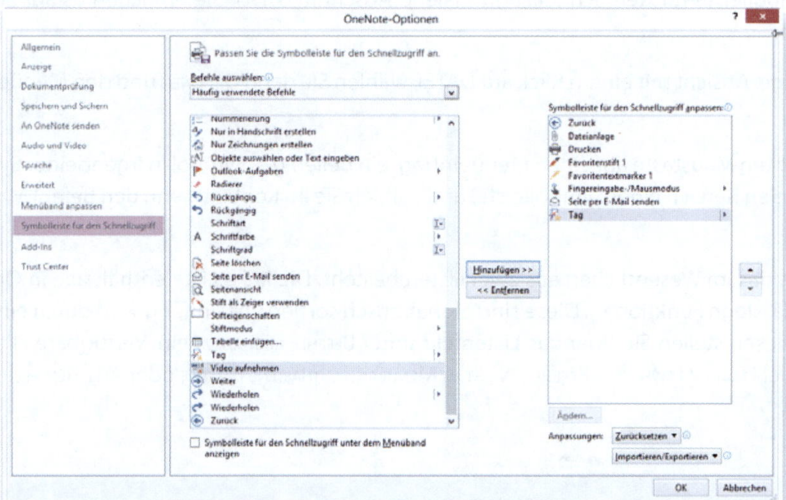

Abbildung 9.3 In den OneNote-Optionen haben Sie dagegen Zugriff auf praktisch alle Funktionen.

Abbildung 9.4 So lässt sich die Symbolleiste für den Schnellzugriff aus Ihren am häufigsten genutzten Befehlen und Funktionen zusammenstellen.

9.1.2 Das Menüband anpassen

Etwas einschneidender ist die Umgestaltung der einzelnen Menübänder. Sie bietet aber auch die effektivste Anpassung der OneNote-Oberfläche an Ihre Arbeitsweise. Dabei bestimmen Sie das Ausmaß des Umbaus selbst. Sie haben folgende Möglichkeiten:

- Umsortieren der Reihenfolge von Befehlen, Befehlsgruppen oder Menüs

- Entfernen einzelner Befehle und Symbole, ganzer Befehlsgruppen in einem Menüband oder kompletter Menüs
- Umbenennen vorhandener Menüs oder Befehlsgruppen
- Verschieben von Befehlen in eine andere Befehlsgruppe oder in ein anderes Menüband
- Hinzufügen von nicht aufgeführten Befehlen und Zuordnen zu einem Menüband und einer Befehlsgruppe
- Erstellen komplett neuer Menübänder mit individuell zusammengestellten Funktionen

Um sich mit den Anpassungsmöglichkeiten vertraut zu machen, sollten Sie damit beginnen, nur einzelne Befehle hinzuzufügen, zu entfernen oder umzusortieren. So laufen Sie nicht so sehr Gefahr, sich die ganze Oberfläche versehentlich zu zerstören. Sie haben zwar jederzeit die Möglichkeit, alle Änderungen auf einmal rückgängig zu machen (siehe Abschnitt 9.1.4), nicht aber einzelne Schritte zurückzunehmen.

Das Konfigurationsfenster, in dem Sie die Menübänder von OneNote anpassen, entspricht weitgehend dem zur Bearbeitung der Symbolleiste für den Schnellzugriff (siehe Abschnitt 9.1.1). Sie erreichen es auf zwei unterschiedlichen Wegen:

- Öffnen Sie die Backstage-Ansicht mit einem Klick auf DATEI, wählen Sie dann OPTIONEN und den Menüeintrag MENÜBAND ANPASSEN.
- Klicken Sie mit der rechten Maustaste auf einen Menüeintrag, ein beliebiges Symbol in irgendeiner Symbolleiste oder einen freien Bereich einer Symbolleiste, und wählen Sie im Kontextmenü den Befehl MENÜBAND ANPASSEN aus.

Es öffnet sich ein Fenster, das im Wesentlichen aus zwei Listen besteht. Die linke Liste enthält alle in OneNote für Menübänder zulässigen Funktionen. Diese sind alphabetisch sortiert; ihr Umfang wird durch einen Anzeigefilter begrenzt. Diesen stellen Sie über das Listenfeld unter BEFEHLE AUSWÄHLEN ein. Verfügbare Filteroptionen sind zum Beispiel HÄUFIG VERWENDETE BEFEHLE, NICHT IM MENÜBAND ENTHALTENE BEFEHLE oder ALLE BEFEHLE.

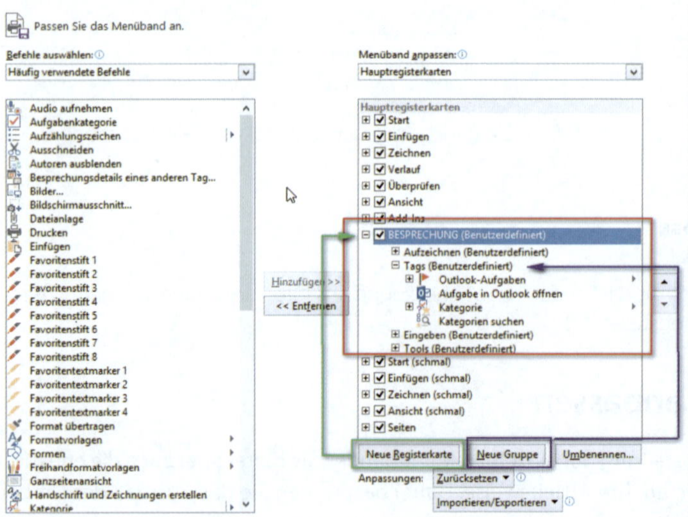

Abbildung 9.5 Passen Sie die Menübänder und Befehlsgruppen an Ihre Vorstellungen an, oder erzeugen Sie sogar komplett neue Menüs.

Die rechte Liste zeigt den Inhalt und die Struktur aller Menüs und Symbolleisten, wie sie im Moment sind. Auch diese Auflistung lässt sich durch einen Filter eingrenzen. Zur Auswahl stehen hier HAUPTREGISTERKARTEN, REGISTERKARTEN FÜR TOOLS (zum Beispiel das Tabellen- oder Audio-Unterregister) und ALLE REGISTERKARTEN. Alle Menüs, Befehlsgruppen und Befehle sind in einer Baumstruktur angeordnet. Sie klappen die jeweils tiefere Ebene durch einen Klick auf das vorangestellte Pluszeichen aus oder mit dem Minuszeichen wieder ein.

So passen Sie die Menüs in der rechten Liste an Ihre Vorstellungen an:

Menüs ausblenden

Wenn Sie einen (Haupt-)Menüpunkt von der Oberfläche verschwinden lassen wollen, entfernen Sie einfach das Häkchen vor dem entsprechenden Eintrag. Bei Bedarf können Sie das Menü durch erneutes Setzen des Häkchens problemlos wieder einblenden.

Umbenennen von Menüs oder Befehlsgruppen

Vielleicht können Sie mit der Bezeichnung VERLAUF für die Symbolleiste mit Funktionen zur Darstellung von Autoren, ungelesenen Änderungen und Seitenversionen nicht viel anfangen und würden das Menü lieber HISTORIE nennen. Kein Problem: Markieren Sie den entsprechenden Menü- oder Befehlsgruppeneintrag, klicken Sie dann auf die Schaltfläche UMBENENNEN, und tragen Sie im folgenden Dialogfeld die gewünschte neue Bezeichnung (zum Beispiel »HISTORIE«) ein.

Löschen von Befehlsgruppen

Angenommen, Sie sind sich sicher, niemals Audio- oder Videoaufzeichnungen mit OneNote machen zu wollen, und die zugehörigen Schaltflächen in der Symbolleiste des EINFÜGEN-Menüs stören Sie. Dann können Sie diese ganz einfach entfernen: Markieren Sie die entsprechende Befehlsgruppe (AUFNAHME), und klicken Sie dann auf die Schaltfläche >>ENTFERNEN. Das klappt nicht mit einzelnen Befehlen (sie sind entsprechend grau dargestellt) und auch nicht mit den Standardmenüs (wohl aber mit benutzerdefinierten, siehe unten). Wollen Sie ein Standardmenü, wie zum Beispiel ÜBERPRÜFEN oder ANSICHT, von der Benutzeroberfläche verbannen, blenden Sie es durch Entfernen des Häkchens aus.

Umsortieren von Einträgen

Sie können auch die Reihenfolge ändern, in der Menübezeichnungen und Befehlsgruppen innerhalb von Symbolleisten erscheinen. So lassen sich zum Beispiel häufiger genutzte Befehle räumlich zusammenbringen. Markieren Sie die entsprechenden Elemente (mit einzelnen Befehlen innerhalb von Befehlsgruppen geht das nicht), und klicken Sie rechts neben der Befehlsliste auf die beiden schwarzen Dreiecke, um den entsprechenden Eintrag nach oben (in der Oberfläche rutscht er nach links) oder nach unten (in der Oberfläche dann rechts) zu verschieben.

Hinzufügen von Menüs, Gruppen oder Befehlen

Unter Einhaltung bestimmter Regeln lassen sich Standardmenüs wie START oder EINFÜGEN um zusätzliche Befehle erweitern. Die wichtigste Regel: Sie können keine vorhandenen Befehlsgruppen als Container verwenden. Stattdessen müssen Sie eine neue, benutzerdefinierte Gruppe anlegen. Dazu markieren Sie in der rechten Liste das jeweilige Menü, das die neue Gruppe enthalten soll, und klicken unten auf die Schaltfläche NEUE GRUPPE. Es entsteht sofort ein neuer Eintrag mit der Bezeichnung »Neue Gruppe (Benutzerdefiniert)«, der schon markiert ist. Klicken Sie nun auf UMBENENNEN, um aus dem folgenden Dialogfeld ein passendes Symbol auszuwählen und der Gruppe eine passende Bezeichnung zu geben. Jetzt können Sie die neu angelegte Gruppe mit Befehlen aus der linken Liste bestücken. Markieren Sie den jeweiligen Befehl, und klicken Sie dann auf HINZUFÜGEN>>. Auf dieselbe Art bauen Sie auch komplett neue Menüleisten. Anstatt NEUE GRUPPE verwenden Sie dazu die Schaltfläche NEUE REGISTERKARTE. Das neu erzeugte Menü bestücken Sie wiederum wie beschrieben mit benutzerdefinierten Befehlsgruppen.

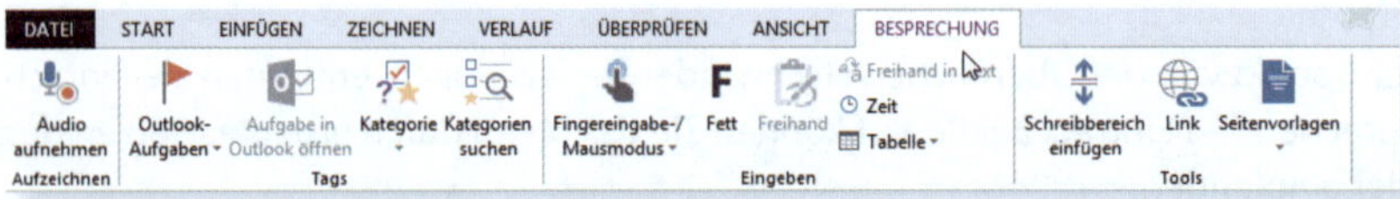

Abbildung 9.6 Fassen Sie zum Beispiel alle Funktionen in einem Menüband zusammen, die Sie beim Mitprotokollieren von Besprechungen benötigen.

9.1.3 Anpassungen auf einen anderen Rechner übertragen

Wenn Sie OneNote auf verschiedenen Rechnern nutzen, etwa einem Desktop-PC und einem Notebook oder Ihrem Büro-PC und Ihrem Privatrechner, möchten Sie wahrscheinlich auf allen dieselben Anpassungen der Benutzeroberfläche nutzen. Eine mühsam zusammengestellte Schnellzugriff-Symbolleiste oder ein individuelles Menüband Schritt für Schritt auf jedem PC nachzubauen, ist aber recht mühsam. Das geht deutlich einfacher: Sie können nämlich alle derartigen Änderungen in eine Datei exportieren und auf einem anderen Rechner wieder einlesen. Alle Anpassungen der Benutzeroberfläche werden dann dort auf einen Schlag übernommen. Diese Funktion lässt sich auch als Backup nutzen – für den Fall, dass Sie Windows und/oder Office komplett neu installieren müssen.

1. Öffnen Sie das Fenster zur Anpassung der Menüs, zum Beispiel über die Backstage-Ansicht, OPTIONEN und MENÜBAND ANPASSEN.
2. Ganz rechts unten klicken Sie auf die Schaltfläche IMPORTIEREN/EXPORTIEREN und wählen im Dropdown-Menü den Eintrag ALLE ANPASSUNGEN EXPORTIEREN.
3. Im daraufhin geöffneten Dateidialogfeld navigieren Sie zu einem passenden Speicherort (zum Beispiel einen USB-Stick). Den vorgegebenen Dateinamen »OneNote-Anpassungen« ändern Sie auf Wunsch und schließen mit einem Klick auf SPEICHERN ab.
4. Auf dem Zielrechner, der die OneNote-Anpassungen übernehmen soll, öffnen Sie ebenfalls das Fenster zum Anpassen des Menübands über die Backstage-Ansicht und die Auswahl von OPTIONEN.
5. Klicken Sie auf IMPORTIEREN/EXPORTIEREN, und wählen Sie im Dropdown-Menü den Eintrag ANPASSUNGSDATEI IMPORTIEREN. Im folgenden Dialogfeld zur Dateiauswahl wählen Sie die zuvor exportierte Datei aus.
6. Nach einem Klick auf ÖFFNEN bestätigen Sie den Import in der folgenden Abfrage mit JA.

Alle Änderungen an Symbolleisten und Menüs sind nun auch auf dem Zielrechner aktiv.

Die von OneNote 2013 erzeugte Anpassungsdatei ist kompatibel zu OneNote 2010 und umgekehrt. Lediglich einige neue Befehle/Symbole (wie zum Beispiel die Umschaltung zwischen Maus- und Touchdarstellung der Oberfläche) werden in der alten Version nach dem Import ignoriert – das entsprechende Symbol fehlt einfach.

Wenn Sie ohnehin SkyDrive verwenden, um dort Notizbücher zu speichern und zu synchronisieren, können Sie den Online-Speicher auch nutzen, um Ihre OneNote-Konfigurationsdatei dort zu lagern. Navigieren Sie beim Im- oder Export einfach zu Ihrem lokalen SkyDrive-Ordner, der ja regelmäßig mit dem Webspeicher synchronisiert wird.

9.1.4 Symbolleisten-Änderungen zurücksetzen

Wenn Sie das Gefühl haben, dass Ihr OneNote durch die vorgenommenen Änderungen komplett verkonfiguriert ist, lassen sich die ursprünglichen Einstellungen wiederherstellen:

1. Öffnen Sie das Fenster zur Anpassung der Menüs, zum Beispiel über die Backstage-Ansicht, OPTIONEN und MENÜBAND ANPASSEN.
2. Um sämtliche Einstellungen wieder in den originalen Zustand wie nach der OneNote-Installation zu bringen, klicken Sie rechts unten auf die Schaltfläche ZURÜCKSETZEN und wählen im Dropdown-Menü den Eintrag ALLE ANPASSUNGEN ZURÜCKSETZEN aus.
3. Möchten Sie dagegen nur die Änderungen eines einzelnen Menübands zurücknehmen, markieren Sie dessen Bezeichnung zuerst in der rechten Liste, klicken dann auf ZURÜCKSETZEN und wählen im Dropdown-Menü den Eintrag NUR AUSGEWÄHLTE REGISTERKARTE DES MENÜBANDS ZURÜCKSETZEN. Ist der Befehl nicht wählbar (hellgrau dargestellt), befindet sich das markierte Menü bereits im ursprünglichen Zustand.
4. Bestätigen Sie die folgende Sicherheitsabfrage mit JA.

9.2 Einstellungen in den OneNote-Optionen

Außer den Befehlen und Symbolen der Benutzeroberfläche bietet OneNote noch eine ganze Reihe weiterer Einstellmöglichkeiten. Einige wurden schon in den zugehörigen Kapiteln beschrieben. An dieser Stelle finden Sie eine Übersicht der wichtigsten Einstellschrauben. Alle stecken in den OneNote-Optionen. Diese erreichen Sie folgendermaßen:

1. Klicken Sie auf den Menüeintrag DATEI, wodurch sich die Backstage-Ansicht öffnet.
2. Wählen Sie aus dem Menü links den Befehl OPTIONEN aus.

Es erscheint das Fenster der OneNote-Optionen, das vertikal geteilt ist. Im linken Bereich finden Sie zwölf Untermenüs mit Bezeichnungen wie ALLGEMEIN, ANZEIGE, DOKUMENTENPRÜFUNG usw. Den großen Bereich rechts nehmen – abhängig von der Kategorie, die Sie im Fenster der OneNote-Optionen gewählt haben – die verschiedenen Einstellungen ein. Sie sind in einzelne Abschnitte unterteilt und durch eine Überschrift in dunkelgrauer Schrift auf einem hellgrauen Balken gekennzeichnet.

Die nachfolgenden Erklärungen und Anleitungen gehen übrigens immer davon aus, dass Sie die OneNote-Optionen bereits geöffnet haben, anstatt den eben beschriebenen Weg dorthin jedes Mal zu wiederholen.

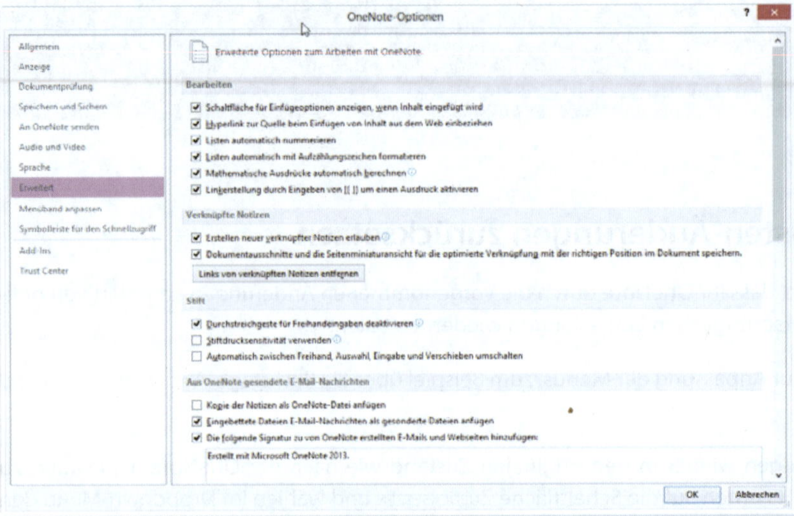

Abbildung 9.7 Die Schaltzentrale für viele OneNote-Einstellungen erreichen Sie über die Backstage-Ansicht.

9.2.1 Standardschriftart und Standardfarbe festlegen

Immer, wenn Sie in einen Notizcontainer Text eingeben und weder die Formatvorlage noch die Schriftart und -größe explizit gewählt haben (siehe Abschnitt 3.3.1 bis 3.3.4), benutzt OneNote eine Standardschrift, nämlich die Schriftart »Calibri« in einer Größe von 11 Punkt. Möchten Sie grundsätzlich eine andere Schriftart verwenden, stellen Sie das folgendermaßen ein:

1. Öffnen Sie in den OneNote-Optionen die Kategorie ALLGEMEIN.
2. Im Abschnitt STANDARDSCHRIFTART wählen Sie die SCHRIFTART (das Listenfeld zeigt alle installierten Windows-Schriften), den SCHRIFTGRAD (Punktgröße) und, wenn Sie möchten, auch eine Standard-SCHRIFTFARBE.

Die hier eingestellte Schrift ersetzt auch die einzige in OneNote anpassbare Formatvorlage namens »Standard«.

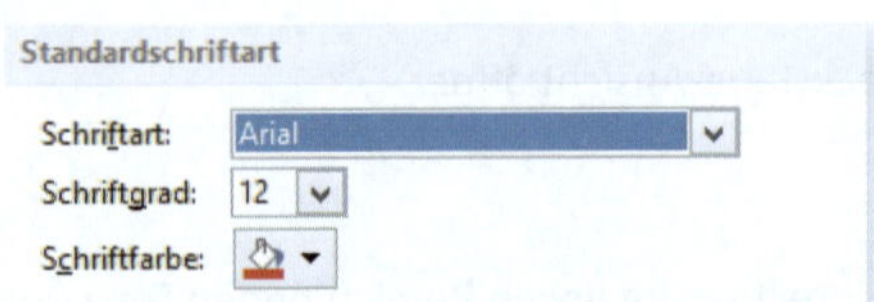

Abbildung 9.8 In den OneNote-Optionen legen Sie beispielsweise die Standardschrift für Notizen fest.

9.2.2 Minisymbolleiste und Quickinfos

Wie es auch in anderen Office-Programmen üblich ist, erscheint beim Markieren von Text oder anderen Elementen in der Nähe des Mauszeigers eine schwebende Minisymbolleiste. Sie enthält etliche Schaltflächen, zum Beispiel zur Textformatierung. Wenn das Sie stört, können Sie sie einfach abschalten. Dasselbe gilt für die QuickInfos (Tool Tips). Das sind die kleinen Fenster mit einem erklärenden Hilfstext, die nach etwa einer Sekunde erscheinen, wenn Sie den Mauszeiger über eine Schaltfläche oder ein Menü bewegen.

1. Öffnen Sie in den One-Note-Optionen die Kategorie Allgemein.

2. Im Abschnitt Benutzeroberflächenopttionen deaktivieren Sie das Kontrollkästchen Minisymbolleiste für die Auswahl anzeigen, um die schwebende Symbolleiste abzuschalten. Setzen Sie das Häkchen, um sie wieder zu aktivieren.

3. Im Listenfeld QuickInfo-Format stehen drei Möglichkeiten zur Wahl: Featurebeschreibungen in QuickInfos anzeigen ist die Grundeinstellung. Featurebeschreibungen in QuickInfos nicht anzeigen beschränkt den Inhalt der Hinweisfenster auf das Wesentliche. QuickInfos nicht anzeigen schaltet sie komplett ab.

9.2.3 Etwas Oberflächenkosmetik

Microsoft Office 2013 präsentiert sich in einem deutlich schlichteren Gewand als sein Vorgänger. Passend zu Windows 8 ist das Aero-Design mit Transparenz- und Räumlichkeitseffekten einer nüchternen flachen Optik gewichen. Diese hängt zudem nicht mehr mit der Darstellung der Windows-Oberfläche selbst zusammen, sondern wird in Microsoft Office separat eingestellt. Der neue Look gilt auch dann, wenn Sie Office 2013 unter Windows 7 installieren. Viel Auswahl für die persönliche Gestaltung gibt es allerdings derzeit nicht. Neben den Grundtönen Weiß, Hell- oder Dunkelgrau lassen sich die Fensterränder noch mit ein paar grafischen Ornamenten verzieren. Möglicherweise wird Microsoft im Laufe der Zeit weitere Gestaltungsoptionen nachliefern – sehr wahrscheinlich per Online-Bibliothek.

Die hier getroffenen Designeinstellungen gelten für alle Office-Programme gleichzeitig; eine separate Gestaltung nur von OneNote ist nicht vorgesehen.

1. Öffnen Sie in den OneNote-Optionen die Kategorie Allgemein.

2. Im Abschnitt Microsoft-Office-Kopie personalisieren finden Sie die Grundfarbenwahl im Dropdown-Menü Office-Design. Zusätzliche grafische Verzierungen bietet das Menü neben Office-Hintergrund.

Eine Vorschaufunktion fehlt leider. Sie müssen ein Design, das Ihnen gefällt, durch Ausprobieren herausfinden.

Abbildung 9.9 Die Design-Auswahl von Office 2013 erlaubt wenigstens ein bisschen Oberflächenkosmetik.

9.2.4 Position von Seiten- und Notizbuchnavigation

In der Grundeinstellung steht die Notizbuch-Navigationsleiste (wenn Sie sie permanent einblenden) am linken Rand des OneNote-Fensters und die Seitennavigation innerhalb eines Abschnitts rechts. Sie können beide auch vertauschen oder gemeinsam links oder rechts anbringen:

1. Öffnen Sie in den OneNote-Optionen die Kategorie ANZEIGE.
2. Um die Notizbuchnavigation grundsätzlich an der rechten Seite des OneNote-Fensters anzudocken, entfernen Sie das standardmäßig gesetzte Häkchen bei NAVIGATIONSLEISTE LINKS.
3. Die Seitennavigation bringen Sie auf die linke Seite, indem Sie die Option SEITENREGISTER LINKS mit einem Häkchen versehen. Entfernen Sie dieses, um die Seitenliste wieder an die rechte Seite zu verschieben.

Positionieren Sie beides auf eine Seite, steht die Notizbuchnavigation immer am äußeren Rand, also entweder ganz links oder ganz rechts. Bei ausgeblendeter Navigationsleiste finden sich allerdings sowohl der Name des aktuell geöffneten Notizbuchs als auch die Schnellauswahlliste nach einem Klick darauf immer links oben. Das gilt auch dann, wenn Sie die Notizbuchnavigation an den rechten Rand verschoben haben.

9.2.5 Neue Seiten immer unten anfügen

Im Abschnitt 6.3.2 haben Sie erfahren, wie Sie eine neue Notizbuchseite zwischen zwei vorhandenen anlegen, anstatt sie unten anzuhängen. Sie können diese Funktion abschalten – etwa, um sich oder Mitbearbeiter eines geteilten Notizbuchs zu einer festen Chronologie anzuhalten:

1. Öffnen Sie in den OneNote-Optionen die Kategorie ANZEIGE.
2. Entfernen Sie das Häkchen vor der etwas umständlichen Beschreibung UNVERANKERTE SCHALTFLÄCHE ‚NEUE SEITE' NAHE SEITENREGISTERN ANZEIGEN.

Ab sofort fehlen die schwebende Schaltfläche (ein Pluszeichen in einem Fünfeck) und die horizontale Linie zur Markierung der Einfügeposition von Zwischenseiten, wenn Sie den Mauszeiger darüber bewegen.

9.2.6 Notizencontainer ausblenden

Alle auf einer Seite eingegebenen Notizen außer frei positionierten Grafikelementen werden in OneNote in einem Notizcontainer gehalten. Dieser lässt sich jederzeit komplett markieren, verschieben oder in der Größe verändern. Dazu wird er mit einem Rahmen und einem Kopfbalken dargestellt. Wenn Sie das nicht möchten, können Sie diese Markierungen permanent verstecken:

1. Öffnen Sie in den OneNote-Optionen die Kategorie Anzeige.
2. Entfernen Sie das Häkchen bei Notizencontainer auf Seiten anzeigen.

> Obwohl Sie bei dieser Einstellung nach wie vor neue Elemente an beliebiger Position einfügen können, verlieren Sie durch das Ausblenden des Notizcontainers die Möglichkeit, diesen nachträglich zu verschieben oder in der Größe zu ändern. Das geht erst wieder, wenn Sie die hier getroffene Einstellung durch Entfernen des Häkchens zurücknehmen.

9.2.7 Rechtschreib- und Autokorrektur

Auch OneNote nutzt die in allen Office-Programmen zur Verfügung stehenden Rechtschreib- und Grammatik-Korrekturhilfen zur Bekämpfung des Fehlerteufels. Die zugehörigen Einstellungen finden sich allesamt in den OneNote-Optionen in der Kategorie Dokumentprüfung. Die verfügbaren Optionen teilen sich in drei Gruppen auf:

- **AutoKorrektur-Optionen:** Wie zum Beispiel in Microsoft Word lassen sich einige Eingabefehler sofort automatisch korrigieren, wie etwa zwei Großbuchstaben am Wortanfang. Hier stellen Sie alle Autokorrektur-Optionen ein. Dazu gehört auch der Austausch von definierbaren oder vorbelegten Zeichenfolgen gegen andere, etwa »(c)« gegen das Copyright-Zeichen. Standardmäßig sind alle AutoKorrektur-Optionen eingeschaltet. Hier getroffene Einstellungen gelten nur innerhalb von OneNote; in anderen Office-Programmen gibt es dieselben Optionen, die wiederum nur dort gültig sind.

- **Bei der Rechtschreibkorrektur in Microsoft Office-Programmen:** Hier finden Sie die meisten Einstellungen. So lassen sich hier zum Beispiel Wörter mit enthaltenen Zahlen oder solche, die nur aus Großbuchstaben bestehen, aus der Rechtschreibprüfung ausnehmen, Wortwiederholungen als Fehler kennzeichnen oder die Verwendung der neuen Rechtschreibregeln ein- oder ausschalten. All diese Optionen stehen nicht nur auch in den anderen Office-Modulen wie Word oder Excel zur Verfügung. Die Auswirkungen der Änderung einer Einstellung erstrecken sich auch sofort auf alle Office-Programme. Schalten Sie zum Beispiel die deutschen Rechtschreibregeln hier ab, gelten sie fortan auch nicht mehr in Word, Excel und PowerPoint.

- **Bei der Rechtschreibkorrektur in OneNote:** Im dritten Abschnitt gibt es nur drei Einstellungen. Diese gelten aber ausschließlich innerhalb von OneNote; eine Änderung hat keine Auswirkungen auf die übrigen Office-Programme. Mit Rechtschreibung während der Eingabe überprüfen (standardmäßig aktiv) können Sie die automatische Kontrolle komplett ab- und wieder anschalten. Setzen Sie ein Häkchen bei Rechtschreib- und Grammatikfehler ausblenden, unterbleiben die Markierungen (zum Beispiel die wellenförmige rote Unterstreichung) vermeintlicher Fehler. Grammatik zusammen mit Rechtschreibung prüfen aktiviert oder deaktiviert schließlich die Kontrolle der Grammatik.

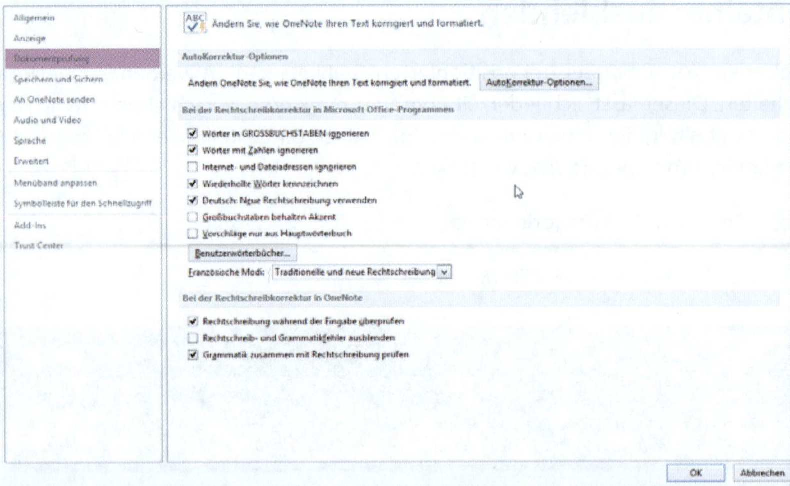

Abbildung 9.10 Die Einstellungsmöglichkeiten für die Rechtschreib- und Grammatikprüfung entsprechen weitgehend denen in allen Office-Modulen. Die meisten wirken sich auch global aus.

9.2.8 Audio- und Videoeinstellungen

Für in OneNote vorgenommene Audio- und Videoaufzeichnungen (siehe Abschnitt 3.12) lassen sich ein paar Voreinstellungen treffen. Sie finden alle zugehörigen Einstellungen in den OneNote-Optionen in der Kategorie Audio und Video.

Rechts oben im Abschnitt Audio und Video finden Sie die Einstellung für die Vorlaufzeit bei der Wiedergabe von verknüpften Audio- und Videodateien. Damit ist Folgendes gemeint: Wenn Sie während des Aufzeichnens oder Abspielens einer Audio- oder Videoaufzeichnung Notizen gemacht haben, werden diese mit der entsprechenden Position in der Aufnahme verknüpft (siehe Abschnitt 3.12). Sie können die Aufzeichnung durch Anklicken der zugehörigen Notiz (genauer: durch Anklicken des davor stehenden Symbols) ab dieser Stelle abspielen. Die Wiedergabe beginnt allerdings etwas vorher, und zwar genau um die hier eingestellte Zeitspanne. Die Vorgabe von 5 Sekunden können Sie nach Belieben anpassen.

Unter Audio-Suche aktivieren oder deaktivieren Sie die Fähigkeit von OneNote, auch Audio- und Videoaufzeichnungen nach einem Suchwort zu durchforsten.

Die übrigen Einstellungen sind nur in Ausnahmefällen von Interesse. So können Sie unter Gerät bei den Audioaufnahmeeinstellungen ein anderes Aufnahmegerät als das standardmäßig von Windows verwendete vorgeben – etwa, weil Sie ein Bluetooth-Headset oder USB-Mikrofon für die Aufzeichnungen verwenden. Codec und Format bestimmen vornehmlich die Aufnahmequalität. Gleiches gilt auch für die Auswahl des Profils in den Videoaufzeichnungseinstellungen. Unter Gerät wählen Sie (falls mehrere vorhanden sind) die Kamera.

9.2.9 Erweiterte Optionen

In den OneNote-Optionen finden Sie unter der Kategorie ERWEITERT eine ganze Reihe weiterer Einstellungen aus unterschiedlichen Bereichen:

Der Abschnitt „Bearbeiten"

- SCHALTFLÄCHE FÜR EINFÜGEOPTIONEN ANZEIGEN, WENN INHALT EINGEFÜGT WIRD: Wenn Sie Texte oder Bilder aus der Zwischenablage in eine Notiz einfügen, erscheint eine kleine Symbolleiste, in der Sie zum Beispiel bestimmen, ob das Ursprungsformat erhalten bleiben soll (siehe Abschnitt 4.1.2). Hier können Sie diese Funktion abschalten.

- HYPERLINK ZUR QUELLE BEIM EINFÜGEN VON INHALT AUS DEM WEB EINBEZIEHEN: Übertragen Sie Inhalte einer Webseite zum Beispiel per Zwischenablage aus einem Browser auf eine Notizseite, ergänzt OneNote einen Link zur ursprünglichen Seite, wenn diese Option aktiviert ist.

- LISTEN AUTOMATISCH NUMMERIEREN: Diese Option betrifft nummerierte Listen und Gliederungen (siehe Abschnitt 3.6). Ist sie aktiv, beginnt OneNote selbstständig nach der ersten Zeile, die Sie mit einer Nummer begonnen haben, jeden neuen Absatz mit der nächstfolgenden Nummer.

- LISTEN AUTOMATISCH MIT AUFZÄHLUNGSZEICHEN FORMATIEREN: Dasselbe wie zuvor, allerdings für Aufzählungszeichen (Bullets).

- MATHEMATISCHE AUSDRÜCKE AUTOMATISCH BERECHNEN: Hiermit legen Sie fest, ob eingegebene mathematische Gleichungen nach dem =-Zeichen und folgender [Leertaste] oder [↵]-Taste automatisch um das Ergebnis der Rechnung ergänzt werden sollen.

- LINKERSTELLUNG DURCH EINGEBEN VON [[ ]] UM EINEN AUSDRUCK AKTIVIEREN: Erlaubt, wenn gesetzt, das direkte Eintippen von internen Wiki-Links (siehe Abschnitt 3.7.3).

Der Abschnitt „Verknüpfte Notizen"

- ERSTELLEN NEUER VERKNÜPFTER NOTIZEN ERLAUBEN: In Abschnitt 4.6 steht, wie Sie mit einem angedockten OneNote-Fenster Links zwischen Webseiten, Word-Dokumenten oder PowerPoint-Präsentationen herstellen. Entfernen Sie dieses Häkchen, wird diese Automatik deaktiviert. Bereits bestehende Verknüpfungen bleiben aber erhalten.

- DOKUMENTAUSSCHNITTE UND DIE SEITENMINIATURANSICHT FÜR DIE OPTIMIERTE VERKNÜPFUNG : Mit einer Internetseite, einem Word- oder PowerPoint-Dokument verknüpfte Notizen (siehe Abschnitt 4.6) werden durch ein entsprechendes Programmsymbol gekennzeichnet. Wenn Sie den Mauszeiger darüber bewegen, erscheint in einem Infofenster eine Vorschau der entsprechenden Datei. Das lässt sich hier abschalten.

- LINKS VON VERKNÜPFTEN NOTIZEN ENTFERNEN: Ein Klick auf diese Schaltfläche entfernt nach einer Sicherheitsabfrage auf einen Schlag alle Links zwischen Notizen und Office-Dokumenten (siehe Abschnitt 4.6). Die Notizen selbst bleiben dabei erhalten.

Der Abschnitt „Stift"

Alle in diesem Abschnitt aufgeführten Optionen sind nur dann relevant, wenn Sie über die passende Hardware für eine Stifteingabe verfügen, also zum Beispiel über ein Tablet-PC mit separatem Eingabestift oder über ein Grafiktablett.

- DURCHSTREICHGESTE FÜR FREIHANDEINGABEN DEAKTIVIEREN: Entfernen Sie dieses Häkchen, würde das Durchstreichen eines Handschrifttextes diesen löschen, anstatt einen Strich zu zeichnen.
- STIFTDRUCKSENSITIVITÄT VERWENDEN: Lassen Sie diese Option ausgeschaltet, wird die Fähigkeit vieler Eingabestifte, die Aufdruckstärke zu übermitteln, ignoriert.
- AUTOMATISCH ZWISCHEN FREIHAND, AUSWAHL, EINGABE UND VERSCHIEBEN UMSCHALTEN: OneNote versucht, wenn diese Option aktiv ist, zu erkennen, ob Sie gerade den Stift oder zum Beispiel die Maus benutzen. Entsprechend wechselt der Eingabemodus etwa vom Zeichnen zur Auswahl von Objekten, ohne dass ein Extraklick auf die entsprechende Schaltfläche in der Symbolleiste ZEICHNEN erforderlich ist.

Der Abschnitt „Aus OneNote gesendete E-Mail-Nachrichten"

Die Erklärung zu diesem Abschnitt finden Sie in Abschnitt 8.3.1.

Der Abschnitt „Kennwörter"

Die Erklärung zu diesem Abschnitt finden Sie in Abschnitt 7.1.4.

Kurz notiert

- Bestücken Sie die Schnellzugriffs-Symbolleiste mit häufig benötigten Befehlen.
- Die Symbolleisten des Menübandes lassen sich nach Bedarf anpassen und erweitern; auch komplett neue Menüs sind möglich.
- Exportieren Sie umfangreiche Anpassungen an der Oberfläche, um sie auf einen anderen Computer zu übertragen.
- Die OneNote-Optionen enthalten viele Einstellschrauben.

10

Die OneNote-App für Windows 8

- *Alles über die OneNote-Metro-UI-App*
- *Download und Installation unter Windows 8*
- *Das innovative Radialmenü*
- *Alle Funktionen der OneNote-App*

Mit der Einführung von Windows 8 macht Microsoft seinen Kunden ein kleines Geschenk: Es gibt eine kostenlose Version von OneNote als Windows-8-App, also im Modern-UI-Look (das Kacheldesign, das in der Betaphase noch unter der Bezeichnung Metro lief). OneNote für Windows 8 lässt sich direkt vom Windows Store herunterladen und installieren und ist in Oberflächengestaltung und Bedienung vor allem für Touchscreens optimiert, eignet sich also besonders gut für die Nutzung mit Tablet-PCs, Touchscreen-Notebooks und Convertibles (Notebooks, die sich durch das Abnehmen oder Umklappen der Tastatur in Tablet-PCs verwandeln lassen). Diese OneNote-Spezialversion firmierte in der Testphase bis Ende Oktober 2012 noch unter der Bezeichnung *OneNote MX*«, wird inzwischen aber nur noch schlicht als *OneNote* bezeichnet.

Um Verwechslungen und Verwirrungen zu vermeiden, wird die Windows-8-Ausgabe in diesem Kapitel *OneNote-App* genannt.

Die OneNote-App hat nichts mit den Mobil-Clients von OneNote für iOS (iPhone, iPad) oder Android zu tun, die in Kapitel 12, OneNote auf Tablet und Smartphone, vorgestellt werden. Die OneNote-App läuft ausschließlich auf Windows 8 und dessen Ableger Windows RT für Tablet-PCs mit ARM-Prozessor.

Obwohl die OneNote-App grundsätzlich demselben Zweck dient wie OneNote 2013 und auch auf die darauf angelegten Notizbücher zugreifen kann, unterscheidet sie sich teilweise doch stark vom ausgewachsenen Verwandten. Zum einen ist sie funktionell eingeschränkt, zum anderen verzichtet sie auf die bekannte Benutzeroberfläche mit Menüs und Symbolleisten. Stattdessen führt Microsoft bei der OneNote-App ein recht pfiffiges neues Bedienkonzept ein, das vor allem die Bedienung per Finger oder Stift erleichtert: das *Radialmenü*. Mehr dazu lesen Sie in Abschnitt 10.3.

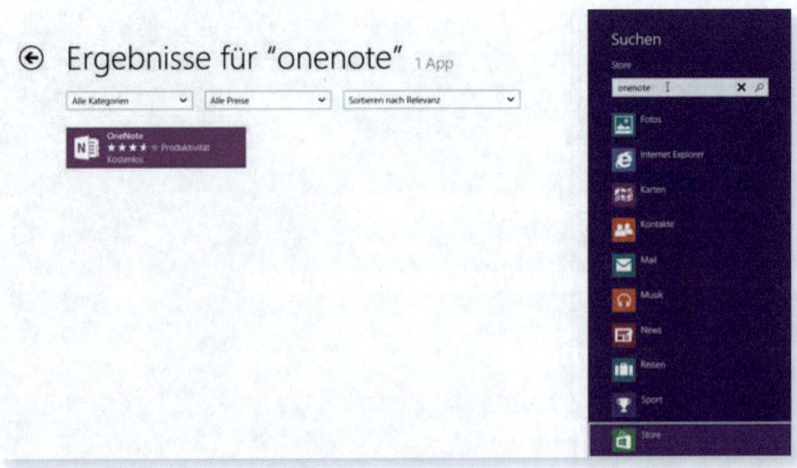

Abbildung 10.1 Der Suchbegriff »OneNote« im Windows Store von Windows 8 führt zur kostenlosen OneNote-App.

Hier folgt zunächst eine Übersicht über die wichtigsten Einschränkungen der OneNote-App gegenüber OneNote 2013. Dies ist eine Momentaufnahme der ersten Version. Es ist nicht ausgeschlossen, dass Microsoft in absehbarer Zeit Änderungen und Funktionserweiterungen vornimmt – oder vielleicht bis zum

Erscheinen dieses Buchs bereits vorgenommen hat. Wie bei allen Windows-8-Apps üblich, würden diese in Form automatischer Updates in die installierte OneNote-App einfließen.

- **Beschränkung auf SkyDrive:** Die OneNote-App kann nur solche Notizbücher öffnen und bearbeiten, die auf SkyDrive gespeichert sind. OneNote-Dateien auf lokalen Datenträgern oder im Netzwerk bleiben außen vor. Gegebenenfalls müssten Sie solche Notizbücher erst in die Cloud verschieben (siehe Abschnitt 8.4.2)

- **Keine grafischen Objekte, Freihandzeichnungen oder Handschriftnotizen:** Das ist wohl die schmerzlichste Einschränkung gerade bei der Benutzung mit einem Tablet-PC. Geometrische Formen oder Freihandobjekte, die bereits in den Notizen enthalten sind (weil sie mit OneNote 2013 erfasst wurden), zeigt die OneNote-App zwar korrekt an. Diese lassen sich aber nicht auswählen oder verändern (nicht einmal verschieben). Auch können Sie mit der OneNote-App keine eigenen Grafik- oder Freihandobjekte anlegen. Immerhin lässt sich die Windows-8-eigene Handschrifterkennung verwenden (siehe Abschnitt 10.4.4). Bilder und Fotos sind von dieser Einschränkung nicht betroffen.

- **Kennwortgeschütze Abschnitte:** Diese werden zwar als solche ausgewiesen, lassen sich aber mit der OneNote-App nicht entschlüsseln und anzeigen.

- **Keine Outlook-Funktionen:** Die Verbindung zu Microsoft Outlook fehlt. Das heißt, Sie können zum Beispiel keine Mails in Notizbücher übertragen (außer Sie haben gleichzeitig OneNote 2013 installiert), Kontakte verlinken oder Outlook-Aufgaben in Notizbuchseiten verwalten.

- **Externe Inhalte/Bildschirmausschnitte:** Sie können zwar Inhalte aus anderen Anwendungen (zum Beispiel einem Webbrowser) problemlos per Zwischenablage auf eine Notizseite in der OnNote-App übertragen. Weitergehende Möglichkeiten – etwa Bildschirmausschnitte erzeugen, das direkte Senden aus anderen Programmen per OneNote-Symbol oder Spezial-Druckertreiber – fehlen jedoch. Auch das Verknüpfen von Notizen mit Webseiten im Internet-Explorer, Word-Dokumenten oder PowerPoint-Dokumentationen (siehe Abschnitt 4.6) ist nicht vorgesehen.

- **Sprachnotizen:** Die OneNote-App bietet keine Möglichkeiten der Audio- oder Videoaufzeichnung direkt in eine Notiz. Auch eine interne Abspielfunktion, die Stichwortsuche innerhalb von bestehenden Audio- oder Videoclips und das Verlinken von Notizen mit einer bestimmten Position in Aufnahmen fehlen.

Es gibt außer den aufgeführten noch eine ganze Reihe weiterer Beschränkungen. Dennoch kann der Einsatz der OneNote-App durchaus Sinn ergeben – vor allem, wenn Ihre Notizen vornehmlich aus Text- und Bildelementen bestehen. Ein paar Gründe:

- Die Oberfläche ist wesentlich einfacher zu bedienen – ganz besonders auf Touchscreens bzw. Tablet-PCs.

- Die aufgeräumte Oberfläche, auf der sich keinerlei Bedienelemente breit machen, erlaubt das Fokussieren auf das Wesentliche – nämlich die Darstellung der Inhalte von Notizbuchseiten.

- Die OneNote-App ist kostenlos und bietet eine bessere Möglichkeit, auf einem Zweitgerät ohne installiertes Microsoft Office-Paket (zum Beispiel einem Notebook oder einem Tablet-PC mit Windows 8, wie dem Microsoft Surface Pro) auf die in der Cloud gespeicherten Notizen zuzugreifen, als die Web-App (siehe Kapitel 11, Die Webversion von OneNote). Denn im Gegensatz zur Webversion benötigt die OneNote-App für Windows 8 keine permanente Internetverbindung.

10.1 Die OneNote-App installieren

Das Herunterladen und Einrichten der OneNote-App ist genauso einfach wie bei jeder Modern-UI-App für Windows 8 aus dem Windows Store:

1. Öffnen Sie die Startseite von Windows 8 – auf PCs und Notebooks durch Bewegen der Maus in die linke untere Bildschirmecke oder durch einen Druck auf die [Windows]-Taste. Bei Tablet-PCs drücken Sie die [Windows]-Taste (wenn vorhanden, wie beispielsweise auf Microsoft Surface-Tablets) oder wischen vom rechten Rand und wählen den Start-Button aus dem Charms-Menü.
2. Tippen oder klicken Sie auf die Kachel Store.
3. Suchen Sie nach der OneNote-App. Auf einem PC oder einem Tablet mit Tastatur tippen Sie dazu einfach »OneNote« ein; bei einem reinen Tablet öffnen Sie am besten die Charms-Leiste durch Wischen vom rechten Bildschirmrand, Antippen des Lupensymbols, gefolgt von einer Eingabe des Begriffs »OneNote« in das Suchfeld per Bildschirmtastatur.
4. Als Suchergebnis wird Ihnen die App »OneNote« aus der Kategorie »Produktivität« angezeigt. Klicken oder tippen Sie die entsprechende Schaltfläche an.
5. Es öffnet sich die Detailansicht mit weiteren Infos zur App. Starten Sie den Download und die Einrichtung durch Anklicken der Schaltfläche Installieren.
6. Nach kurzer Zeit erhalten Sie in der rechten oberen Bildschirmecke eine Bestätigung, dass OneNote installiert wurde. Wechseln Sie zur Startseite von Windows 8, zum Beispiel durch Drücken der [Windows]-Taste. Sie finden dort eine neue violette Kachel mit der Bezeichnung OneNote (zusätzlich zur eventuell bereits vorhandenen Kachel der Office-Ausgabe von OneNote, die mit OneNote 2013 beschriftet ist).

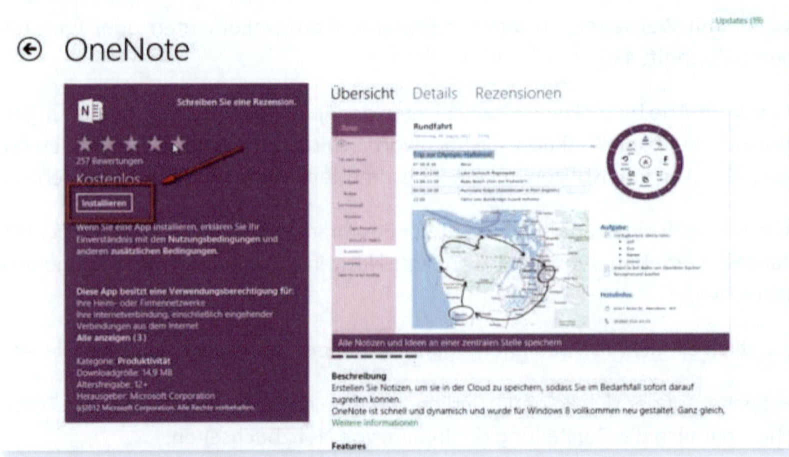

Abbildung 10.2 Zum Einrichten der OneNote-App reicht ein Klick auf Installieren. Der Rest läuft automatisch ab.

7. Beim ersten Start öffnet sich die Wahl des Programms zur Verbesserung der Benutzerfreundlichkeit. Nehmen Sie die entsprechenden Einstellungen entweder an (Expresseinstellungen verwenden) oder lehnen Sie sie – falls Sie nicht möchten, dass Nutzungsdaten an Microsoft übermittelt werden – mit einem Klick auf Anpassen ab. Im zweiten Fall klicken Sie im Folgebildschirm noch auf Los geht's.

8. Die OneNote-App benötigt zwingend eine Verbindung zu Ihrem Microsoft/SkyDrive-Konto. Sind Sie (zum Beispiel durch Ihren Windows-8-Account) dort bereits angemeldet, baut OneNote die Verbindung auf und lädt alle dort gespeicherten Notizbücher. Andernfalls werden Sie zunächst aufgefordert, sich mit Ihrem Konto einzuloggen oder eines anzulegen.

10.2 Notizbuch-Operationen in der OneNote-App

Das Anlegen, Öffnen und Schließen von Notizbüchern sowie die Navigation in Abschnitten und Seiten funktioniert anders als bei OneNote 2013. Die OneNote-App verwendet ein recht einfaches Bedienschema: Notizbücher, Abschnitte und Seiten sind als nebeneinander stehende Navigationslisten am linken Rand ausgelegt.

10.2.1 Notizbücher anlegen, öffnen und schließen

Ganz links steht dabei die Notizbuch-Navigationsleiste. Sie ist nicht ständig sichtbar und wird bei Bedarf so eingeblendet:

1. Öffnen Sie die App-Leiste mit einer Wischbewegung vom unteren Rand nach oben in den Bildschirm. Auf PCs oder Notebooks erfüllt die rechte Maustaste denselben Zweck.

2. Tippen Sie die Schaltfläche NOTIZBÜCHER an. Alternativ schieben Sie die aktuell angezeigte Notizbuchseite mit dem Finger so weit wie möglich nach rechts (nur auf Tablet-PCs/Touchscreens).

Am linken Rand erscheint (gegebenenfalls nach kurzer Wartezeit) die Liste Ihrer Notizbücher auf SkyDrive. Falls gerade keine Internetverbindung besteht, enthält die Liste alle zuletzt geöffneten Bücher. Jetzt haben Sie eine Reihe von Möglichkeiten:

- **Ein Notizbuch öffnen:** Klicken Sie den entsprechenden Eintrag mit der Maus an, beziehungsweise tippen Sie ihn mit dem Finger an. Das Notizbuch wird geöffnet, belegt aber nur die rechte Hälfte des Bildschirms. Die linke wird von den drei Navigationsleisten für Notizbücher, Abschnitte und Seiten eingenommen. Verschieben Sie den Notizbuchinhalt mit dem Finger nach links, schieben Sie damit die Navigationselemente aus dem sichtbaren Bereich. Auf PCs klicken Sie stattdessen mit der linken Maustaste an den rechten Bildschirmrand. In der Notizbuchliste findet sich der zusätzliche Eintrag WEITERE NOTIZBÜCHER. Klicken Sie ihn an, um eine Liste derzeit geschlossener Notizbücher anzuzeigen, die sich auf demselben Weg öffnen lassen.

- **Ein neues Notizbuch anlegen:** Tippen Sie mit dem Finger (oder klicken Sie mit der Maus) auf den obersten Eintrag der Navigationsleiste. Das ist ein Kreis mit einem Pluszeichen, gefolgt von der Bezeichnung NOTIZBUCH. Am Ende der Leiste erscheint ein Eingabefeld, in das Sie einen beliebigen Namen eintragen. Diese Funktion erfordert eine aktive Internetverbindung. Andernfalls produziert sie nur eine Fehlermeldung.

- **Das aktuelle Notizbuch schließen:** Klicken Sie den Notizbucheintrag mit der rechten Maustaste an, oder tippen Sie ihn länger mit dem Finger an, um die App-Leiste zu öffnen. Wählen Sie dann NOTIZBUCH SCHLIESSEN.

10.2.2 Befehle für Abschnitte und Seiten

Rechts neben der Notizbuchnavigation befinden sich ähnliche Listen mit einer Auflistung enthaltener Abschnitte und den im aktiven Abschnitt enthaltenen Seiten.

Abbildung 10.3 Die fingerfreundliche Oberfläche der OneNote-App: Links stehen die Navigationsleisten für Notizbücher, Abschnitte und Seiten; am unteren Rand ist hier die App-Leiste eingeblendet.

Ein Linksklick mit der Maus oder das Antippen mit dem Finger öffnet den jeweiligen Abschnitt oder die betreffende Seite. Das Kontextmenü (Wischbewegung von unten mit dem Finger oder Rechtsklick mit der Maus auf einen Eintrag) führt zu weiteren Befehlen, die vom gewählten Element abhängen. Abschnitte lassen sich darüber zum Beispiel löschen, umbenennen, an die Windows-8-Startseite anheften oder mit einer anderen Farbe versehen. Das Kontextmenü für Seiten enthält zudem einen Befehl, diese Seite in der Hierarchie höher oder niedriger einzustufen (UNTERSEITEN, siehe Abschnitt 6.3.2).

10.3 Das Radialmenü

Gerade für Tablet-PC-Benutzer bietet die OneNote-App ein besonderes Highlight: Anstelle der eher für die Mausbedienung geeigneten Menüs und Symbolleisten erreicht man die meisten Funktionen der OneNote-App über ein kontextsensitives kreisförmiges Menüsystem: das Radialmenü.

Je nach Situation (meist abhängig von der Art des markierten Objekts) erscheint rechts neben der aktuellen Cursorposition ein quasi frei schwebendes Symbol. Ist gerade ein Bild markiert, zeigt es zum Beispiel ein grafisches Piktogramm mit einer stilisierten Landschaft. Bei der Texteingabe zeigt es dagegen ein Blatt Papier mit eingeknickter Ecke.

Ein Tipp oder Klick auf dieses Symbol erweitert es um weitere Symbole, die kreisförmig darum angeordnet sind. Deren Inhalt und Funktion ist wiederum kontextabhängig. Bei der Texteingabe etwa befinden sich dort Befehle für Tabellen oder Gliederungen. Bei einer markierten Grafik enthält das Radialmenü dagegen etwa Befehle für das Drehen der Grafik in 90-Grad-Schritten oder für das Öffnen eines hinterlegten Links.

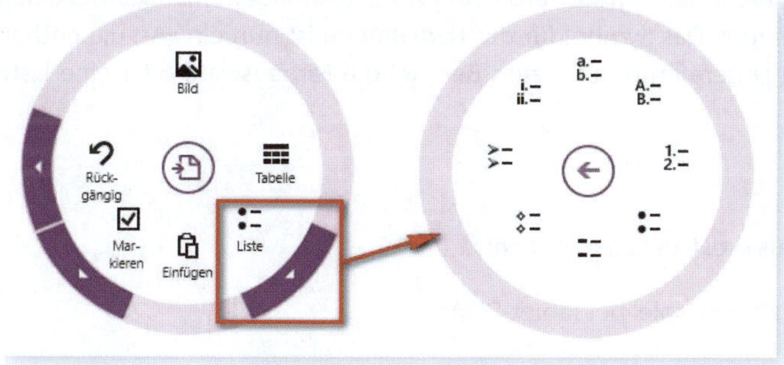

Abbildung 10.4 Das clevere Radialmenü ändert kontextabhängig seinen Inhalt und unterstützt auch Untermenüs. (Rechts sehen Sie das Gliederungs- und Nummerierungs-Untermenü für die Listenfunktion.)

Jeder Eintrag im Radialmenü kann für eine ganze Gruppe von Befehlen stehen. Im Textmenü zum Beispiel gibt es ein Symbol für Gliederungen und ein dazu gehörendes Untermenü mit den einzelnen Gliederungsformen (Nummerierung, Punktliste usw.) Ist zu einem Befehl ein solches Untermenü vorhanden, wird das dadurch gekennzeichnet, dass auf dessen Höhe im äußeren Ring ein dunkelviolettes Feld mit einem weißen Dreieck darin erscheint. Ein Klick oder Fingertipp darauf tauscht die Symbole im Radialmenü gegen die des Untermenüs aus. Ein Linkspfeil im Kreiszentrum weist darauf hin, dass gerade ein Untermenü dargestellt wird. Ein Klick oder Fingertipp darauf wechselt auf die nächsthöhere Ebene zurück.

10.4 Notizen erfassen mit der OneNote-App

Die folgenden Anleitungen beziehen sich direkt auf die Verwendung eines Touchscreens, also zum Beispiel eines Tablet-PCs mit Windows 8 oder Windows RT. In der Regel können Sie für die Bedienung mit Maus oder Touchpad jedes Tippen mit dem Finger durch Klicken mit der linken Maustaste ersetzen. Der Aufruf der App-Leiste (Fingerwisch vom unteren Rand) entspricht einem Klick mit der rechten Maustaste. Alle sonstigen Abweichungen in der Bedienung bei Nutzung einer Maus sind gesondert aufgeführt.

10.4.1 Texte und Textelemente

Die Möglichkeiten und Gestaltungsoptionen der Texteingabe entsprechen weitgehend denen von OneNote 2013. Es fehlen allerdings die festen Formatvorlagen. Auszeichnungen (fett, kursiv etc.), Schriftart und Schriftgröße weisen Sie Texten immer einzeln und erst nachträglich zu.

1. Tippen Sie auf eine freie Stelle Ihres Notizblatts. An der entsprechenden Position erscheint eine Einfügemarke (senkrechter Strich) mit einem Kreis darunter. Gleichzeitig öffnet sich (auf Tablet-PCs ohne angeschlossene Tastatur) die Bildschirmtastatur. Tippen Sie Ihre Notiz ein.

2. Rechts neben dem Text steht das Symbol für das Radialmenü, das Sie mit einem Fingertipp oder Klick darauf öffnen. Es bietet Zugriff auf weitere Funktionen (zum Beispiel auf LISTE für Aufzählungen oder auf TABELLE) und gegebenenfalls auf Unterfunktionen, was durch einen dunkelvioletten Bereich mit weißem Dreieck im äußeren Ring des Menüs gekennzeichnet wird – etwa bei LISTE.

3. Für Funktionen zur Textformatierung (Schriftart, -grad, -farbe oder Auszeichnungen) markieren Sie den geschriebenen Text per Maus oder Finger. Das Symbol für das Radialmenü ist nun ein »A«, die enthaltenen Funktionen weisen durchweg Untermenüs auf – zum Beispiel die Farbauswahl oder eine Liste verfügbarer Schriftarten.

10.4.2 Bilder und Fotos

Bilder lassen sich in der OneNote-App aus drei Quellen einfügen:

- direkt von der eingebauten Kamera (zum Beispiel bei Tablet-PCs)
- aus einer externen Datei
- per Zwischenablage

Je nach verwendeter Hardware stehen möglicherweise nicht alle Quellen zur Verfügung. Fehlt zum Beispiel eine Kamera, wird das entsprechende Symbol auch nicht im Radialmenü auftauchen.

Um ein Bild in die Notizseite einzufügen, positionieren Sie die Einfügemarke an der gewünschten Stelle, klicken oder tippen dann auf das Symbol für das (Text-)Radialmenü und wählen den der Bildquelle entsprechenden Menüpunkt – also zum Beispiel EINFÜGEN (aus der Zwischenablage), KAMERA (angeschlossene Kamera/Webcam) oder BILD (von einem Datenträger).

Markieren Sie ein Bildelement per Maus oder Tastatur, erscheint darum ein rechteckiger Rahmen mit den bekannten »Anfasspunkten«. Mit diesen lassen sich Höhe und Breite ändern. Außerdem können Sie das Bild per Maus oder Finger an eine andere Position schieben.

10.4.3 Kategorie-Markierungen

Die OneNote-App bietet ähnliche Kategorie-Markierungen wie OneNote 2013 (siehe Abschnitt 3.8). Allerdings gibt es nur sieben Kategorien:

- AUFGABE (die OneNote-Version zum Abhaken)
- WICHTIG
- FRAGE
- KRITISCH
- KONTAKT
- ADRESSE
- TELEFONNUMMER

Unter anderem fehlen Outlook-Aufgaben und benutzerdefinierte Kategorien. Bereits vorhandene, von der OneNote-App nicht unterstützte Markierungen werden aber korrekt angezeigt.

Abbildung 10.5 Immerhin sieben Kategoriemarkierungen bietet die OneNote-App im Radialmenü an.

1. Um einem Element eine Kategorie zuzuweisen, markieren Sie es zunächst. Bei Textobjekten reicht es auch, die Einfügemarke im jeweiligen Absatz zu platzieren.
2. Tippen Sie das jeweilige Menüsymbol an. Haben Sie ein Textelement markiert, wird es das für Textoperationen sein, bei einer Grafik entsprechend das Grafikmenü.
3. Tippen Sie im geöffneten Radialmenü den äußeren Ring auf Höhe der Schaltfläche MARKIEREN an.
4. Der Inhalt des Menüs ändert sich zu einer Darstellung aller verfügbaren Kategorien. Wählen Sie die gewünschte Kategorie aus, oder entfernen Sie eine vorhandene mit dem Symbol KATEGORIE ENTFERNEN.

10.4.4 Handschrifterkennung

Am Anfang dieses Kapitels steht, dass die OneNote-App weder Freihandzeichnungen noch Handschriftnotizen unterstützt. Das stimmt so weit auch. Handschriftliches, das mit OneNote 2013 in eine Notiz eingefügt wird, zeigt die App lediglich an. Jedoch verfügt Windows 8 selbst über eine Funktion zur Handschrifterkennung – entsprechende Hardware (etwa ein Touchscreen) vorausgesetzt. Diese Funktion der Bildschirmtastatur steht in jedem Windows-Programm zur Verfügung:

1. Setzen Sie die Einfügemarke an eine freie Stelle auf dem Notizblatt, um Text einzugeben, oder in ein vorhandenes Textobjekt.
2. Wenn sich die Bildschirmtastatur öffnet, tippen Sie das ganz rechte untere Symbol an (es stellt eine Tastatur dar).
3. Es erscheint eine weiß hinterlegte Symbolleiste, aus der Sie die zweite Option von rechts wählen (ein stilisiertes Grafiktablett mit Stift).
4. Anstelle der Tastatur erscheint ein zweizeiliges Feld. Je nach verwendetem Gerät schreiben Sie Ihren Text dort mit dem Eingabestift oder Finger hinein.
5. Jedes erkannte Zeichen ersetzt Windows dann in der jeweiligen Zeile durch die Entsprechung in einem ansprechenden Font.

6. Korrekturen nehmen Sie gegebenenfalls mit einer Durchstreichgeste oder den Funktionen hinter dem Fragezeichensymbol vor.

7. Um den Text in die OneNote-Notiz zu übertragen, tippen Sie auf Einfügen. Ihre Eingabe erscheint dort als getippter Text in der Standardschriftart.

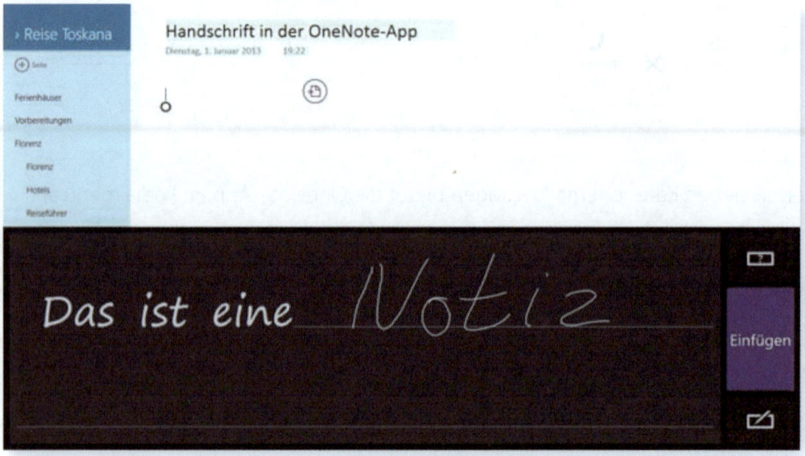

Abbildung 10.6 Die OneNote-App unterstützt zwar keine Freihandobjekte. Sie können aber die Handschrifterkennung von Windows 8 für Touchscreens und Tablet-PCs nutzen.

Diese Vorgehensweise ist nicht so direkt wie die Freihandeingabe in OneNote 2013, aber immerhin ist die Erkennungsrate ähnlich hoch.

10.4.5 Eingebettete Dateien

Zum Thema „eingebettete Dateien mit der OneNote-App" gibt es eine gute und eine schlechte Nachricht. Die schlechte Nachricht dürfte Sie nicht überraschen: Auch das Einbetten von Dateien funktioniert nicht in der OneNote-App: weder auf Tablet-PCs noch auf Notebooks oder Desktop-PCs.

Die gute Nachricht: Bereits vorhandene eingebettete Dateien – seien es Audiodateien, PDF-Dateien, Word-Dokumente, Excel-Arbeitsblätter (auch sichtbar eingefügte, wie in Abschnitt 3.5.4 beschrieben) oder sonstige Dateien werden in der OneNote-App nicht nur angezeigt. Sie lassen sich durch Antippen oder einen Doppelklick auch öffnen. Voraussetzung ist lediglich, dass auf dem Rechner ein passendes Programm installiert ist.

10.5 Suchen und finden in der OneNote-App

Ganz Windows-8-konform starten Sie eine Stichwortsuche in der OneNote-App nicht über ein eigenes Menü, sondern über das Suchfeld in der Charms-Leiste am rechten Bildschirmrand:

1. Öffnen Sie die Charms-Leiste von Windows 8 durch eine Wischbewegung vom rechten Bildschirmrand in die Mitte oder indem Sie den Mauszeiger in die rechte obere oder untere Ecke bewegen.

2. Klicken oder tippen Sie auf das Lupensymbol (SUCHEN).

3. Die Charms-Leiste weicht einer Liste von Objekten, die Sie in Windows 8 durchsuchen können. Standardmäßig ist OneNote eingestellt.

4. Tippen Sie den oder die gesuchte(n) Begriff(e) in das Feld ein. Im Gegensatz zu OneNote 2013 beginnt die Suche nicht schon während der Eingabe, sondern erst, nachdem Sie die [↵]-Taste gedrückt beziehungsweise das Lupensymbol angetippt oder angeklickt haben.

5. Das linke Viertel des Bildschirms wird nun von einer Ergebnisliste eingenommen. An deren oberem Rand können Sie die Suche durch Auswahl von AKTUELLES NOTEBOOK (ein Übersetzungsfehler der 1.0er Version der OneNote-App) auf das aktuell geöffnete Notizbuch eingrenzen. Standardmäßig erstreckt sie sich nämlich über alle offenen Notizbücher, was ebenfalls hier auswählbar ist.

6. Die Suchergebnisse sind nach Treffern in den Titelzeilen und im Nachrichtentext gruppiert.

7. Schließen Sie den Bereich mit den Suchergebnissen, indem Sie an eine beliebige Stelle einer Notizseite klicken oder tippen.

Weitergehende Suchmöglichkeiten wie in OneNote 2013 (siehe Kapitel 5, Suchen und finden), etwa die Suche nach Autoren, in Audiodateien, nach Kategorien oder Recherchefunktionen, bietet die OneNote-App leider nicht.

Kurz notiert

- Die OneNote-App ist eine kostenlose Windows-8-Version im Modern-UI-Look.
- Sie unterstützt nur auf SkyDrive gespeicherte Notizbücher.
- Funktionell zwar stark eingeschränkt, lässt sie sich aber vor allem auf Touchscreens besser bedienen als OneNote 2013.
- Insbesondere das clevere Radialmenü eignet sich gut für die Bedienung mit dem Finger.

11

Die Webversion von OneNote

- *Auf OneNote-Notizen per Webbrowser zugreifen*
- *Funktionen und Einschränkungen der Web-App*
- *Wechsel zwischen Browser- und Desktop-Version*
- *Teilen und Teamwork per Browser*

Schon seit Längerem bietet Microsoft eine kostenlos nutzbare Online-Version von Microsoft Office an. Sie erfordert lediglich einen halbwegs aktuellen Webbrowser und einen SkyDrive-Account. Neben Word und Excel ist auch OneNote Bestandteil der Office-Webversion. Alle Module wurden zudem unlängst einer umfangreichen Renovierung unterzogen. Dabei wurden nicht nur die Bedienung und das Erscheinungsbild in Richtung Windows 8 und Office 2013 modernisiert, sondern auch einige Funktionen überarbeitet und hinzugefügt.

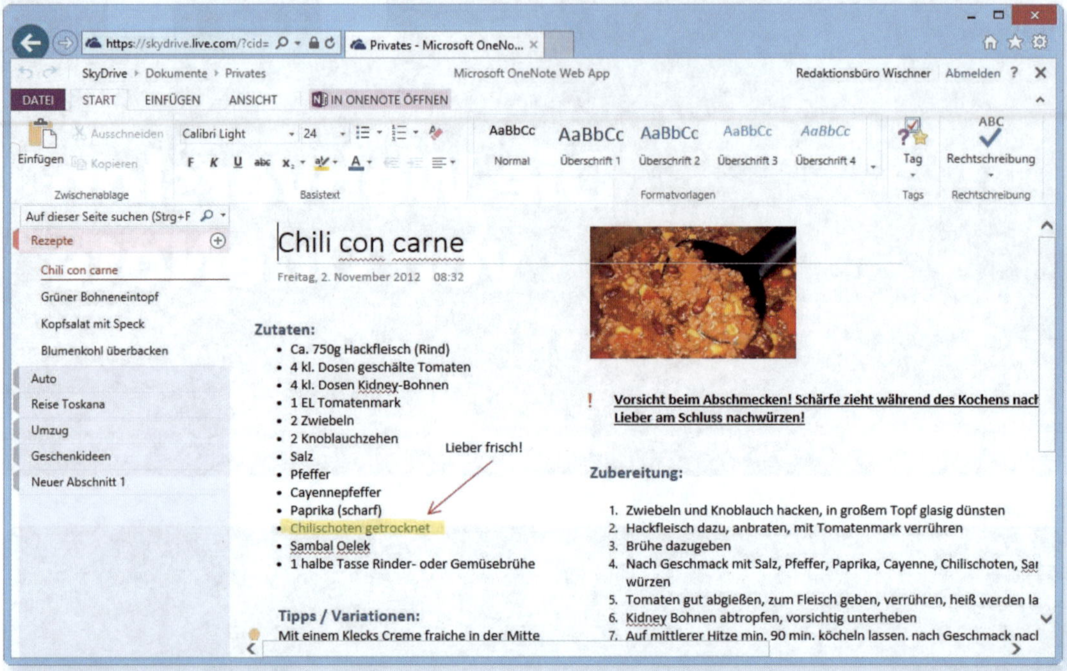

Abbildung 11.1 Die Oberfläche der Webausgabe von OneNote ähnelt stark der von OneNote 2013.

Dennoch können die Webausgaben funktionell bei Weitem nicht mit ihren Desktop-Pendants mithalten. Trotzdem ist die OneNote *Web App* eine nützliche Ergänzung und in manchen Fällen sogar die einzige Möglichkeit, Notizbücher zu bearbeiten:

- Die Web App erlaubt es, Notizbücher Personen zur Ansicht oder zur Mitbearbeitung freizugeben, die kein Microsoft Office bzw. OneNote 2013 oder die OneNote-Windows-8-App besitzen.
- Wenn Sie mehrere Rechner (zum Beispiel ein zusätzliches Notebook) besitzen, nicht aber für jeden eine Office-Lizenz, ist die OneNote Web App (wie vielleicht auch die anderen Webmodule von Microsoft Office) eine gute Alternative.
- OneNote 2013 ist nicht für alle Betriebssysteme verfügbar. So stellt die Web App zum Beispiel für Nutzer von Mac OS oder Linux die einzige Zugangsmöglichkeit zu OneNote-Notizbüchern dar.
- Möchten Sie auf Ihre Notizen zugreifen, haben aber gerade keinen eigenen Rechner zur Verfügung, können Sie einen beliebigen Fremd-PC mit Webbrowser (etwa in einem Internet-Café) nutzen.
- Die OneNote-Mobil-Clients für Android und iOS sind so funktionsschwach (siehe Kapitel 12, OneNote auf Tablet und Smartphone), dass ein Internetbrowser und die OneNote Web App auf iPad, iPhone oder Android-Tablets und -Smartphones manchmal die bessere Alternative sind.

11.1 Einschränkungen der Webversion

Da der Web App trotz vertrauter Benutzeroberfläche einige Funktionen fehlen, lassen sich viele der Anleitungen in diesem Buch nicht eins zu eins auf sie anwenden. Die folgenden Seiten geben Ihnen einen Überblick, was geht und was nicht. Zudem gibt die Webversion eine gelb hinterlegte Meldung am oberen Rand einer Notizseite aus, wenn diese Elemente enthält, die nicht oder nicht vollständig im Browser dargestellt werden können.

> Da das Online-Office inzwischen vollständig in HTML5 realisiert ist, wäre rein technisch eine stärkere Funktionsanpassung an das Desktop-OneNote denkbar. Dieses Kapitel bezieht sich auf den Funktionsumfang der Webversion von Office zum Jahreswechsel 2012/2013. Es ist durchaus möglich, dass Microsoft kurz- oder mittelfristig das eine oder andere Feature hinzufügt oder überarbeitet.

11.1.1 Was in der Webversion funktioniert

Die Grundfunktionen und viele Bedienelemente des Editors von OneNote 2013 bietet auch die Webversion. Das gilt also auch für das Konzept der Notizcontainer, die fehlende Größenbeschränkung von Notizbuchseiten oder das Anlegen von Abschnitten und Abschnittsgruppen. Nahezu alle Inhalte, auch solche, die Sie nur mit der Desktop-Ausgabe von OneNote erzeugen können, werden zudem in der Web App korrekt – also auch im Originallayout – angezeigt.

Folgende Funktionen lassen sich zudem auch im Webbrowser so verwenden, wie Sie es von OneNote 2013 gewohnt sind:

- **Positionieren von Elementen:** Sie können in der Webversion Notizcontainer oder grafische Elemente (auch Handschriftnotizen oder Zeichnungen) markieren und mit der Maus an eine andere Stelle verschieben.
- **Texteingabe und Formatierung:** Auch in der Webversion stehen alle wichtigen Textformatierungen und Auszeichnungen an gewohnter Stelle der Symbolleiste Start zur Verfügung: also Schriftart und Schriftgröße, Attribute wie Fett, Unterstrichen und Kursiv, Farbe und Textmarker und sogar die bekannten Formatvorlagen, etwa für Überschriften. Außerdem funktionieren Aufzählungen, Punktlisten und Gliederungen, Einrückungen und die Textausrichtung von Absätzen.
- **Tabellen:** Das Anlegen von Tabellen (EINFÜGEN / Tabelle) entspricht den Möglichkeiten der Desktop-Ausgabe von OneNote. Lediglich die Befehle im Kontextmenü, etwa zum Hinzufügen von Zeilen oder Spalten, sind nicht vorhanden. Das ist aber nicht weiter schlimm, denn die Symbolleiste TABELLENTOOLS steht in vollem Umfang zur Verfügung.
- **Autorenanzeige:** Wenn mehrere Personen ein Notizbuch bearbeiten, lassen sich die Initialen der jeweiligen Urheber von Elementen einblenden. Die Funktion Autoren anzeigen findet sich in der Symbolleiste ANSICHT.
- **Versionsverwaltung:** Besonders interessant bei mehreren Bearbeitern eines Notizbuchs ist das Speichern vorhergehender Seitenversionen. Auch das unterstützt die Web App. Öffnen Sie die Symbolleiste ANSICHT, und klicken Sie auf Seitenversionen.

11.1.2 Das geht nur eingeschränkt oder anders

Einige Funktionen sind in der Webversion zwar rudimentär vorhanden, unterliegen aber teils deutlichen Einschränkungen oder erfordern eine andere Vorgehensweise als in OneNote 2013.

- **Bilder:** Es gibt zwar keine Funktion für das »Fotografieren« und Einsetzen von Bildschirmausschnitten. Auch funktioniert das Einfügen von Bildern aus der Zwischenablage nicht. Sie können jedoch wie in OneNote 2013 über die Symbolleiste EINFÜGEN Bilder von einem Datenträger oder ClipArts aus der Microsoft-Online-Bibliothek in eine Notizbuchseite einfügen. Vorhandene Bilder auf einer Notizseite lassen sich verschieben, nicht aber in der Größe verändern.
- **Kopieren und Einfügen von Text:** Wenn Sie Text innerhalb der Webversion von OneNote per Zwischenablage kopieren oder verschieben, bleiben die Textformatierungen erhalten. Text, den Sie von außerhalb (zum Beispiel aus Word oder einer anderen Webseite) einfügen, verliert hingegen seine Formatierung.
- **Kategorien:** Die Webausgabe unterstützt alle standardmäßig in OneNote voreingestellten Kategorie-Markierungen. Sie können Elemente zum Beispiel als »Wichtig«, »Frage« oder »Aufgabe« (OneNote-Kontrollkästchen, nicht Outlook-Aufgabe!) kennzeichnen. Allerdings fehlt die Möglichkeit, eigene Kategorien zu definieren oder zu verwenden. Benutzerdefinierte Kategoriekennzeichnungen, die mit OneNote 2013 vorgenommen wurden, werden aber zumindest korrekt angezeigt. Auch lassen sich solche Markierungen löschen. Eine Suchfunktion für Kategorie-Markierungen existiert in der Browser-Version leider auch nicht.
- **Grafische Formen, mathematische Formeln, Handschrift:** Die Webversion kann zwar Freihand-, Geometrie- und Handschriftelemente darstellen, erlaubt es Ihnen aber nicht, solche zu erzeugen oder zu bearbeiten. Sie lassen sich lediglich auf der Seite verschieben. Mathematische Formeln werden zudem nur durch einen Platzhalter dargestellt, bleiben in der Notiz aber unbeschädigt erhalten. Das gilt nur, wenn das Notizbuch auf SkyDrive gespeichert ist. Liegt es dagegen in einer SharePoint-Bibliothek, werden grafische Formen überhaupt nicht dargestellt, und neben Formeln erscheinen auch Freihandelemente nur als Platzhalter.
- **Rechtschreibprüfung, Thesaurus und Übersetzung:** Die Rechtschreibprüfung funktioniert auch im Browser, ebenso die Auswahl der zugrunde liegenden Sprache – allerdings nur mit einem festen Wörterbuch, das sich nicht erweitern lässt. Thesaurus (Synonymwörterbuch) und Übersetzungsfunktion sind indes nicht vorhanden.
- **Eingebettete Dateien:** Auf einer Notizseite vorhandene eingebettete Dateien werden korrekt als Symbol angezeigt. Sie können die Dateien jedoch nur nach einem vorherigen Download (Rechtsklick auf das Dateisymbol und Auswahl von EINE KOPIE HERUNTERLADEN) öffnen. Zudem lassen sich per Browser keine Dateien hochladen und in eine Notizbuchseite einsetzen.

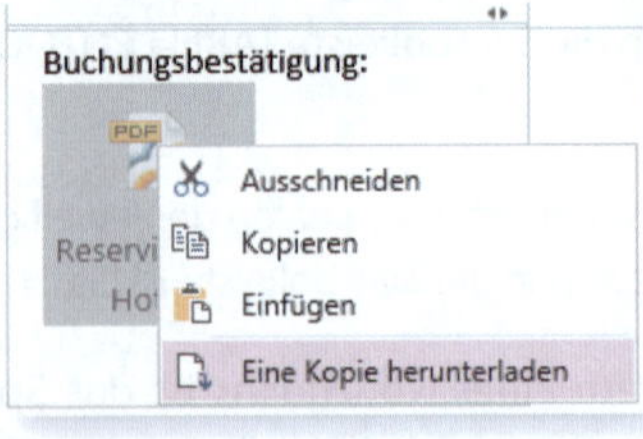

Abbildung 11.2 Eingebettete Dateien (hier ein PDF-Dokument) lassen sich zwar nicht direkt öffnen, aber zumindest als Kopie herunterladen.

11.1.3 Was die Webversion nicht kann

Etliche Funktionen bleiben der OneNote Web App leider verwehrt oder sind so stark eingeschränkt, dass sie kaum noch sinnvoll nutzbar sind (zum Beispiel das Suchen).

- **Mail-Funktionen:** Alle Funktionen zur Interaktion mit Microsoft Outlook fehlen in der Webversion. So ist das Senden einer Seite oder eines Abschnitts per E-Mail nicht vorgesehen, die Verbindung mit Outlook-Aufgaben fehlt (vorhandene, die mit der Windows-Ausgabe erstellt wurden, bleiben aber unbeschädigt), und auch die Besprechungs- oder Kontakt-Verknüpfungen fehlen. Eventuell vorhandene Links zu einem Outlook-Element werden zwar angezeigt. Ein Klick darauf führt aber nur zu einer Fehlermeldung, dass dieses Element in der Webversion nicht geöffnet werden kann.
- **Audio und Video:** Zwar bleiben Sprachaufzeichnungen und Videoclips, die mit OneNote für Windows aufgenommen wurden, auf den Notizseiten erhalten. Das Abspielen innerhalb von OneNote funktioniert aber nicht – entsprechende Schaltflächen sowohl an den Notizcontainern als auch in der Symbolleiste fehlen. Um zum Beispiel eine Sprachnotiz abzuspielen, müssen Sie sie zuerst auf Ihren Rechner herunterladen und mit einem lokalen Abspielprogramm, zum Beispiel dem Windows-Mediaplayer wiedergeben. Dementsprechend fehlen auch eventuell vorhandene Links zwischen Notizen und bestimmten Stellen in einer Aufnahme.
- **Suchen:** Die Suche nach Stichwörtern ist auf die aktuelle Notizseite beschränkt; eine übergreifende Recherche in Abschnitten oder Notizbüchern ist nicht möglich – ebenso wenig die Suche in Audio- oder Videodateien. Diese Einschränkung alleine disqualifiziert die Web App von OneNote leider derzeit als Ersatz für die Windows-Version – außer, Ihre Organisation der Notizbücher erlaubt Ihnen, alle Informationen gezielt durch Blättern zu finden.
- **Drucken:** Eine Druckfunktion für Notizbuchseiten ist nicht vorhanden. Sie können lediglich die Druckfunktion des verwendeten Browsers benutzen. Überprüfen Sie auf alle Fälle den ausgegebenen Bereich und die Formatierung mit dessen Seitenvorschau.
- **Vergrößern/verkleinern der Ansicht:** Eine Vergrößerung oder Verkleinerung der Ansicht von Notizbuchseiten funktioniert nicht. Als Notbehelf können Sie lediglich die Zoomfunktion des verwendeten Browsers einsetzen.
- **Kennwortgeschützte Abschnitte öffnen:** Bis vor Kurzem hat die Webversion von OneNote nicht einmal die Existenz verschlüsselter und kennwortgeschützter Abschnitte in einem Notizbuch (siehe Abschnitt 7.1) angezeigt. Inzwischen tauchen entsprechende Registerkarten im Notizbuch zwar auf, und beim Versuch, den zugehörigen Abschnitt anzuzeigen, gibt es auch einen Hinweis auf den Kennwortschutz. Öffnen können Sie so einen Abschnitt im Web-OneNote dennoch nicht. Haben Sie lokal OneNote 2013 (nicht die kostenlose Windows-App!) installiert, klicken Sie im Browser auf den Kennworthinweis, um den Abschnitt in der Windows-Version von OneNote nach dortiger Kennworteingabe zu öffnen.

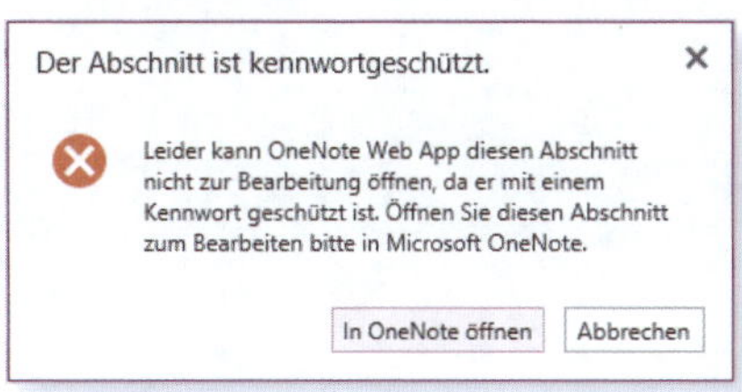

Abbildung 11.3 Ausgesperrt: Die OneNote Web App kann kennwortgeschützte Abschnitte nicht öffnen.

- **Hilfslinien und Seitenhintergründe:** Während Hintergrundbilder einer Seite auch in der Web App problemlos dargestellt werden, bleiben Seitenfarben oder eingeblendete Hilfs- oder Gitternetzlinien unsichtbar.
- **Schreibbereich einfügen:** Die Funktion zur Schaffung von freiem Platz auf einer Seite fehlt ebenfalls in der Web App. Abhilfe schafft nur das einzelne Verschieben von Notizcontainern.
- **Formatpinsel:** Das Übertragen von Textformatierungen mit dem Formatpinsel bleibt der Desktop-Version von OneNote vorbehalten. Das Löschen aller Auszeichnungen funktioniert hingegen.
- **Symbole:** Die Symbolbibliothek steht in der Webversion nicht zur Verfügung; Sie können also per Browser keine Sonderzeichen einfügen. Bereits vorhandene Sonderzeichen werden aber korrekt angezeigt.
- **Verlinkte Notizen:** Notizelemente, die mit Webseiten, einer PowerPoint-Präsentation oder einem Word-Dokument verlinkt sind (siehe Abschnitt 4.6), behalten zwar diese Verbindung. Sie wird aber online nicht durch das zugehörige Programmsymbol angezeigt, und es ist auch nicht möglich, solche Links zu erzeugen.
- **Berechnungen direkt ausführen:** Die Eingabe einer Gleichung sorgt leider in der Webversion nicht für das automatische Einfügen des Ergebnisses.

11.2 Notizbücher online anlegen und öffnen

In der Regel werden Sie ein neues Notizbuch, das auf SkyDrive gespeichert werden soll, in der Windows-Version von OneNote anlegen. Sie können das aber auch per Browser direkt mit der OneNote Web App tun:

1. Loggen Sie sich mit Ihrem Windows-Live-Account in SkyDrive (*skydrive.live.com*) ein.
2. Im Browser wird nun der Inhalt Ihres SkyDrive-Bereichs angezeigt, und zwar im modernen Windows-8-Kachel-Look. Größere blaue Kacheln stellen Ordner dar; kleinere stehen für Dateien. Die Farbe weist auf das Format hin – Violett steht dabei für OneNote-Notizbücher. Wechseln Sie in den Ordner, der das neue Notizbuch enthalten soll (einfacher Linksklick auf die zugehörige Kachel), oder legen Sie einen neuen an (klicken Sie dazu auf ERSTELLEN am oberen Rand, dann auf ORDNER, und geben Sie dann den Namen ein).
3. Klicken Sie in der blauen Menüzeile auf ERSTELLEN und im Dropdown-Menü auf ONENOTE-NOTIZBUCH.
4. Es öffnet sich ein Dialogfeld, in dem Sie dem Notizbuch einen Namen geben und ihn mit ERSTELLEN bestätigen.

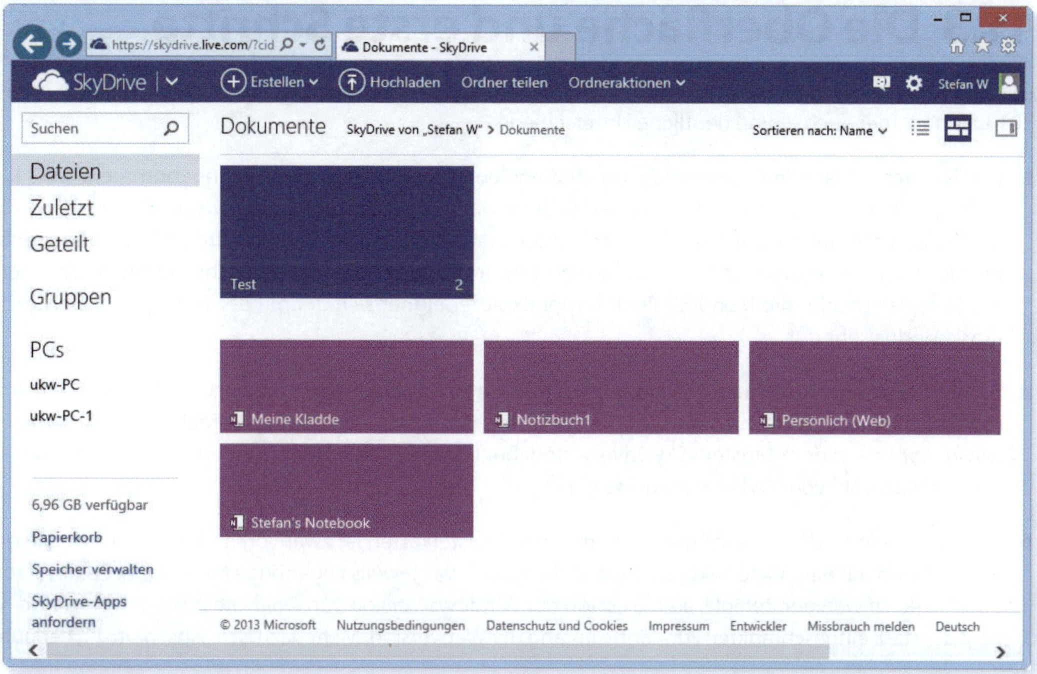

Abbildung 11.4 Die Weboberfläche von SkyDrive stellt Dokumente und Ordner als farbige Kacheln dar. OneNote-Notizbücher erscheinen violett.

Die Anzeige im Browser wechselt daraufhin zur OneNote-Oberfläche. Ein erster Abschnitt (»Unbenannter Abschnitt«) und eine leere Notizseite (»Unbenannte Seite«) werden standardmäßig angelegt.

Sind bereits OneNote-Notizbücher in Ihrem SkyDrive-Online-Speicher abgelegt, stellt die Miniaturansicht des Inhaltsverzeichnisses sie als violette Kacheln dar. In der Detailansicht werden Notizbuchdateien durch das vorangestellte OneNote-Logo gekennzeichnet.

Sie öffnen ein vorhandenes OneNote-Notizbuch im Webbrowser am einfachsten durch einen Linksklick auf den entsprechenden Dateinamen (Detailansicht) oder die farbige Kachelfläche (Miniaturansicht). Alternativ können Sie diese auch markieren (Häkchen setzen) und dann am oberen Rand der SkyDrive-Oberfläche auf ÖFFNEN klicken. Ein Dropdown-Menü wird geöffnet, in dem Sie IN ONENOTE WEB APP ÖFFNEN wählen. Der andere Eintrag im Menü (IN ONENOTE ÖFFNEN) startet – falls es installiert ist – Ihr lokales OneNote 2013 und öffnet das Notizbuch dort. Das können Sie allerdings auch jederzeit während der Bearbeitung von Notizen im Browser tun. Näheres dazu finden Sie in Abschnitt 11.4.

Haben Sie zum Beispiel per E-Mail einen Link zu einem auf SkyDrive oder SharePoint freigegebenen Notizbuch bekommen (siehe Abschnitt 8.4.3), entfällt der Weg über die SkyDrive-Oberfläche und das Inhaltsverzeichnis. Ein Klick auf den Link öffnet sofort die OneNote Web App und das zugehörige Notizbuch.

11.3 Die Oberfläche und erste Schritte

Die Benutzeroberfläche der Webversion von OneNote ähnelt zwar auf den ersten Blick der von OneNote 2013. Es gibt aber auch einige deutliche Unterschiede:

- Ein Teil der Bildschirmfläche wird von Bedienelementen Ihres Browsers eingenommen. Das kann anfangs ein wenig irritieren, zum Beispiel weil im oberen Bereich sowohl Browser- als auch OneNote-Menüelemente stehen. Zudem ist der verfügbare Platz etwas eingeschränkt. Nutzen Sie gegebenenfalls die Optionen des jeweiligen Browsers, um bestimmte Teile der Bedienoberfläche auszublenden – etwa die Statusleiste oder die Menüs. Beim Internet Explorer eignet sich der mit der Taste F11 aktivierbare Kiosk-Modus sehr gut.
- Es gibt weder eine Notizbuch-Navigationsleiste noch ein ausklappbares Menü zum Wechsel in ein anderes Notizbuch. Stattdessen finden Sie links oben eine »Link-Kette« (Webprofis sprechen von *Brotkrumen«-Navigation*) nach dem Muster »SkyDrive > Notizbuchname«. Klicken Sie auf den Notizbuchnamen, um zur Dateiauswahl von SkyDrive zurückzugelangen.
- Die von Windows-Office bekannte Leiste mit den Registerkarten ist zwar vorhanden, und wenn Sie ganz rechts davon auf das »V«-förmige Zeichen klicken, auch das jeweils zugehörige Menüband. Beides enthält aber merklich weniger Befehle, als Sie es von der Windows-Version von OneNote 2013 gewohnt sind. Das liegt am stark eingeschränkten Funktionsumfang der Webversion. Mehr dazu ist in Abschnitt 11.1 erläutert.
- Die Seitennavigation findet sich am linken Rand des Browserfensters und nicht, wie aus OneNote 2013 gewohnt, rechts. Sie enthält zudem auch die Abschnitte und Abschnittsgruppen des geöffneten Notizbuchs in einer Baumdarstellung, entspricht also eher der fehlenden Notizbuch-Navigationsleiste. Dafür fehlen die bekannten Karteireiter für Abschnitte am oberen Rand.
- Zwar gibt es Kontextmenüs, diese enthalten aber selten mehr Funktionen als das Kopieren und Verschieben von Elementen per Zwischenablage. Die schwebenden Symbolleisten und andere Oberflächenerweiterungen aus OneNote 2013 fehlen völlig.

11.4 Wechsel zur Desktop-Version

Obwohl die Basisfunktionen zum Erfassen und Bearbeiten von Notizen auch in der Webversion von OneNote vorhanden sind, fehlt doch eine ganze Reihe weitergehender Funktionen. Auch werden nicht alle Inhalte vollständig dargestellt (siehe Abschnitt 11.1).

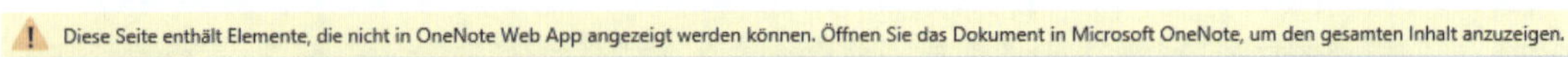

Abbildung 11.5 Eine Warnung am oberen Rand von Notizbuchseiten weist auf im Browser nicht darstellbare Elemente hin. Nur ein Wechsel zur Desktop-Version von OneNote macht sie sichtbar.

Wer die komplette Office-Version von OneNote 2013 auf seinem Rechner installiert hat, kann aber ganz einfach von der Browser-Version zur Desktop-Ausgabe wechseln und das bearbeitete Notizbuch dort gleich laden und an der zuletzt im Browser dargestellten Stelle öffnen:

Klicken Sie im Browser, wenn das gewünschte Notizbuch geöffnet ist, auf die Schaltfläche IN ONENOTE ÖFFNEN.

OneNote 2013 wird automatisch geladen oder – falls schon gestartet – in den Vordergrund gebracht und das Notizbuch von SkyDrive aus geöffnet. Jetzt stehen Ihnen alle Bearbeitungsfunktionen zur Verfügung, und Sie sehen auch den kompletten Inhalt der Notizseiten.

Beim ersten Wechsel von der Web- zur Windows-Version von OneNote werden Sie mit der Frage konfrontiert, mit welchem Programm Sie künftig OneNote-Links öffnen möchten. Wenn Sie zusätzlich zu OneNote 2103 auch die kostenlose Windows-App von OneNote installiert haben (siehe Kapitel 10, Die OneNote-App für Windows 8), achten Sie darauf, nicht diese zu wählen. Sie ist funktionell ähnlich eingeschränkt wie die Webversion.

11.5 Freigabe und Teamarbeit

Da die Notizbücher, auf die Sie in der OneNote Web App zugreifen, auf SkyDrive gespeichert sind, können Sie sie auch anderen Personen zur Einsicht oder zum Bearbeiten freigeben. Alle notwendigen Schritte nehmen Sie direkt im Browser vor – ein Öffnen des Notizbuchs in der Windows-Version ist nicht notwendig.

1. Öffnen Sie in der Web App das Notizbuch, das Sie anderen zur Einsicht oder Bearbeitung freigeben möchten.

2. Klicken Sie auf DATEI, was eine vereinfachte Version der Backstage-Ansicht öffnet.

3. Wählen Sie links den Menüpunkt FREIGEBEN, und klicken Sie dann rechts auf die Schaltfläche FÜR ANDERE PERSONEN FREIGEBEN.

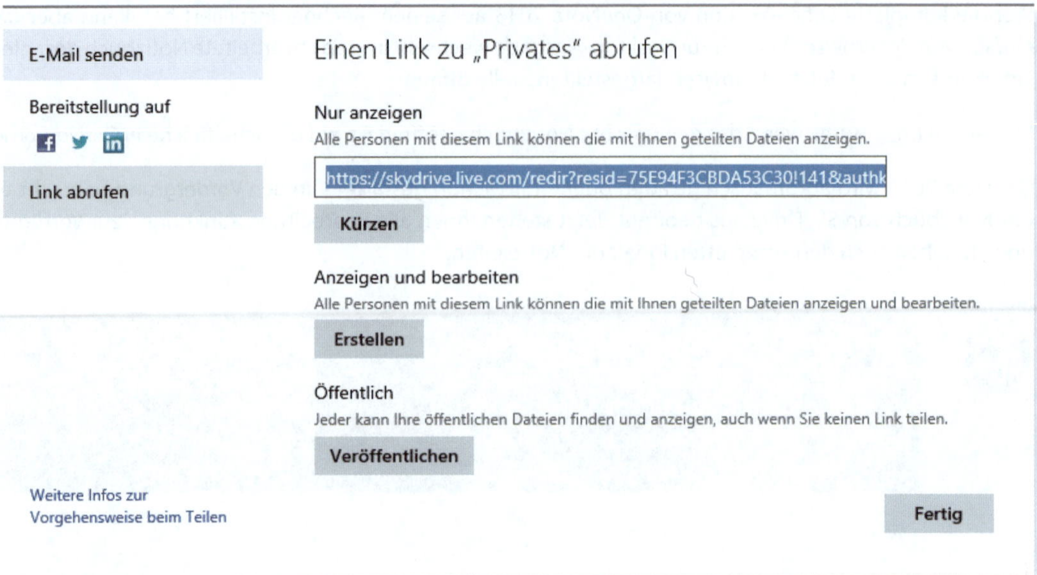

Abbildung 11.6 Die Freigabe von Notizbüchern erfolgt über einen Link, den Sie per Mail, sozialem Netzwerk oder auf anderem Weg weitergeben.

Es erscheint ein Dialogfeld, in dem Sie zunächst die Art der Freigabe wählen. Wie schon in Kapitel 8, Teilen und Teamwork, beschrieben wurde, ist der Schlüssel zur Freigabe von Notizbüchern ein Link dorthin. Wer diesen besitzt, kann das Notizbuch im Webbrowser öffnen (die OneNote Web App wird dabei geladen) oder – wenn diese Erlaubnis kodiert im Link enthalten ist – auch bearbeiten. Es gibt mehrere Möglichkeiten, der oder den berechtigten Person(en) diesen Link zukommen zu lassen. Die Auswahl erfolgt links im grau unterlegten Menübereich. Das sind die Optionen:

- E-Mail senden: Diese Möglichkeit ist bereits vorgewählt. Im rechten Bereich des Dialogfelds füllen Sie zwei Felder aus. Unter An: geben Sie die E-Mail-Adresse der Person an, die den Freigabelink erhalten soll. Im großen Textfeld darunter können Sie noch eine persönliche Nachricht eingeben. Deaktivieren Sie das Kontrollkästchen Empfänger können Elemente bearbeiten, darf der Adressat das betreffende Notizbuch nur lesen, aber keine Änderungen vornehmen. Die Option Jeder, der darauf zugreift, muss sich anmelden, fordert zusätzlich den Login mit einem Microsoft-Konto. Ein Klick auf die Schaltfläche Teilen verschickt den Link und den eventuell eingegebenen Nachrichtentext per E-Mail. Sie benötigen dafür übrigens kein eingerichtetes E-Mail-Programm auf Ihrem Rechner – das Versenden funktioniert also zum Beispiel auch von einem Fremdrechner aus, etwa in einem Internet-Café.

- Bereitstellung auf Facebook, Twitter, LinkedIn: Sie können den Freigabelink zum Notizbuch auch über eines der angegebenen sozialen Netzwerke veröffentlichen. Voraussetzung ist allerdings, dass Sie Ihr Microsoft-Konto mit dem jeweiligen Netz verbunden haben. Ist das nicht der Fall, holen Sie es mit einem Klick auf den Link Fügen Sie bitte Dienste hinzu nach. Wählen Sie dann im rechten Bereich den gewünschten Dienst aus, etwa Facebook, tippen Sie in das große Textfeld darunter vielleicht noch einen Kommentar oder eine Nachricht ein, und klicken Sie auf Posten. Im Gegensatz zum Versand per E-Mail ist das Kontrollkästchen Empfänger können Elemente bearbeiten standardmäßig nicht aktiviert – der veröffentlichte Link erlaubt also nur den Lesezugriff auf das Notizbuch. Das ändern Sie durch Setzen des Häkchens vor dem Abschicken.

- Link abrufen: Vielleicht möchten Sie den Link auch auf einem anderen Weg verbreiten – etwa durch Veröffentlichen auf Ihrer Webseite oder einem Blog, Versenden mit Ihrem persönlichen E-Mail-Programm oder in einem Chat oder Forum. Die Option Link abrufen erzeugt einen Link im Klartext, den Sie in die Zwischenablage übertragen, etwa um ihn in Ihrem E-Mail-Programm, einem Forenformular oder Webeditor einzusetzen. Es gibt drei unterschiedliche Links: Nur anzeigen erzeugt einen Link für reinen Lesezugriff; Anzeigen und bearbeiten erlaubt Besitzern des Links, auch Änderungen vorzunehmen, und Öffentlich übermittelt den Link auch an Suchmaschinen, sodass Ihr Notizbuch darüber gefunden werden kann und der Zugriff auch ohne Besitz eines Links möglich ist. Wenn Sie auf die zugehörige Erstellen-Schaltfläche klicken (für öffentliche Links heißt sie Veröffentlichen), erscheint der Link als markierter Text in einem Feld. Mit `Strg` + `C` kopieren Sie ihn in die Zwischenablage. Klicken Sie zuvor auf die Schaltfläche Kürzen, wird eine kompaktere Version des Links erzeugt. Schließen Sie das Dialogfeld mit einem Klick auf Fertig.

Weitere Informationen zu freigegebenen Notizbüchern und zur Teamarbeit in OneNote finden Sie in Kapitel 8, Teilen und Teamwork.

Kurz notiert

- Die OneNote Web App erlaubt den Zugriff auf Notizbücher mit einem beliebigen Browser.
- Notizbücher lassen sich auf diese Weise auch an Personen weitergeben, auf deren Rechnern OneNote nicht installiert ist.
- Die Oberfläche der Webversion orientiert sich stark an OneNote 2013.
- Es fehlen allerdings viele Funktionen der Desktop-Version.

12

OneNote auf Tablet und Smartphone

- *Alle Mobil-Versionen von OneNote*
- *Windows 8 und Windows-RT – Tablet-PCs*
- *Die OneNote-Apps für Android, iOS und Windows Phone 8*

Notebooks und ihre kompakten Verwandten, die Net- und Ultrabooks, weichen auf Konferenztischen, in Vorlesungssälen oder dem Klapptisch im Flugzeug zunehmend modernerer Hardware: Tablet-PCs und Smartphones sind angesagt – Finger und Stift ersetzen Maus, Tastatur und Touchpad. Und was liegt näher, als Notizen, Mitschriften oder schnelle Skizzen auf einem Gerät mit Touchscreen festzuhalten? Sie brauchen lediglich OneNote-Versionen für die verschiedenen Spielarten von Computer-Handy und Tablet-PC – also für Android, iOS & Co.

Die gibt es auch tatsächlich – allerdings teilweise in ziemlich enttäuschender Ausprägung. OneNote ist ein Microsoft-Programm, und das bekommen vor allem Nutzer von iPad, iPhone und Android-Geräten zu spüren. Lediglich als Nutzer eines Tablet-PCs mit Windows 8 bzw. Windows RT können Sie sich derzeit über ein (fast) uneingeschränkt nutzbares OneNote freuen.

12.1 OneNote auf Windows-Tablet-PCs

Microsoft ist sehr spät in den von Apples iPad und Googles Android dominierten Tablet-PC-Markt eingestiegen. Windows 8 ist zumindest teilweise für die Touchscreen-Bedienung optimiert. Zudem hat Microsoft mit eigenen Tablet-PCs (*Surface* und *Surface Pro*) die passende Hardware selbst geliefert. Aber auch andere namhafte PC-Hersteller wie Acer, Asus oder Lenovo produzieren Tablet-PCs, die Windows 8 als Betriebssystem einsetzen. Dies sind optimale Voraussetzungen für die Nutzung von OneNote 2013 (und der in Kapitel 10 vorgestellten OneNote-App für Windows 8). Tablet-PCs mit Windows 8 sind auch die einzige Möglichkeit, auf OneNote-Notizbücher zuzugreifen, die in einem freigegebenen Ordner im lokalen Netzwerk liegen. Die Mobilversionen von OneNote für iOS und Android unterstützen lediglich auf SkyDrive lagernde Notizbücher.

12.1.1 Tablet-PCs mit Windows 8

Tablet-PCs, die auf herkömmlicher PC-Technik mit einem Intel- oder AMD-Prozessor basieren (zum Beispiel *Microsoft Surface Pro* oder *Acer Iconia W510*), entsprechen praktisch zu 100 Prozent einem Netbook oder Notebook. Als Betriebssystem verwenden diese Geräte ein unverändertes Windows 8 und erlauben den Einsatz aller für Windows entwickelten Programme. Dazu gehört auch Microsoft Office 2013 inklusive OneNote. Alle Anleitungen in diesem Buch sind also direkt anwendbar.

Die Bedienung von OneNote 2013 (wie auch von allen anderen reinen Windows-Programmen) erfolgt allerdings wahlweise per Finger oder mit einer optional angeschlossenen Maus (oder Touchpad) und einem Keyboard – ganz gleich, ob es sich bei dem Rechner um einen Tablet-PC mit Zusatztastatur oder um ein Convertible-Gerät (wandelbar zwischen Notebook und Tablet-PC) handelt. Die Fingerbedienung erleichtert zwar einige Operationen wie das Scrollen oder Zoomen. Da die Oberfläche von OneNote 2013 aber auf das pixelgenaue Treffen relativ kleiner Bedienelemente ausgelegt ist, kann die Touchscreen-Bedienung schnell zu einer fummeligen, bisweilen sogar nervtötenden Angelegenheit werden – außer der verwendete Tablet-PC verfügt über einen Eingabestift. Dieser empfiehlt sich ohnehin spätestens bei Freihandeingaben.

OneNote 2013 bietet als wichtigste Hilfestellung für Touchscreen-Nutzer einen speziellen Anzeigemodus, in dem die einzelnen Schaltflächen und Bedienelemente etwas weiter auseinanderrücken. Die zugehörige Funktion ist nicht in der Standard-Oberfläche von OneNote 2013 enthalten – Sie müssen die Umschaltung zwischen Maus- und Fingerbedienung erst in eine Symbolleiste einsetzen. Hierfür bietet sich zum Beispiel die Symbolleiste für den Schnellzugriff an. So geht's:

1. Klicken Sie in der OneNote-Oberfläche auf das ganz rechte Symbol in der Symbolleiste für den Schnellzugriff (ein Dreieck mit der Spitze nach unten und einem waagrechten Strich darüber).

2. Es öffnet sich ein Pulldown-Menü mit der Überschrift »Symbolleiste für den Schnellzugriff anpassen«. Setzen Sie per Klick mit der linken Maustaste ein Häkchen vor den Eintrag Fingereingabe-/Mausmodus.

3. Die Symbolleiste wird um eine Schaltfläche ergänzt, die eine Hand mit ausgestrecktem Zeigefinger und einen blauen Halbkreis zeigt.

4. Klicken Sie das neue Symbol an, öffnet sich ein Menü, in dem Sie zwischen Maus und Fingereingabe wechseln können. Dabei ändern alle Symbole, Menübefehle und Einträge in Notizbuch- und Seitennavigation ihre Abstände voneinander.

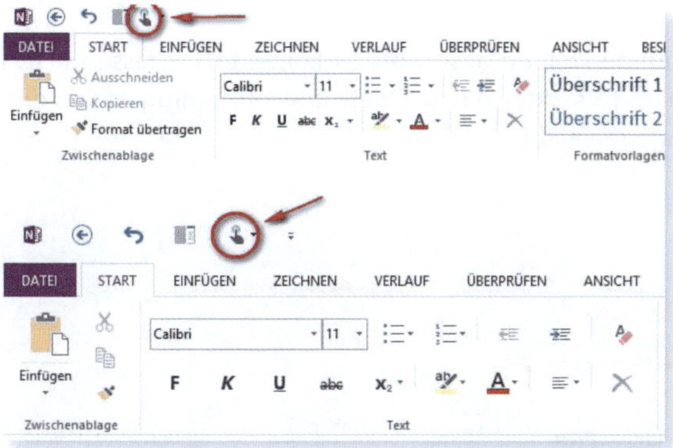

Abbildung 12.1 Der Wechsel zwischen Fingereingabe- und Mausmodus verändert in OneNote 2013 den Abstand zwischen Menüs und Symbolen.

Möchten Sie die Schaltfläche für den Wechsel lieber in eine normale Symbolleiste einbauen, können Sie das natürlich auch tun. Gehen Sie gemäß der Anleitung in Abschnitt 9.1.2 vor. Sie finden den Befehl Fingereingabe-/Mausmodus am leichtesten, indem Sie den Filter Nicht im Menüband enthaltene Befehle setzen.

12.1.2 Einschränkungen von Windows RT

Windows 8 läuft leider nicht auf Tablet-PCs, die nicht mit einem Intel- oder x86-kompatiblen Prozessor (zum Beispiel aus der Core-i-Serie oder mit Atom-Typen) bestückt sind, sondern mit einer sparsamen Mobil-CPU wie den ARM-Prozessoren. Für diese Geräteklasse hat Microsoft eine spezielle Windows-Version entwickelt: Windows RT. Es sieht auf den ersten Blick zwar genauso aus wie das »normale« Windows 8, unterliegt aber einer bedeutsamen Einschränkung: Auf Windows RT laufen ausschließlich Apps im Modern-UI-Design, die der Microsoft Windows Store bereitstellt. Obwohl auch Windows RT über einen Desktop verfügt, dient dieser fast ausschließlich dem Zugriff auf bestimmte Systemeinstellungen. Herkömmliche Windows-Programme laufen nicht.

Die gute Nachricht: Microsoft Office 2013 wurde an Windows RT angepasst und liegt sogar allen Windows RT-Tablet-PCs (zum Beispiel dem Microsoft Surface ohne Pro-Namenszusatz) kostenlos bei. Diese Version ist allerdings etwas abgespeckt: Sie enthält Word, Excel, PowerPoint und OneNote, jedoch kein Outlook (das leider auch nicht separat für Windows RT erhältlich ist). Somit entspricht sie im Funktionsumfang der Home&Student-Lizenz von Office 2010/2013.

Die OneNote-Version für Windows RT ist zudem gegenüber dem »normalen« OneNote 2013 in einigen Punkten eingeschränkt:

- Da es kein Outlook für Windows RT gibt, fehlen auch alle entsprechenden Funktionen in OneNote. Es gibt also keine Verknüpfungen zu Kontakten, Terminen oder Aufgaben, keinen E-Mail-Import und kein Versenden von Notizen per E-Mail. Letzteres lässt sich nur über den in Windows RT vorhandenen E-Mail-Client gemäß der Anleitung in Abschnitt 8.3.2 realisieren.
- Leider lassen sich Audio- und Videoaufnahmen nicht direkt per Tablet-PC aufzeichnen. Lediglich die Aufnahme mit einer externen Medien-App und das Einfügen der gespeicherten Audio- oder Videodatei als Anhängsel sind möglich. Das Abspielen innerhalb von OneNote fällt indes ebenso weg wie das Verlinken von Notizen mit Positionen in Aufzeichnungen oder das Durchsuchen von Aufnahmen nach Stichwörtern.
- Ähnliches wie für Audio- und Videoaufzeichnungen gilt für gescannte Dokumente. Die lassen sich zwar mit einer anderen App einlesen, abspeichern und als Datei in eine OneNote-Notiz einfügen. Das direkte Scannen aus OneNote heraus funktioniert dagegen nicht.

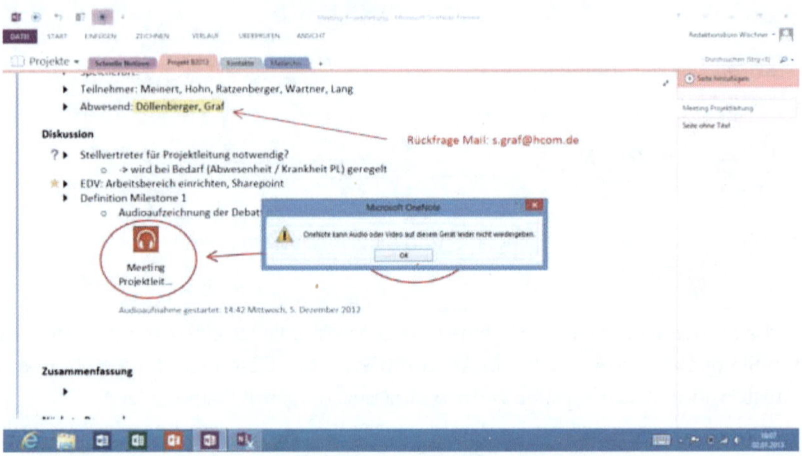

Abbildung 12.2 OneNote für Windows RT zeigt Audio- und Videoaufzeichnungen zwar an, verweigert aber das Abspielen.

Abseits dieser Einschränkungen entspricht die OneNote-Version von Windows RT/Office RT in Funktion und Bedienung dem normalen OneNote 2013. Das bedeutet allerdings auch, dass es außer der zuvor beschriebenen Option, den Abstand zwischen den Bedienelementen etwas fingerfreundlicher zu gestalten, keine weiteren Anpassungen an Tablet-PCs und Touchscreens gibt. Für Standardnotizen, die hauptsächlich aus Textelementen bestehen, ist daher auch für Tablet-PCs mit Windows RT möglicherweise die kostenlose OneNote-App (siehe Kapitel 10) die praktischere Alternative, zumal sich beide problemlos parallel auf demselben Gerät nutzen lassen.

12.2 OneNote auf iPad/iPhone und Android

Lange Zeit blieben Nutzer von Smartphones und Tablet-PCs mit Googles Android und Apples iOS (iPad, iPhone) in Sachen OneNote außen vor – viele wandten sich daher dem zweckverwandten Konkurrenten *Evernote* zu. Ende 2011 erschien endlich ein OneNote-Client für iOS, die Android-Version folgte einige Monate später. Für Apple-Mobilgeräte gibt es inzwischen zwei getrennte Versionen für iPhone und iPad. Diese unterscheiden sich funktionell jedoch kaum. Lediglich die größere Bildschirmfläche des iPad wird etwas besser genutzt (Abschnitt-/Seitennavigation und Notizeninhalt sind gleichzeitig sichtbar).

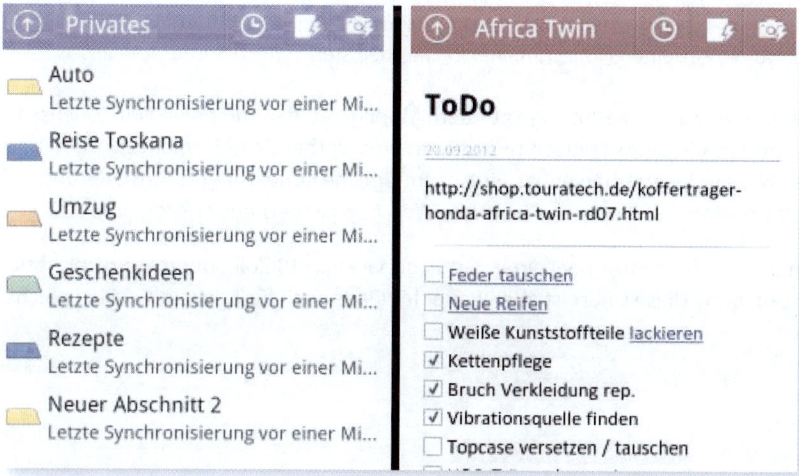

Abbildung 12.3 Viel passt nicht auf einen Smartphone-Bildschirm (im Bild: OneNote Mobile für Android): entweder Notizbücher oder Abschnitte (links) oder der Notizeninhalt (rechts).

Beide Apps lassen sich nur recht eingeschränkt zum mobilen Erfassen von Notizen nutzen. Unterstützt werden Texte (ohne spezielle Formatierungen), Punkt-, Aufzählungs- und Aufgabenlisten und Bilder (von der Smartphone-Kamera oder aus einem Verzeichnis). Das 'ist es im Wesentlichen auch schon. Das reicht durchaus für eine ToDo- oder Einkaufsliste oder für mal eben schnell festgehaltene Gedankenblitze. Viele Inhalte, die mit OneNote 2013 aufgenommen wurden, zeigen die Apps nicht einmal an oder stellen sie in Form eines Platzhalters dar (zum Beispiel eingebettete Dateien, Freihandobjekte, Handschriftnotizen).

Sehr gewöhnungsbedürftig ist auch die Umformatierung der OneNote-Seiten. Egal, wie die einzelnen Notizcontainer im Original angeordnet sind – die Mobilversionen packen alle Inhalte untereinander. Textabsätze werden am rechten Bildschirmrand neu umbrochen (auch per Zwischenablage eingefügte Webinhalte), Bilder so proportional verkleinert, dass sie in voller Breite auf den Monitor passen. Dasselbe gilt für eine Darstellung des Seiteninhalts im Querformat durch Drehen des Smartphones oder Tablet-PCs: Alle Umbrüche und Formatierungen werden lediglich an die neue Seitenbreite angepasst. Horizontales Scrollen ist somit nicht nötig und auch gar nicht möglich. Die einzige Ausnahme sind Tabellen: Sie lassen sich tatsächlich horizontal scrollen, und zwar völlig unabhängig vom Rest des Seiteninhalts, der einfach stehen bleibt.

Während diese Eigenheit bei textlastigen Notizen die Lesbarkeit gerade auf kleinen Mobilbildschirmen erhöht, finden Sie sich bei komplexeren Notizbuchseiten mit Anmerkungen, Zeichnungselementen und vielen Bildern unter Umständen überhaupt nicht mehr zurecht.

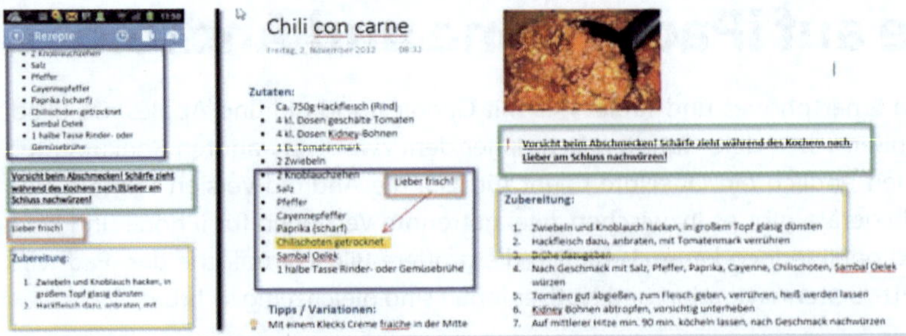

Abbildung 12.4 Notizbuchinhalte werden in OneNote Mobile (links im Bild) gnadenlos umformatiert. Die farbigen Rahmen zeigen, wo die einzelnen Notizcontainer in Wahrheit stehen (rechts: OneNote 2013).

Immerhin gilt die Umformatierung nur für die Anzeige auf dem Mobilgerät; der originalen Notizbuchseite passiert zunächst nichts. Wenn Sie allerdings Notizen hinzufügen oder vorhandene Elemente ändern und verschieben, ist das Ergebnis nicht immer vorhersehbar. Eine nachträgliche Korrektur und Formatierung auf Ihrem PC oder Notebook mit OneNote 2013 oder der OneNote Web App ist meistens erforderlich.

Eigentlich wäre das Umformatieren der Notizen bei einer Bilddiagonale von 10 Zoll oder mehr nicht nötig. Eine spezielle Tablet-PC-Version ohne diese Unart ist aber weder für iPads noch für Android-Geräte in Sicht.

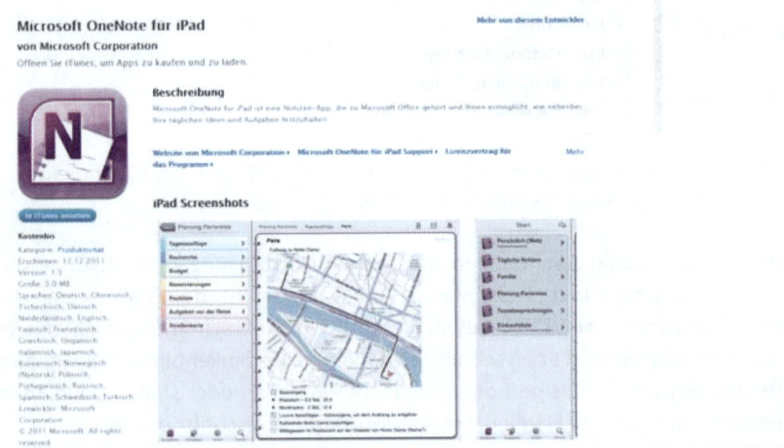

Abbildung 12.5 Die iPad-Version von OneNote Mobile nutzt zwar die Bildschirmfläche besser aus, unterliegt aber ansonsten denselben Einschränkungen wie die Apps für iPhone und Android.

Ein viel kritisierter Punkt bei allen drei Versionen ist zudem die Begrenzung der kostenlosen Apps auf das Bearbeiten von maximal 500 Notizen. Das Aufheben dieser Grenze erfordert derzeit (Stand: Januar 2013) ein kostenpflichtiges Upgrade für rund vier Euro (Smartphones) oder etwa 14 Euro (iPad). Bleibt nur zu hoffen, dass Microsoft die Mobilausgaben von OneNote wesentlich überarbeitet, verbessert und erweitert. Allzu wahrscheinlich ist das allerdings nicht, stellen Android und iOS doch eine direkte Konkurrenz zum eigenen Windows Phone 8 dar.

12.3 OneNote und Windows Phone 8

Tablet-PCs auf Windows-Basis deckt Microsoft mit OneNote 2013 und mit der OneNote-App (nur Windows 8/Windows RT, siehe Kapitel 10) gleich doppelt ab. Es fehlt nur noch eine OneNote-Lösung für Smartphones mit dem neuen Windows 8 Phone. Die gibt es auch, und sie ist sogar auf entsprechenden Geräten schon vorinstalliert. Zwar unterliegt auch diese Ausgabe von *OneNote Mobile* massiven Einschränkungen und kann bei Weitem nicht mit der OneNote Web App oder gar der Desktop-Version mithalten. Den Mobil-Apps für iOS und Android hat sie jedoch auch in diesem frühen Stadium (Stand: Januar 2013) schon einiges voraus. So können Sie damit zum Beispiel Folgendes tun:

- Audioaufnahmen machen und direkt in Notizen einfügen
- Sprachaufzeichnungen transkribieren, also in Text umwandeln (das kann nicht einmal OneNote 2013, weil es sich um eine Funktion von Windows Phone 8 handelt) und diese – wenn Sie als Erstes das Wort »Notiz« sagen – direkt in eine OneNote-Seite einfügen
- Notizen per E-Mail senden
- Text formatieren
- Anheften einzelner Notizen auf der Startseite

Es ist zudem stark davon auszugehen, dass Microsoft *OneNote Mobile* für Windows Phone 8 rasch weiterentwickeln wird, um Marktanteile bei Smartphone-Betriebssystemen zu gewinnen.

Kurz notiert

- Auf Tablet-PCs mit Windows 8 lässt sich OneNote 2013 ohne oder mit wenigen Einschränkungen (Windows RT) nutzen.
- *OneNote Mobile* für iPad, iPhone und Android-Geräte ist funktionell stark eingeschränkt.
- Smartphones mit Windows Phone 8 erhalten eine etwas besser ausgestattete Version von OneNote Mobile.

Index

M

N

O

P

Q

R

S

T

U

V

W

X

Z